归来徐家良

贵州到上海有多远

十年砍柴 —— 著

中国出版集团有限公司　现代出版社
China Publishing Group Co., Ltd.

图书在版编目（CIP）数据

归来徐家良：贵州到上海有多远 / 十年砍柴著. --北京：现代出版社，2025.4. -- ISBN 978-7-5231-1376-9

Ⅰ. K826.2

中国国家版本馆 CIP 数据核字第 2025VS7738 号

归来徐家良：贵州到上海有多远
GUILAI XUJIALIANG: GUIZHOU DAO SHANGHAI YOUDUOYUAN

著　　者	十年砍柴
责任编辑	谢　惠
责任印制	贾子珍
出版发行	现代出版社
地　　址	北京市安定门外安华里504号
邮政编码	100011
电　　话	(010) 64267325
传　　真	(010) 64245264
网　　址	www.1980xd.com
印　　刷	三河市宏盛印务有限公司
开　　本	710mm×1000mm 1/16
印　　张	21
字　　数	246千字
版　　次	2025年4月第1版　2025年4月第1次印刷
书　　号	ISBN 978-7-5231-1376-9
定　　价	80.00元

版权所有，翻印必究；未经许可，不得转载

▲徐家良，儿科专家，1932年生于江苏省青浦县（今上海市青浦区）

▲晚年徐家良在杭州西湖畔（摄于2024年）

▲徐家良在山东旅游留影（摄于2000年）

▶徐家良在杭州西湖断桥（摄于2014年）

▲徐家良、卢瑞英夫妇退休后在境内外旅游(分别摄于2000年、2008年)

▲徐家良、卢瑞英夫妇晚年在上海

▲从青年到老年的徐家良（摄于1952—2024年）

序

时代剧变之下的人生：无常与恒常

三代人的人生道路：徐熙春、徐传贤和徐家良

在这三四年间，青浦思葭浜徐氏家族传记系列已经写到第三本了。《寻找徐传贤：从上海到北京》《遇见徐熙春：在江南与上海之间》①相继出版之后，又有了这一本《归来徐家良：贵州到上海有多远》，作者还是读者熟悉、曾经操刀的十年砍柴（本名李勇）。徐熙春（正章）、徐传贤和徐家良，徐氏"公正传家"辈分中的祖孙三代，经历了清朝、中华民国和中华人民共和国，见证了150年间的变迁。经此三本传记，一个青浦家族从江南到上海，从上海到全国，再到全世界的世代生活轨迹，被作者们清晰地描绘，栩栩如生地跃然纸上。在这里，除了要祝贺二位作者之外，还要感谢愿意把自己的家族历史拿出来与读者共享的徐氏后裔。他们提供的文件、资料、照片、口述记录和所有资源，被写成了作品，让大家品读，从中得

---

① 十年砍柴：《寻找徐传贤：从上海到北京》，现代出版社，2022年。陆轶隽：《遇见徐熙春：在江南与上海之间》，现代出版社，2025年。

到启发。我在《寻找徐传贤》序言中说，徐氏家史的撰写，超越了家族私域，有着很强的公共意义。这种类型的作品，"既是他史，又是我史，也是一部公众史"[1]，因为读者们在书中看到的，除了徐氏事迹，还可以读到自己。

第三次给徐氏家族史传记写序，同时又平行参与同一题材的"一个家族的百年回望"历史画卷创作，必要想到的就是我们如何理解徐家良先生迄今为止的生活道路。思葭浜徐氏开枝散叶，从青浦迁来沪上，从事工商。徐家良先生是徐熙春（1885—1965）的嫡孙，其祖父经商之余，参与慈善，建立地方红十字会事业，从耕读传家的传统士绅，转化为内含经世致用精神、外具社会责任意识的近代商绅；父亲徐传贤（1908—1972）在上海南市、法租界接受中西混合式的初、中、高等教育，在经济发展的"黄金时代"成长为个性爱好充分，家国情怀兼具，世界眼光锐利的行业干才，最终成为共和国高层干部。从江南到上海，思葭浜徐氏的轨迹表达了中国社会从传统到现代的转型过程，读过《遇见徐熙春》《寻找徐传贤》的读者都会同意作者们的叙述和判断，这是一套具有社会转型意义的著作。再看徐家良先生的生活轨迹，我想是否应该这样理解：出生在1932年，其时的中国尚未真正的统一，又逢"一·二八"日军炮火轰塌了沪北，国家陷入分裂，人民流离颠沛。生于忧患，长于动乱，中原大地在"内战"之后，又进入了"抗战"，胜利后又陷入"内战"，在枪炮声中长大，预示着徐家良的经历注定不会平坦，充满挑战。然而，徐家良在坚忍不拔的奋斗中，

---

[1] 李天纲：《他史、我史，公众史》，载十年砍柴《寻找徐传贤：从上海到北京》，现代出版社，2022年，序第1页。

也在祖父母、父母，还有家族诸多成员的呵护照顾下，继承了祖父徐熙春先生认定的红十字会传统，成为一名"救死扶伤"、造福一方且很有成就的儿科主任医师。

再做一个父子不同时代的对比：父亲徐传贤的生命，上半段是幸运的，下半段则历经磨难；相反，儿子徐家良的经历，前半段多有曲折，后来则是在新时期的"改革开放"中享受到各种"政策落实"。徐家良几十年在外漂泊，渴望回到故乡。凭着江南读书人的宽阔视野和独到判断，徐家良抓住时代机遇，于1980年代初率先调回上海，成为医院儿科主任，随后将全家迁至沪上。1990年代初，评上医疗系统的正高职称，随即还投入股市赚到一桶金。2000年后，从股市逢高退出，转而买入处于起步价的房产。此后，徐家良更支持徐建新夫妇共同创业，奠定了家族第四代的事业基础。徐家良踏准了时代节拍，开启了下半生的逆袭，如今退休颐养，晚年生活安详，遇到了幼年渴望而不可及的那种节节向上的盛世。

人生轨迹的曲线在不同阶段的上下起伏，犹如动荡社会波浪式往前推进的寄寓。从个人、家族和国家之间的命运联系来看，个性独立的孩子"自强不息"，通过求学和谋职，可以改变自己的生活道路；来自家族的呵护照顾，相互倚靠和帮助，也可以达成亲戚间的共同进步。很同意作者在《归来徐家良》自序中所说，"比起祖父和父亲，徐家良先生及其兄妹的人生更为平淡"[①]。用徐家良的话说："我是一个平凡的人，过着平凡的

[①] 十年砍柴：《嵌在时代大变局中的平凡人生》，载《归来徐家良：贵州到上海有多远》，现代出版社，2025年，序第21页。

生活。"①天时、地利、人和，个人发展和家族兴盛，人生要取得更大成就，很多时候真还是取决于时代大环境，蕴含着一种冥冥中的宿命。徐氏父子的际遇，还有一点可以比较：徐传贤的职业生涯代表了中国的邮政事业，一步步从上海走向世界，美国、法国、瑞士、朝鲜、苏联；徐家良加入的新中国的医疗事业，开初则是在全国各地辗转，北京、镇江、贵阳、凯里、上海。如今，徐熙春的第四、第五代，又走向世界，上海、东京、纽约、伦敦……

"改革开放"以后，中国社会重新连接世界，开始了新的时代。在思葭浜徐氏来沪家族前三代人中间一线贯穿的医疗卫生事业，又经徐家良先生长子、家族第四代徐建新夫妇接力，开出了一个更新的局面。1990年代，第四代闻风而动，借"浦东开发"的东风，徐建新夫妇凭着自己的技术发明，在浦东新区砥砺创业。他们的医疗企业从上海起步，产品销往全国，走向世界，徐建新也像祖父徐传贤那样，为公务在全球奔波。从徐熙春创建青浦红十字会医院、造福桑梓，到徐建新发明创造、惠及人类，徐氏四代人的经历表现了近代中国人砥砺奋进的一面。近二百年以来，中国社会遭遇了"数千年未有之大变局"，从乱到治，从旧到新，从无到有，从本土到世界，普通人的生活都被卷在洪流之中，循环往复地遭受冲击。奋进者犹如水手，必须调准方向，保持动力，昼夜匪懈，等待着洋流、气候、季节等外部因素的有利时机，方能扬帆出海，到达彼岸。因此，思葭浜徐氏来沪家族第三、四代人的生命轨迹，给了我们很多的启示。

---

① 十年砍柴：《嵌在时代大变局中的平凡人生》，载《归来徐家良：贵州到上海有多远》，现代出版社，2025年，序第22页。

时代无常：战火迭起与"孤岛繁荣"

1932年，徐家良和他的父亲徐传贤一样，出生在青浦老城厢的徐家老宅。换句话说，自徐熙春1898年到上海做学徒，1915年开出了自己的商号，有了住处和店铺，却仍然把家眷留在青浦老家。这是近代上海历史中值得一提的现象，类似于费孝通先生说的"离土不离乡"。当年的江南子弟，并不急着做城里人，到镇上、城厢还有更远的上海"学生意"，从事工商业，都会把父老、妻儿留在老家，"在家乡和上海之间两头经营，保持着青浦人和上海人的双重身份，……赓续家族事业"①。"离土不离乡"，一方面是在上海置产昂贵，另一方面也因为在家乡有财产牵挂。经长三角地区的方志阅读和田野调查发现，"太平天国"后的土地调整，令江南地区的自耕农比例大大增加。雇农向土地主租种田亩，契约关系稳定，力耕之余，在镇乡之间兼营工商，生活并不绝望。我们大致可以判断，1930年代上海经济的"黄金时代"，与之相连的江南地区在产业、市政、生活和文化空间上也得到了释放。和大都市工商业孕育出中产阶层同步，江南地区也从农业、手工业和传统商贾业态中，转化出一个新型的农工商阶层，成为社会的稳定因素。青浦老城厢，以及相邻的漕河巨镇朱家角，都是明清至民国间的传统市镇，商贸云集，汽船突突，电灯照明，邮局遍布，报刊发行……费孝通在《江村经济：中国农民的生活》中描写的"小城镇发展"现象，在上海市郊更加综合，而且典型。

---

① 李天纲：《在江南与上海之间：徐熙春生命轨迹及其意义》，载陆轶隽《遇见徐熙春：在江南与上海之间》，现代出版社，2025年，序第9页。

然而，战争毁坏了江南，长三角地区的工业化、城市化和现代化前景忽然黯淡。1924年，徐家良出生前八年，江苏督军齐燮元和浙江督军卢永祥为争夺上海税收，在苏、松郡邑内交战。江南农业、手工业和现代工商业发展到最高点的时候，青浦城厢内外却沦为战场，惨遭蹂躏，财产损失无数，人员死伤遍野。"齐卢战争"后，徐熙春在青浦城厢、上海南市的生意大受影响，他忍痛负重回家收拾残局，从头再来。1927年，北洋军阀混战，被新军阀的"北伐"取代，上海周边又一次沦为战场。从南京到青浦，蒋介石和孙传芳部队一路交战，又令江南陷入兵荒马乱。据徐氏家族保存的资料显示，徐熙春、徐传贤父子筹资700元，在青浦全邑境内设立18个红十字收容点。战争令大批江南人民逃亡上海，收容站成为中转站，"离土不离乡"的发展模式再行中断。于是，并非是征调或虹吸，而是战争和动乱，把江南人民往相对安全的大城市驱赶，造就了近代上海经济的高速发展。

如果不是战争，生在农工商兼营的殷实之家，徐家良兄弟们的生活不说是尊养优处，也应该安逸平稳，够得上小康之户。1929年，徐家良的哥哥徐家善出生；1932年，"一·二八"事变（第一次淞沪抗战）爆发，同年徐家良出生。徐家良兄弟一直在青浦随母亲盛希珍和祖母董月娥一起生活，他们在动荡中度过了幼年。1933年，鉴于青浦地区地面不靖以及在上海北四川路租住有年，父亲徐传贤和叔叔徐渭江合伙决定在上海"越界筑路"的"半租界"（鲁迅名之为"且介"）地区闸北与虹口交界处一个名叫"复兴邨"的新楼盘订购房产，预备把徐家善、徐家良等留在青浦的家眷们接来上海。江南城镇原来就有"小乱下乡，大难进城"的说法，明清时期应对城里骚乱（下乡）和土匪劫掠（进城）就是这种做法。面对19世纪、

20世纪的军阀混战和外敌入侵,在热兵器战争之下,江浙居民能够逃避的地方只有具有国际条约保护地位的上海租界。然而,"八一三"事变(第二次淞沪抗战)又打破了徐传贤、徐渭江兄弟的安排,而此时他们在上海的新居才住了两年多,还没等到全家人一起迁入新居。1937年,日军从吴淞口、长江口入犯,蓄意轰炸上海地区蒸蒸日上的华人工商业基础,地处闸北的"复兴邨"亦被炸毁。

从上海推究战争发生的缘由,中日战争之所以再次爆发,并不仅仅是日军因武力强盛而敢于悍然入侵,而是日本关东、西财阀们眼见华商强势崛起而肆意吞并。当时,中国军事固然落后,上海经济却是不弱,但日本关东、西财阀们动用军事力量解决经济危机,是野蛮不是强大。例如,徐家良的父亲徐传贤自1924年工作的上海邮政总局,日本商、政、军势力一直觊觎这项华人事业,企图以股本、高管、职员、技术设备渗透和控制。又如,商务印书馆曾在1903年与日商金港堂合资,1914年中方因利好收回股权令日方怀恨在心,原本正常的商业合作与竞争却得罪了日本的政客和军人。1932年"一·二八"事变中,他们对商务印书馆实施报复性轰炸,粹含中华古籍瑰宝的"涵芬楼"以及东方图书馆付之一炬,闸北地区尽遭摧毁。回看20世纪民族国家之间的灾难关系,给人类的一个教训便是:国家级的政治行为应该出面维护商业、经济合作,而不能大规模地干预正常的商业竞争,更不能为了暂时利益使用灭绝性武器诉诸战争。

日军侵华打断了中国经济的上升通道,也改变了思葭浜徐氏来沪家族前三代人的生活。两次淞沪事变和抗战的全面爆发,重创上海的现代事业,令其引领长三角、全中国现代化的使命不得实现。其时,商业繁华超过法租界八仙桥、不亚于公共租界南京路的闸北市区几乎毁去,上海经济的"黄金时代"只剩下租界范围内的"孤岛繁荣"。战事范围在淞沪之间，青浦却也遭受严重影响，沪北的罗店、宝山、吴淞、江湾、闸北一带人员伤亡惨重，建筑毁去大半。为此，徐氏传记的作者们找到大量资料，包括《申报》上的记载，如徐熙春再次启动青浦红十字分会，回乡动员人力、物力、财力，帮助救护、收容因战事受伤的士兵和流离失所的平民。在此期间，祖父徐熙春为救济民众奔走于青浦和上海之间；父亲徐传贤在上海邮政局上班，在虹口与日籍职员、军人面对面周旋；叔叔徐渭江看店，在租界坚持营业，固守家产。徐家良1932年9月5日出生时正值炮火间隙，发蒙读书时青浦遭遇沦陷，但他不能前去上海租界避难，不得不留在家乡的小学，听日伪教师奴化说教，与日籍孩童为伍。

求学艰难：躲避战乱，辗转南北

当20世纪的中国逐渐陷入战乱，在二三十年代出生的一二代人的求学道路开始变得艰难。1905年"废科举"以后，新式教育普及，留日、留欧、留美之出国求学，加上江苏教育会等各种机构、团体和个人兴办之本地公立、私立与教会小、中、大学，上海地区的现代国民教育体系覆盖率远远超过科举时代，读书越来越方便，知识越来越普及。但是，战乱令很多孩子基于各种原因失学，这一期间的适龄学生完成中、高等教育的比例大大下降了。例如，一位1920年出生在清华园的前辈学者，经常遗憾地诉说他参加抗日活动后辗转各地，未能如父辈那样读完大学和留学。笔者的父亲出身于1930年提篮桥地区的商户家庭，抗战爆发后断断续续地读着小学、中学，然后只能辍学工作，到1950年代再入中等专业学校进修以追赶时代。徐传贤一代人是幸运的，他赶上了上海社会、经济和教育发展的"黄金时代",在中法学堂和中法工商学院(前身中法工商通惠学校)完成了中、高等教育,考上了高薪职位,在事业中做出了国家级贡献。

生于忧患,战争中的一代孩童便无父辈那样的幸运。1939年,徐家良进入青浦县立小学读书,这也是他父亲徐传贤的母校,一所"废科举"以后建立起来的教育改革模范学校。然而,此时的县立小学为日军占领,实行"奴化教育"。祖父徐熙春想到孙子徐家善、徐家良弟兄俩每天入校向日军鞠躬敬礼,父亲徐传贤感受到自己经过外白渡桥、乍浦路桥和四川路桥北堍时日军宪兵所施加的那种欺侮,均不能忍受。因此,徐熙春、徐传贤父子无论如何也要把徐家善、徐家良兄弟接来上海,住在租界,接受正常教育。1940年,徐家良兄弟俩转入位于法租界四川南路圣若瑟堂附属的类思小学,这是上海开埠后法国文化的核心社区。当时,法国维希政府虽然屈从于轴心国,但法侨社群在文化、经济和政治态度上仍然很友善。徐家良兄弟在此读书和毕业,于战争期间在上海"孤岛"文化中受到知识上的滋养和心灵上的庇护。

1945年,抗战胜利,二战结束,徐家良回到青浦,考取县立初中,即后来驰名江南的青浦中学。初中阶段的学习也不顺利,战争的创伤依然不得痊愈,家庭内部父母的婚变也影响到儿女们的学习情绪。抗战有年,父母生活天各一方,徐传贤于1947年"复员"上海、南京后与发妻盛希珍离婚,其情形类似电影《一江春水向东流》(1947年)。战争的可怕,在于它造成的后遗症要几十年、上百年才能平复。更不幸的是,徐家良在学校里扭伤左腿,延误治疗,竟造成败血症,甚至有截肢的危险。好在祖父徐熙春、父亲徐传贤及时从上海赶回青浦,将徐家良接到上海最好的仁济医院，用各种方案进行治疗，包括休学疗养。徐家良因多次手术耽搁学业，也因父亲再婚而到处转学，初、高中在青浦、上海、南京、北京四五个中学之间断断续续完成。由于学习刻苦、家族呵护，徐家良在高中阶段读过上海光华大学附中、南京金陵大学附中和北京弘达中学、崇实中学，于1951年高中毕业参加新中国的高校招生考试。

徐家良报考大学时选择医学专业，有着毫不动摇的决心。因为战争，目睹死亡和伤残，徐家良生出了更多的同情心，要解救人生的痛苦；因为慈善，祖父徐熙春在青浦创建红十字会医院，他有着家族事业需要传承；因为腿伤，他的生命被仁济医院名医叶衍庆挽回，更加促使其思考用医技报效社会。在这个特定的大时代背景下，医学专业就是一个年轻人与一个大家族自然而然的共同选择。当时，上海还保有全国最好的医学院校，上海医学院、同济大学医学院、震旦大学医学院、陆军医学院和圣约翰大学医学院是全国领先的五大医学院，回沪学医应该是最好的选择。徐氏在大上海地区有着深厚的医学背景，也有着广泛的商业资源，本当方便地支持徐家良的志愿。但是，社会体制发生了巨大的转变，徐家良在北京地区参加高校招生考试，选择有限。1952年的"院系调整"计划已经影响到前一年的招生，高、中学生报考志愿也受到招生名额、培养方案的限制。在这样的环境中，徐家良在北京地区报考上海和江苏的院校就有相当的难度，最后他被录取到位于江苏镇江的江苏医学院，在风景秀丽的北固山下、金山寺边度过了五年学医生涯。

"支援全国"："南方人"、"江浙人"和"上海人"

1950年代，中国社会的运行进入了一个全新的轨道，各个领域发生了天翻地覆的变化。此前按照物价市场流向上海的物资、货品和人力资源，开始按照分配和调拨的计划原理从上海导向全国各地。1949年7月22日，时任中央财经委员会主任陈云在上海主持召开华东、华北、华中、东北、西北大区相关负责人参加的"上海财经会议"。经过二十多天的讨论，陈云主任提出"全国支援上海，上海支援全国"的应急策略。[1] 一方面，当时新政权进入上海不足二个月，战火刚刚停息，市场完全失效：港口封锁，物资告急，资金抽逃，生产难以为继。但500万人口的上海，生活一天也不能瘫痪，于是"财经会议"决定从根据地紧急调拨"两白一黑"（棉花、大米、煤炭）投入上海，维持这个世界大都市的运转，这是"全国支援上海"的起源。

另一方面，除了"支援上海"，稳定局势之外，对新政权来说更重要的是让一个稳定下来的上海尽快"支援全国"，以恢复和发展各地经济。"支援全国，是社会主义建设时期中央交给上海的一项重大战略任务。上海是我国重要的老工业基地，具有100多年的发展历史，素有中国工业'半壁江山'之称。建国前，其拥有的各类机器设备已占全国总量的65.7%。"[2] 当时的"支援"做法，实施计划调配，"中央从'全国一盘棋'战略出发，要求上海等国家最主要的工业城市和工业基地，立足全国，树立全国全面发展的观点，在技术、设备、人才各方面，支援中小城市发展地方工业，

---

[1] 姜华宣、张蔚萍、肖甡主编：《中国共产党重要会议纪事：1921—2011》，中央文献出版社，2011年。

[2] 中共中央文献研究室编：《建国以来重要文献选编》（第八册），中央文献出版社，1994年，第246页。

帮助工业不发达地区"[①]。1956年,徐家良从江苏医学院毕业,参加"分配"工作。这一届是中央开始计划调配的第一批大学毕业生,一心想回青浦或上海的徐家良先被分配到安徽,后因误以为安徽、贵州皆为异地无差别而与同学调换至贵州,进入贵阳市人民医院成为儿科医生。1970年,被调整到"三线"城市凯里的818职工医院。

"上海支援全国",成为共和国的一项长期政策。1949年,人民政府即在没收的日伪和官僚资本企业中"抽调"设备和技术,调往东北地区;1950年,开始将上海一些过剩日用轻工企业"内迁"至全国各地;1950年代初期,各地兴起工业化,陆续向国务院申请调拨上海企业支援,文件中使用"支边""支内"等词语;1964年,中央提出一、二、三线战略,重点建设"三线"地区,从上海、东北等地成建制地调动工厂,有的是整个行业的搬迁;1968年,上海提出在浙、皖、赣、闽临近山区帮助建设"小三线",又有一大波企业"支援全国"。据官方不完全统计,"1950年到1958年,上海动员赴外地参加工农业建设的劳动者共计150万人以上。其中工程技术人员4万多人,技术工人13.7万人,为各地培训艺徒13万人。支援各地机床4万多台,各种电机300千瓦,棉布85亿米,汽车外胎86万条,胶鞋4亿双。通过商业部门调出的工业品总值达302.3亿元"[②]。按《归来徐家良》作者十年砍柴查考到的数据:"从1964年到1980年,三线建设

[①] 中共上海市委党史研究室:《上海支援全国(1949—1976)》(上),上海书店出版社,2011年,第3—4页。

[②] 上海市统计局编:《胜利的十年:上海市经济和文化建设成就的统计资料》,上海人民出版社,1959年,第18页。转引自中共上海市委党史研究室:《上海支援全国(1949—1976)》(上),上海书店出版社,2011年,第4页。

共投入2050余亿元资金（占全国基本建设投资40%）和几百万名人力，安排了2000余个建设工程项目（包括小三线和解放军建设项目）。"[1]但还没有找到"抽调""内迁""支边""支内""三线""小三线"等涉及的人员总数，仅以如上数据给出的上海1950年500万人口底数来考察，数字背后呈现出来的社会和心理反响，在上海和全国范围内都是巨大的。

1956年，徐家良苦学五年，从江苏医学院毕业。共和国建立后，着手解决"沿海和内地"经济发展不平衡问题。经过数年"社会主义改造"，动员方式已经不是前几年的单位"抽调"和社会"招聘"，而是点对点的直接"分配"。徐家良被分配到贵州的贵阳市人民医院，一是地处大西南的贵州本身医疗资源紧缺，二是为了配合大规模的工厂即将内迁之后的病员需求。为了满足"支内"人口的各项需求，大量医院、商店、学校、剧团……都随着上海单位一起内迁，在各省会和边疆城市形成了一个个"上海人"社群。徐家良的文化认同以青浦为主，上海为辅。然而，离开了青浦，在南京、北京上中学，到镇江上大学，在贵州工作，徐家良都被看作是上海人。实际上，文化认同并非仅仅是因地域或者户籍造成的，而是在自我与他人的情感互动中出现的。《归来徐家良》的作者十年砍柴把徐家良的父亲徐传贤离开上海到北京，形容为"沪才北用"，而徐家良也可以算作广义的"沪才北用"。我曾询问长辈，当年从上海北上工作的干部、职员、工人和学生总数有多少？好几个人的回答都估计是15万～20万人。徐传贤、徐家良等人在北京、贵州甚至在全国，被认为是"南方人"、"江

---

[1] 十年砍柴：《归来徐家良：贵州到上海有多远》，现代出版社，2025年，第118页。转引自覃爱华主编：《三线建设在贵州》，社会科学文献出版社，2020年，第3—4页。

浙人"和"上海人"。

1950年代的"内迁""支内",1960年代的大、小"三线"建设,在外地生活的上海人是全国范围内的一道风景。《归来徐家良》中提到《青红》(*Shanghai Dreams*,2005)的电影导演王小帅是这道风景的描写者。王小帅在上海出生,与徐家良的长子徐建新同年,同在贵州长大,经历了与徐家父子在沪黔两地奔走同样的心路历程。很多人的经验都说,没有离开上海,对上海本无所谓;离开了上海,在异乡艰苦环境刺激下强化了认同意识,如同国人移民在加州奋斗,反而意识到自己是华人。在家里说上海话,在厂里烧家乡菜,尽量复刻老上海生活,在当地建了一座比变化了的上海更加传统的"文化孤岛","回到上海"成为外地上海人的强烈愿望。然而,我们在这里要指出一种因刻板印象而来的误解,这些并不完全能够解释为徐家良的"乡愁"。据作者十年砍柴在《归来徐家良》中的描写,也据我们历史画卷团队与徐氏夫妇和父子的交往,徐家良一家在贵州的生活处境相当幸运。医生的职业,救死扶伤,受人尊敬;边疆的工资加上补贴有88元,按收入比较,远高于当地职工。加上贵州的物价水平远低于上海,徐家良在贵州的生活,远好于一般"支内"工人。况且,温良敦厚、一心治病的徐家良,各方面的人事关系并不紧张,而且娶了美丽贤惠的护士卢瑞英,有一双懂事的儿子,完全是一个美满幸福的家庭。但是,徐家良和他的妻儿,还有整个徐氏家族,仍然有着强烈的愿望——希望"回到上海"。

返乡之路:亲情召唤和价值寄托

"文革"结束,不久即"拨乱反正""落实政策",然后"改革开放",

上海回到了正轨，又向国内外的有志之士敞开了大门。1981年，徐家良回到青浦，他离开的时候上海还在延续保甲登记，这次报进了正式户口。1982年，长子徐建新回到上海，转学复旦大学附中。1984年，在徐家的合族努力下，徐家良的妻子卢瑞英、次子徐锋的户口也迁入上海。据粗略估计，十多年间大约有二百万在外地"支内"的上海人，包括知青子女、顶替子女、回乡工人、退休人员、病退职工，以各种各样的方式回到上海，其遭际也是各不相同，不能细数。徐家良一家或许也被算在这二百多万人口中，比如他们也有把贵州户口和身份证从520（"吾爱您"）换成310（"侪要人"）的程序。然而，细究起来，徐家良一家返沪有自己的理由。徐家良在贵州处境不差，甚至优于上海，回沪的缘由并非为了生活。笔者的表亲阿姨随上海第二妇婴保健医院内迁到云南曲靖，便是因为当地气候、环境和物价适宜，放弃了回上海的努力。和大多数返沪人员相比，徐家良一家并不是在企事业单位经营恶化以后，因经济压力和生活窘迫回沪，而是为了某种精神价值"回到上海"。

作者十年砍柴在《归来徐家良》中用副标题发问："贵州到上海有多远？"为了写这篇序文，为了理解徐家良、徐建新父子的思想境界，我一直思考的问题是：徐氏矢志不渝要回上海的心理动力是什么？在和徐氏家人的多次聚会接触中，以及在和徐建新的多年深入交往中，我们一直感觉到有一种隐形的家族力量。例如，2023年应家乡青浦的文化机构邀请，徐建新和表叔方针（徐熙春次女徐毓英之子）合力支持创作一幅名为"一个家族的百年回望"的家族历史画卷，于是徐熙春名下家族成员找资料、献文物、捐资金，一次聚会能聚合近百人。又如，徐氏家族早在徐熙春次子徐渭江（1910—2001）健在时就牵头提议，决定和徐熙春长子徐传贤之子徐家良，徐熙春之女徐珠英、徐毓英、徐传珍出力，事业刚刚起步的徐熙春曾孙、徐家良之子徐建新担纲，共同捐资100万元人民币成立医学基金。2008年，徐氏家族与青浦区中心医院（原青浦红十字会医院，今复旦大学附属中山医院青浦分院）共同设立"徐熙春医学基金"，基金附设奖项"徐熙春医学奖"，主要颁发给医院内优秀的医学工作者。在这些事例里，我们看到一种真实的心理动因，一种亲情，一种大家族成员聚在一起延续祖业的决心。

在《归来徐家良》自序中，作者说徐家良是"受到大家族庇护的最后一代人"[1]，这话具有深意，可以加以诠释。徐家良和我父母同年，正是我们这个年龄最能够理解的那"一代人"，"大家族"的社会性含义，以及它的变迁过程，我们都更加熟悉。1950年代以后，历次运动都会肃清"封建思想"影响，对家族观念加以批判。回溯"五四"人物对于"自由"和"个人"的理解，奠定中国现代思想的那一代人激烈反传统，认为有觉悟的知识青年应该摆脱家庭和家族宗法制束缚，接受全新意识形态的教育和培养。这种意识形态的有效性，在中外各民族的现实生活中并不存在，是1930年代那一代青年对于欧美"个人主义"的片面理解。儒家传统社会讲"五伦"，守君臣、父子、夫妇、兄弟、朋友之伦。如今，君臣关系已经消失，现代大都市里的父子、夫妇、兄弟等家庭、家族之伦亦有更新，多向"友伦"靠近。人们在实际生活中体会到，更新之后的现代亲情联系仍然重要。家庭和家族之中纵不能逃脱利益关系和价值取向的缠绕，无论如何

---

[1] 十年砍柴：《嵌在时代大变局中的平凡人生》，载《归来徐家良：贵州到上海有多远》，现代出版社，2025年，序第22页。

也是一种更易沟通的情感联系。

祠堂旧家族转为都市新家族的情况，在上海中、上阶层相当普遍。通常，社会角色较优、经济条件更佳的族人，担当更多的家族责任。百数十年里，青浦思葭浜徐氏从江南士绅转化成上海商绅，一直还保存着相互帮衬、共同进步的家族传统。1910年代是徐熙春，1930年代是徐传贤、徐渭江。1960年代起，早在1949年前加入中共的四姑妈徐毓英社会处境较优，但她没有抛弃家族关系，反而主动承担起对于侄子徐家良、徐家达等"家"字辈的部分责任。当历史处于动荡时期，在祖父徐熙春、父亲徐传贤、叔叔徐渭江或因经济条件限制，或因政治处境窘迫，对孙子、儿侄（女）们的大学教育负担力不从心的时候，大家族成员之间的相互照顾和帮助，仍然是一处可靠的港湾。最后，在徐家良调动回沪和徐建新读书的事情上，竭尽全力，玉汝于成。在动荡时期，一些家族关系濒临崩溃，一些家族则抱团应对，亲情得以维护，子女后代终得庇护，徐氏家族的情景是后者，相当不易。此时，我忽然明白，徐家良一家在贵阳、凯里生活处境不错，但仍然觉得孤身在外，一心要回到温馨的大家族，游子返乡之心理动因应该在此。

"贵州到上海有多远"？在飞机、高铁的时代真是不远，二三小时或五六小时足矣。21世纪的全球化，令时间大为缩短，空间瞬息转换。然而，只要我们扪心自问、三思三省，就会发现人类之间在地理（地缘）和心理（亲缘）上的距离仍然存在。西哲亚里士多德说"人是城市的动物"，这并不一定确切。如今，城乡之间的物理差别日益消失，乡村也可以过上城市的生活。我们换一个定义——"人是社会关系的动物"，这个说法比较准确。中国人讲关系，万事都讲"缘分"，未必没有道理。亲缘、友缘、家族缘、

归来徐家良：贵州到上海有多远

邻里缘、习俗文化之缘，这些绑定个人一生的社会关系，带有明显的地缘性。地缘关系，同样也是人的文化皮肤，难以突破。这就是一般人可以浪迹天涯，却仍然还要回到家乡的深层心理。我们在徐家良一家从"贵州到上海"的长路上，理解了那些满怀"乡情"的人性。批评家们不恰当地批评这些情绪是消极的"怀旧"（nostalgia），其实nostalgia不是melancholy（思乡抑郁），它是每个人都要面对的基本人性，很多场合是相当积极的。正是在这里，我明白了"贵州到上海有多远"的设问意义，明白了在艰难时代中保存基本人性之不易。

回到上海的徐家良一家，与家族、与青浦、与上海重建了联系，幼年的记忆一一寻回，新的事业不断开展。青浦县人民医院（又名青浦区中心医院）早在医院前身青浦红十字会医院创建时就设有内、外、妇三科，徐家良1981年调入医院时担任儿科主治医师，次年升任儿科主任，在祖父创建的医院里继承徐氏家族的医学传统。1984年，徐家良的长子徐建新从复旦大学附中毕业，考入上海第二医学院（今上海交通大学医学院）。1989年毕业后，徐建新先后在上海某三甲医院和中国科学院上海某研究所从事研究工作。1997年，徐建新夫妇共同创业，入驻浦东张江园区，将自己的医疗技术在浦东新区投入生产，成功转型为企业家。在沪第四代又一次接续了徐氏医学传统，令徐家良先生喜不自胜。更有希望的是，徐建新夫妇的女儿留学英伦，在伦敦国王学院学习基因生物工程，有望成为接续徐氏家族医学事业的第五代。

医学传统之外，徐熙春开始的都市公益传统也是代有传人。近年来，当初由徐渭江、徐毓英、徐家良等倡建的"徐熙春医学基金会"正在发挥更大的作用，附设的"徐熙春医学奖"已经颁发了四届。徐建新夫妇的企业发展顺利之后，不断投入精力从事慈善公益活动：他们在上海市慈善基金会名下设立账号，发放奖学金，帮助贫寒医学生；他们还远赴敦煌研究院，资助樊锦诗院长在莫高窟、榆林窟的文物修复项目。由于徐建新带头出资，引来众多捐助，这种合众慈善的方式和徐熙春的做法如出一辙。如今，徐家良先生退休有年，虚岁九十五渐进期颐，身体健康，心情愉快：幼年时不敢期待，青年时努力而不可得的家族成就，中年返沪后在"改革开放"新时代中一一实现。结束本文的时候，我不禁又在想：在沪第三、四、五代人所经历的时代，长可达二百年，什么样的情况都会出现。人生无常亦是有常，问题是我们该做怎样的努力，才能找到并把握住那个恒常？

李天纲

2025年3月30日

自 序

嵌在时代大变局中的平凡人生

我在写作《寻找徐传贤：从上海到北京》①的过程中，频频采访传主徐传贤的后人，因传主的长子徐家善已去世，其仍然健在的次子徐家良和五子章永平提供的信息较多。通过与徐家良先生的多次交谈，我对他本人的经历颇感兴趣，认为其一生在中国1930年代出生的知识分子中具有标本意义，遂产生了也为他写一部传记的想法。

比起祖父和父亲，徐家良先生及其兄妹的人生更为平淡。其祖父徐熙春在13岁时从青浦老家到上海的商铺当学徒，在五方杂处、华洋交汇的上海滩赤手空拳打天下，后来拥有数家企业和多处房产，并在1924年军阀混战时为拯救遭兵燹之祸的父老乡亲创办了中国红十字会青浦分会，担任负责人至1950年以后。可以说，徐熙春在上海是成功的工商业主，于青浦则是乡贤。徐熙春结交诸多沪上名流，在商界与慈善界皆有相当的影响。徐家良的父亲徐传贤16岁时考入上海邮政局，一直做到高级邮务员。徐传贤

---

① 十年砍柴：《寻找徐传贤：从上海到北京》，现代出版社，2022年。

亲身经历过诸多重大的历史事件，曾从日寇侵略上海的烽火中逃生；在抗战期间奉中国政府之命远赴异国，维护沦陷区与大后方之间的邮路；抗战胜利后代表中国去法国参加国际邮联大会，折冲樽俎为国家争取邮政利权。1950年后，徐传贤调入国家邮电部，参与新政权与其他各国的邮务协作与交流。可以说，徐传贤一生的经历坎坷、曲折而精彩。但是，徐家良先生则自我定位为"庶民"，并说"我是一个平凡的人，过着平凡的生活"。

比起父、祖的"不平凡"，徐家良的"平凡"主要是大时代造成的。徐家良是1932年生人，在1949年时正是一名高中生。其时，新政权结束了中国连绵的外敌侵略和内战，实现了政治上的稳定与统一，其施政效能远迈前代、无远弗届，单个人的成长与生活、工作所受公权力影响之巨亦前所未有。徐家良这一代知识分子的人生，"平凡"就是他们大多数人的宿命。因此，徐家良的平凡一生，镌刻上深深的时代烙印，也就有着相当的典型性。

回顾徐家良九十多年的人生道路，虽曰平淡，但总体说来是幸运的，其中有许多不平凡的闪光点。我以为缘于如下几点原因：

一、徐家良属于受到大家族庇护的最后一代人。

徐家良出生后，由于父亲徐传贤长年在上海邮政局工作，与家庭所在的青浦县城厢有相当的距离，对其兄妹没有多少时间来陪伴和教导；母亲盛希珍是一个不识字的家庭妇女，对操持家务也算不上能干。尤其是1938年夏天父亲徐传贤奉中国政府之命离沪前往越南维护邮路后，其时徐家良的长兄徐家善才10岁，而最小的妹妹徐家敏要第二年农历年底才出生。后来，父亲又与母亲离婚和别人结婚，再也没有回归原来的家庭，因此对徐家良一母同胞的四兄妹而言，父亲的角色是缺位的。在四兄妹中，除三弟徐家达重点高中毕业时因肺病未能升学外，其他三位都获得了大学本科学历，四人后来都成为高级专业技术人才。这样的情形放在今天是很难想象的，其子女的成长会受到很大的影响，大概率不会顺利。他们之所以能取得日后的成就，一个重要的原因是得益于家族的庇护和托举。

祖父徐熙春和祖母董月娥见识宏远，十分重视儿女和孙辈的教育。当东南半壁沦陷在日寇的铁蹄之下，父亲徐传贤远在大后方，但祖父徐熙春想尽一切办法供孙儿、孙女读书。当青浦被日寇占领后伪政权推行奴化教育，祖父徐熙春花大价钱将徐家良转学到上海租界内的学校。当徐家良的一条腿受伤被送进上海的医院治疗且医生建议截肢，徐熙春为孙儿的未来着想坚决不同意，后来聘请全国最好的骨科大夫叶衍庆先生为其动手术并保住了那条腿。在抗战时期的上海和后来的国内战争中，父亲徐传贤都不在身边，徐家良能正常地就读小学和中学，没有家族的庇护是不可能的事。在徐家良读大学期间，祖父徐熙春指示两位参加工作不久的姑妈予以资助。更为重要的是，在徐家良人生重要的关头，家族中有远见的长辈予以指点与教导。在1949年以后，徐熙春敏锐地觉察到时局之变将对普通人带来巨大影响，要求长孙徐家善中断法学专业的学习，重新考入同济医学院学医；对次孙徐家良亦是建议他报考医学院。可以说，徐熙春已经看清楚了孙儿将来从医在新时代的生活会较为平安、稳当，受政治风向的影响相对较小。

徐熙春逝世的1965年是中国当代史上一个重要的时标。此前，徐熙春购置的多处住宅已经充公，仅剩的老宅也开始被人蚕食，弥留之际要求子女尽量保住几间房，家族不要散架。事实证明了老人的深谋远虑，改革开放后，正因为子女遵从老人的遗愿要回了几间房，徐家良一家从外地回到青浦故乡才有落脚之处。在徐家良和三弟徐家达运作回沪过程中，叔叔、姑妈和长兄提供的帮助起了很大的作用。

与徐家良在上海出生的四位同胞兄妹构成巨大反差的是北京的两位同父异母的弟弟的命运。1950年，徐传贤偕第二任妻子章一涵进京，于1952年、1954年先后生下章卫平、章永平，而儿随母姓，也不照着家谱起名，在当时是一种破旧趋新的进步行为，也可解读为拥抱新时代的徐传贤与旧家族疏离的主观意愿。章一涵在抗战期间考入邮政储汇总局，1949年后长期担任国营大厂的财会人员，比徐传贤第一任妻子即徐家良的生母盛希珍的文化程度和见识高许多，且章卫平、章永平天资不低，在这样的父母身边成长原本应该取得比几位兄、姊更大的成就，然而时代给他们这代人开了个残酷的玩笑。章卫平、章永平比徐家良小二十多岁，从年龄上看属于两代人。读初中时，他们遇到了"停课闹革命"，初中毕业后无法正常升学，一人插队，一人留京招工。在狂飙突进之下，传统家族这类被视为"封资修"的小共同体被击得粉碎，也就不再能为他们两人提供庇护和帮助。

二、徐家良是中国历史上贡献最大的一代儿科医生的代表。

由于长辈的指点和少年时朦朦胧胧的理想，徐家良幸运地考入医学院，后来行医四十二年。诚然，从徐家良大学毕业到中国改革开放之初，他不可能不受时代的影响，且也曾被打上"白专典型"的标签。但应当承认，比起其他专业技术人员特别是人文社科知识分子，医疗卫生领域所受的冲击是最小的，不管如何"左"风盛行，人总是要生病的。因此，比起大多数同龄知识分子，徐家良仍能过着平静的生活，专业并没有被太多地耽误。虽然从1966年至1977年，徐家良没有发表过一篇论文，也必须参加各种非业务的学习,但其一直在医疗一线诊治病人。此何其幸也!

特别值得一提的是徐家良从事儿科临床医学。他1951年入大学学医,1956年开始行医,直至1998年退休,他们这代儿科医生在中国医疗史上——甚至可以置于世界范围内——贡献最大。1949年之后中国社会各项事业中,重大成就之一应该是中国人均寿命的大幅提升和婴幼儿死亡率的大幅下降,而徐家良从医期间也正是中国人口出生率最高的四十年。据统计,在中华人民共和国成立之前,我国婴儿死亡率约为200‰。1954年,对14省5万余人的调查显示,婴儿死亡率为138.5‰。1973—1975年,全国婴儿死亡率为47.0‰。1981年,第三次全国人口普查统计结果显示,我国婴儿死亡率已降至34.68‰。2010年,全国婴儿死亡率已降至13‰。这些巨大进步,与包括徐家良在内的无数儿科医生的默默奉献是分不开的。

在1950年代的中国,贵州是婴儿死亡率最高的省份之一。被分配至贵州的徐家良心里虽不情愿,在贵州生活艰苦,工作条件远不如东南沿海,他时时想调回上海,但是他并未因此影响自己的工作态度。徐家良先后在贵阳和凯里的三家医院工作,一直是业务骨干,技术精湛,态度认真负责,有口皆碑。徐家良曾对儿子说过他每一年抢救危重患儿至少50例以上,收治成千例小儿,以此加以计算他一生行医拯救了上千例危重病患儿的生命,治疗过的患儿数以万计。当然,做一名优秀的儿科大夫,光有好的专业水平还不够,更需要爱心和耐心。徐家良的人生是平凡的,但他做出了伟大的事业,令人敬佩!

三、无论身处何时何地,要保持学习自觉性和学习能力。

纵观徐家良九十余年的人生道路,尤其值得后辈师法的生活态度是他酷爱学习,有很强的学习能力,能敏锐地观察和接受新生事物,虽至暮年而不衰。徐家良在贵州工作、生活的二十五载里，由于政治气候的影响，大部分时间整个社会不鼓励甚至是贬损勤学善思的人，而他本人远离故乡，背着家庭成分不好的"十字架"，长期感到孤独与苦闷。但即便处于如此的困顿之中，他没有躺平，没有自暴自弃，哪怕为周围的人所不理解乃至排斥——曾经一度被攻评为"反动学术权威"——但他一直在埋头钻研业务，不放弃学习英语，想一切办法阅读专业资料，了解国内外儿科医学的发展动态。他和大多数人一样没有先知先觉，并不能预测民族和自己的命运何时能好转，他的好学只是出于对知识朴素的渴求和对本职工作的热爱。

人们常说"机会总是留给有准备的人"，这种"准备"不是刻意为之，总在焦虑地期盼云开雾散那一天到来，而是一种内化于心的生活状态。当整个国家的时运好转后，徐家良很快就在业务上冒尖，能诊断出同事从未听说过的疑难杂症，能在国家级医学刊物上接连发表文章。因此，在1981年中国还处在改革开放的初期之时，他能顺利地调回故乡青浦，其业务能力在人才汇聚的上海获得业界好评、得到重用，并拓宽了事业的空间。徐家良的一生教科书般地向我们展示了一个人如何坚韧而柔软地在逆境中生存和坚守底线，如何以建设者的专业能力为社会添砖加瓦。

最后，有必要诠释一下本书的关键词——"归来"。

"归来"在第一个层面是它的本义，此书的主要内容讲述了徐家良大学毕业后被分配到贵州，二十五年后再携家人回到上海的故事。他的归来之路是中国大中型城市特别是上海、北京许多家庭共同的记忆，也是中国人口迁徙史上一个经典案例。从1950年代开始，上海、北京通过各种方式（大中专生毕业分配、知青插队、支援三线）持续向外省份迁出大量人口，外迁人口以青壮年为主。改革开放后,这些外迁人员又纷纷通过各种途径回到上海、北京,当然还有不少人则永远留在了异乡。可以说,当时上海、北京等大都市几乎每一户人家都有外迁的子弟。以徐家良为例,在上海的四兄妹中,他和三弟徐家达被派遣到贵州和新疆,而其在北京的两个同父异母弟弟中一人去了吉林插队,外迁者占50%(其小妹徐家敏在青岛读完大学后留在当地工作,似不应算外迁)。这些外迁者每个人的离乡和回乡之路都是曲折艰辛,令人心酸。

在徐家良兄弟所处的时代,外迁者众多,他们很难说都完全心甘情愿。不管怎样,这些人远离故乡,在条件艰苦的内地和边疆贡献了青春年华,当多年后他们想回到生养自己的大城市,是合情合理并应该得到理解和尊重的要求。

若将"归来"引申开来,可以视为一种隐喻。它不仅指众多的"徐家良"在空间状态上回到了故乡,也可以说是社会正常状态的回归。这样的社会尊重每个人的创造力和自主选择权,为每个人的才华营造公平、法治的施展环境。徐家良能在1980年代初回到上海,就是托中国改革开放的福,社会的秩序、氛围、主体的价值判断和激励机制回归正常,促使其迸发了更多的工作激情和生活热情,五十岁以后的人生变得充实而精彩。同时,徐家良的子侄辈也赶上了浦东开放开发的大好时机。这便是将徐家良个人经历讲述出来的公共价值所在。因此,我不揣浅陋,斗胆一试,写出了《归来徐家良:贵州到上海有多远》这本书稿。

最后,感谢徐家良先生和他的夫人卢瑞英阿姨不嫌其烦地一次次接受我的采访,如今徐老先生已是92岁高龄,仍精神矍铄,讲述往事条理清晰,可谓"仁者寿",祝他和夫人健康快乐,活过百岁;感谢复旦大学教授李天纲的厚爱，再次为拙著作序，使粗帛劣绢增色不少；也感谢现代出版社不弃，继《寻找徐传贤：从上海到北京》之后出版此书。

十年砍柴

2024年12月22日于北京东城独树斋

目 录

序　时代剧变之下的人生：无常与恒常（李天纲）/ 001
自序　嵌在时代大变局中的平凡人生 / 021

第一章　南北漂泊一少年 / 003

　　生在青浦望族 / 005
　　铁蹄下的小学时代 / 019
　　带伤读完中学和第一次远行 / 035
　　北固山下的大学时光 / 060

第二章　壮岁苦熬在黔山 / 081

　　漫长的旅途 / 083
　　破灭的回沪梦 / 087
　　身为筑城一过客 / 098

因为三线建设，全家再迁凯里 / 115

小城的平缓岁月 / 127

儿子的学校 / 139

第三章　半百归来犹未晚 / 145

乘着东风回家乡 / 147

抛在身后的那片河山 / 157

故园并非乐土 / 170

长辈的关爱 / 187

用工作成绩增进祖父的荣耀 / 200

第四章　浦江晚霞尚满天 / 213

破碎的家族得到重新拼接 / 215

三弟徐家达的归来 / 236

暮年享受"改开"的红利 / 251

回顾与赓续 / 260

附录一　徐家良先生简明年表 / 273

附录二　徐家良自述：庶民人生回忆 / 283

后记　理解一代人和一个家族的命运 / 291

2023年12月30日的正午，上海浦东陆家嘴香格里拉大酒店36层翡翠西餐厅正在举行一场法式宴会，青浦思葭浜徐氏家族和他们的亲友五十多人欢迎徐子蕙女士和她的夫君李朝政先生回沪省亲。

徐子蕙是伦敦国王学院在读博士生，李朝政是北京人，已取得国王学院的博士学位，正在剑桥大学的Milner Therapeutics institute做博士后的学术研究。徐子蕙、李朝政两人在英国相识、相恋、结婚，因为众所周知的全球大疫，他俩直到这年年底才得以归国拜见双方的长辈。

宴会开始前，第一位致辞者是位满头银发的老者，他缓缓站起，声音徐缓而清晰地向在座的亲友表示感谢。他叫徐家良，一位退休医生，是新娘的祖父。徐家良老先生为与宴人员中辈分最高、年岁最长者，当时虚岁九十二。与他面带沉静而淡然的微笑不同，坐在他身旁的夫人卢瑞英则是笑逐颜开。

当宴会气氛达到高潮时，宾客们纷纷前来敬酒祝福。徐家良除了礼貌地举杯回应，更多的时间则隔着落地玻璃望着窗外静静流淌的黄浦江，以及浦西的高楼林立延伸到天际。他看到了什么呢？想到了什么呢？

或者想起小辰光从浦西看浦东，这里还是一片荒野。

或者在努力寻找老城厢的地方：从大东门进去往一条巷子里走，永安

▲2023年12月30日下午,徐家良(前排中间捧花者)与亲朋好友在孙女婚礼后留影

路上有祖父徐熙春开了多年的烟行,尚文路上有他念初中的学校,往北走到山东路曾有祖父的美新公司,再往北走过苏州河在四川桥路北块的邮政大楼,父亲徐传贤在那里上班二十五年。如今,祖父去世已五十八年,父亲也故去五十一年了。

或许想起在北京城短暂的高中生涯、镇江五载的大学时光和在贵州的二十五年。

或许什么都没想,只是安静地享受这一刻的天伦之乐。

看到活泼大方的孙女和高大帅气的孙女婿,徐家良多年来一直坚持的判断得到了更确凿的强化:当年历经千辛万苦带着全家人回到上海,这一切都值得。

第一章　南北漂泊一少年

生在青浦望族

1932年农历壬申岁八月初五（公历9月5日），离中秋节只有一旬，正是桂花飘香、稻谷登场、瓜果上市的好时节，青浦县城福泉路边上的一座名为"衍禧堂"的三进宅院里，徐家少奶奶盛希珍去马桶解手，突然觉得肚子里翻江倒海，一个小男孩迫不及待地来到了世间。

农历八月初五是唐玄宗李隆基的生日，《旧唐书》中记载："开元十七年八月癸亥，上以降诞日宴僚于花萼楼下，百僚表请以每年八月五日为'千秋节'。"祖父徐熙春为孩子起乳名"启元"，是他知道这个典故，还是和"开元"的年号暗合，现在已无法考证了。孩子的大名按照徐氏族谱的字辈"公正传家"起为"家良"，而在他前面已有一个3岁的哥哥徐家善，即徐家的长房长孙。

徐家良诞生时，祖父徐熙春（名正章，号熙春，以号行世）48岁，已在上海经商多年，饶有资产，是以油墨、印刷为主营业务的美新公司的老板。他还创办了中国红十字会青浦分会并担任会长，是在沪知名的青浦乡贤。父亲徐传贤27岁，担任上海市邮政局邮务员——邮政和海关、银行在当时的上海滩并称为三大"铁饭碗"，事业顺遂，业务能力突出，颇受上司器重。

青浦是东南名邑。明代中期朝廷析分华亭（明清时期松江府首县附郭，民国三年［1914］因与甘肃华亭县同名改为松江县）、上海两县部分乡镇，设立了青浦县。自建县以来，青浦一直是物阜民丰、文化昌明的名邑。此地位于苏州府、松江府、嘉兴府三大富郡交界处，为要冲之地。明万历年间所修县志曰：

> 青浦面峙九峰，背枕吴淞，右襟三泖，左瞰玉峰。旧志谓川泽沃野，商贾并凑，信矣。山川灵秀，独冠他邑，开创以来，科目日盛，接黼传圭，彬彬不绝，有以夫。①

清乾隆年间所修县志亦云：

> 九峰三泖，钟毓秀灵；人文蔚起，阀阅相望。至如星机云锸，弋泽纶川，粟帛之所委轮，工贾之所辐辏，殷然若都会焉。②

思蕿浜徐氏是世居该邑的望族。据徐熙春的侄孙徐家益考证，他们的家族和松江府另外两支徐氏——明嘉靖年间首辅谥文贞的徐阶、明崇祯年间大学士谥文定的徐光启是同族，后生齿日繁，开枝散叶，各自修谱。

徐熙春这一支的祖上在明代青浦建县之前由松江府城迁居唐行镇西北的思蕿浜，故称"思蕿浜徐氏"。1914年，该族重修族谱，谱名请民国初年的政要胡惟德③题写。谱序写道："青浦徐氏，当有明中叶自茸城迁青，

---

① 万历《青浦县志》卷一，"形胜"条。
② 闵鹗元：《重修青浦县志序》，载乾隆《青浦县志》。
③ 胡惟德（1863—1933），浙江吴兴人，曾任北洋政府外交总长兼代国务总理。

时尚未设县治所，居思葭浜，在小西乡。至清初始迁邑城。二三百年来，子孙繁衍，由读书起家，游庠食饩，贡成均登贤书者，后先相望。近今士大夫数青邑望族，必以徐氏为首。"①

上海市青浦区博物馆所编的《青浦望族》如此评述思葭浜徐氏："清至民国初年，徐氏一族主要居住在青浦城区，也有部分支系迁至朱家角、昆山等地。作为耕读世家，其子弟多以读书为业，然而登高第者并不多见。徐氏家族多有好诗文者，为青浦的文化繁荣做出了一定的贡献；此外，其不仅家境殷实，还乐善好施，热心公益。历代有不少人都为赈济灾民做出了贡献。"②

徐家良的曾祖父徐公勉是一位秀才兼儒医。在课徒教书之余，徐公勉勤于研习医术。"秉承家学，诗礼趋庭。为弱冠即青一衿。嗣从同邑朱若愚先生游，研究岐黄家言，归儿行道。旋复专攻举子业。历试优等，补增广生。先后教授数十年，门生蓁众。中岁买宅于阜民桥畔。晚年四代同堂，为里人所称羡。"③徐家良的父亲徐传贤在其1956年所撰写的向组织交代"历史问题"的《自传》中是这样说的："我的家庭那时是一个没落的封建地主家庭，祖父母生下八个子女，靠60～70亩出租田度日，经济很困难，所以我伯父（徐桂舲，已死）和我父徐熙春很早就到上海去学生意、当学徒，把另外一位伯父嗣出去了（杏根，婚后不久即死）。祖父自己出外当教师，有两个叔父和一个姑母，都早死。"④

---

① 十年砍柴：《寻找徐传贤：从上海到北京》，现代出版社，2022年，第6页。
② 上海市青浦区博物馆编：《青浦望族》，上海人民出版社，2016年，第569页。
③ 十年砍柴：《寻找徐传贤：从上海到北京》，现代出版社，2022年，第8页。
④ 同上书，第9页。

▲1964年,徐家良的祖父母徐熙春、董月娥,时年徐熙春八十寿辰

改变整个家族命运的人是徐家良的祖父徐熙春。正是徐熙春年少时闯进上海滩,这个家族便由江南小县城耕读持家的乡绅转变为以工贸业致富的绅商。

戊戌变法那一年(1898年),13岁的徐熙春和大哥徐桂舲(族谱名徐正祥)一同前往上海投靠亲戚家的商店做学徒。"徐熙春投靠的商号名为德隆彰,地址原来位于南市老太平码头里街,1914年10月迁至南市外咸瓜街,是上海南市地区著名烟丝商号,以经营兰州产水烟及福建产皮丝烟闻名于上海。与此同时,德隆彰所在的南市新开河地区,是当时上海西烟、水烟业经营较为集中的地区。德隆彰所有者汤侍绳及汤椿年、汤圣才叔侄三人,汤氏为上海南市的望族,在沪上以经营参燕、西烟而闻名。汤氏叔侄三人与徐熙春为表叔侄及表兄弟关系,往来甚密。"[1]

经过多年打拼,徐熙春由上海郊区的县城青年成长为一位急公好义的商人,故有财力为子女提供良好的教育条件。徐家良的父亲徐传贤于1921年3月考入中法国立工业专门学校(后改名为中法国立工学院),1924年7月考取上海邮政管理局邮务员岗位,1927年奉父母之命与徐家的世交、本县儒生盛祖扬的女儿盛希珍成亲。

---

[1] 十年砍柴:《寻找徐传贤:从上海到北京》,现代出版社,2022年,第12页。

第一章　南北漂泊一少年

徐家良出生的时候，上海及其周边包括青浦县刚刚经历过一场大劫难，其父徐传贤幸运脱险。

1932年1月28日晚，日本驻扎在上海的军队悍然挑起事端，向驻扎在上海闸北的中国第十九路军进攻，十九路军将士奋勇还击，是为"一·二八"事变即第一次淞沪抗战。

丁未年是徐传贤的本命年，那一年他24岁，按照中国民间的说法，本命年容易犯太岁——"太岁当头坐，无喜必有祸"，而他的经历似乎真的验证了这个说法。

在1月28日上午，战争的迹象已经非常明显了，北四川路上横浜桥北的日本小学，进驻了日本二百多名陆战队员，下午校园内的陆战队员增加到三四百人。这所学校成为日军发动"一·二八"事变前主要的屯兵点，另一处是北四川路和江湾路交叉口的日本海军特别陆战队司令部，距离徐传贤的住处亦不远。

徐传贤所居住的福德里南面为宝兴路，北距日本小学只有100多米，中间相隔着横浜桥和海伦路（原名欧嘉路），可见此地的凶险。在此之前，上海市民普遍认为日本军队屡屡对中国挑衅的问题已通过外交斡旋得到解决，战争打不起来，因此没有足够的准备。据驻守闸北的中国第十九路军第七十八师第一五六旅旅长翁照垣回忆：

> 当时十一时，我接到戴司令[①]的电话：据报日军有占据闸北之企图，将于晚上向我军施行攻击，嘱我转饬部属，严密戒备。我这时虽

[①] 指时任淞沪警备司令的戴戟（1895—1973），安徽旌德人。1949年后，曾任华东行政委员、民革中央委员、全国政协委员、安徽省政协副主席、安徽省副省长、全国人大代表。

没有看见日军司令"派兵护侨"的文告,但早已判断日军当晚必有所动作!接戴司令电话后,我即令参谋主任下达通知:

据报今晚敌有占领我闸北之企图。

本旅决定原地固守,如敌来犯,即以全力扑灭之。

第六团应即进入阵地,严密戒备。其他各团,应在原地准备。

十一时二十分,张团长[①]用电话报告:已遵令依原装备,饬各营进入阵地;另饬第三营营长吴履逊派兵一连防守宝山路,协同驻北站的宪兵第一团之一连,及铁道炮队,固守北站,为我军左翼据点。并报,日军已在北四川路天通庵车站集合。我当即告诉他说:"好好准备,杀敌的机会快来了!"

十一时三十分,在寂静而又紧张的气氛中,忽然听到一阵极清亮的步枪声,接着便听到密如连珠的机关枪声……这时又接到张团长的电话:"日军已开始向我们攻击了!他们由虬江路、广东路[②]、宝山路、横浜路、天通庵路、青云路等处,用铁甲车掩护,向我们这边冲过来!……""打吧!不许退走,守住原有阵线……"

这就是战斗的开始![③]

"一·二八"事变以闸北中国军队还击日军的巷战开始,凡巷战者对城市建筑物和居民生命安全危害极大。日军的司令官盐泽事先夸下海口——

[①] 指第一五六旅六团团长张君嵩(1900—1949),广西合浦人。

[②] 今为新广路,因黄浦区亦有一条广东路,故改名。

[③] 全国政协文史和学习委员会编:《从九一八到七七事变亲历记》,中国文史出版社,2015年,第112页。

"四小时占领闸北",但他们未能料到中国军队如此勇猛顽强,与铁甲车掩护的日军陆战队对攻,绝不从阵地上退却一步。日军的进攻首要目标是上海北站(上海铁道博物馆,今天目东路200号),北站是淞沪、沪杭、沪宁三条铁路汇聚点,是上海的陆路枢纽,而日军此举意在切断上海的中国军队和百姓与外界的陆路联系。战争围绕北站之争夺进行,而上海北站位于福德里东南,直线距离不过1公里左右,今日步行也就1.5公里。

战斗在深夜突然打响,出乎该地绝大多数居民的意料。周遭的居民之惊恐可想而知——枪炮无情,哪晓得什么时候炮弹炸到自己头上。那一晚,不知道徐传贤是如何熬过的,但幸亏其妻儿尚住在青浦老家。沉静下来后,徐传贤做出的决定在现在看来很是明智——天一亮立刻逃出火线,并毁掉国民党党证。中国军队已经突破日军防线,逆袭至北四川路一线,日军的据点日本小学必然会受到我军枪炮的"重点关照";战斗在这一带进行,民宅被烧,居民被误伤的可能性很大。为什么要毁掉国民党党证呢?那时候,日军和日侨民组织在他们控制的虹口地区,搜查抗日组织和抗日爱国之中国群众甚严,参与抗日组织的中国人一旦被发现,轻则受酷刑,重则丢命。

徐传贤当时是国民党党员,如果被日本兵抓住一定会被当作抗日分子关押甚至杀害。天亮后,徐传贤一路躲避炮弹逃出火线,进了租界才得以平安。

战争打响后,祖父徐熙春领导的青浦红十字会责无旁贷地参与救助工作。1932年2月,随着战事的一步步扩大,上海西北地区的嘉定、南翔和北部的大场、江湾成了十九路军和日军交战的战场,当地居民纷纷出逃,一部分逃至邻近的青浦县。中日两军争夺的另几个重要战略要点即宁沪线上的黄渡、安亭等车站和青浦县东北村镇近在咫尺，居民更是扶老携幼涌入青浦，以致青浦县城再度出现了难民多于本地居民的状况，收容、救助的压力非常之大。关于当时青浦红十字会的救助情况，相关档案记录兹摘录一二：

> 1932年2月6日，青浦红十字会召开职员会议，商讨战争爆发后红十字会将如何救护战区难民。会议决定青浦红十字会将承担难民的救助与输送工作，并参加青浦县政府所办的照料战区难民处所经办的事务。从2月9日开始，青浦红十字会再次组织了救护队，经费则由红十字会会员先行垫付。同日，青浦红十字会救护队派出工作人员，护送五十余名难民搭乘雄青轮前往苏州避难。2月17日，青浦红十字会又派遣董宝荣等救护队员前往上海仁济善堂，接送七十名青浦籍难民回乡，并由上海经营轮船业的通源公司派出船只将这些难民送往青浦县城中的照料战区难民处进行收容。通源公司在这次疏散行动中认为青浦红十字会的性质是地方性慈善事业，因而只向青浦红十字会收取大洋三十元船煤费。[①]

这些只是徐熙春领导青浦红十字会人道救助工作中的一小部分。

徐家良出生的时候，上海和周边的地区局势已经恢复了平静。在西方列强的调停下，中日两国的代表经过谈判，签订了《淞沪停战协议》，双方共达成五项协议和三项附件，其要点是：日本方面把作战部队撤至公共

---

① 陆轶隽：《从江苏省青浦县分会看中国红十字会之运作（1924—1951）》，硕士学位论文，2020年，第48页。

租界及虹口"越界筑路"地带,中国方面的作战部队留驻于"现在地方"。也就是说,中日两国军队又回到了战前状态。在协议正文外,会议记录作了三项对中国不利的"谅解":1.南京国民政府同意取缔全国的抗日运动;2.第十九路军换防,调离上海;3.南京国民政府同意在浦东和苏州河南岸,以及龙华对岸若干地区不驻扎中国军队。

上海及周边的大多数老百姓以为战争已然远去,太平日子将持续下去,而青浦老城厢里的徐家人亦是如此。徐家良从呱呱落地到蹒跚学步的那几年,青浦小城的日子闲适而平静。到1934年,弟弟徐家达①出生了。徐家良三兄弟有一个叔叔和三个姑妈(当地方言叫孃孃),叔叔徐渭江出生于1910年,大姑妈徐珠英出生于1919年,四姑妈徐毓英和五姑妈徐传珍分别出生于1926年和1928年,只分别比大哥徐家善大3岁和1岁。徐家良兄弟对三位姑妈的称谓很有意思,他们叫徐珠英为"大孃孃",显然是只按照徐熙春三个女儿来排序,但叫徐毓英和徐传珍分别为"四孃孃"和"五孃孃",则是按照徐熙春五个子女来统一排序。这种标准不统一因习惯成自然,一直延续到徐家良兄弟的下一代,即徐建新他们一代,他们分别称三位姑奶奶为大婆婆、四婆婆和五婆婆。徐毓英后来曾回忆起这段往事,"婆婆乳汁既喂幼女又喂长孙,媳妇之乳小姑、己子共享,亲朋好友都无不传为美谈"。一年到头,祖父和父亲、叔叔在上海上班和经商,徐家良兄弟则跟着祖母、母亲和姑妈们住在青浦县城。多年后,徐毓英女士回忆起那段短暂的幸福岁月:

---

① 关于徐家达的出生年月,据其父徐传贤的档案显示,徐家达的出生年月记为1934年4月6日,徐家达三子徐成岗在文章中则采用其父亲工作履历说法的1933年6月3日。

《《《 归来徐家良：贵州到上海有多远

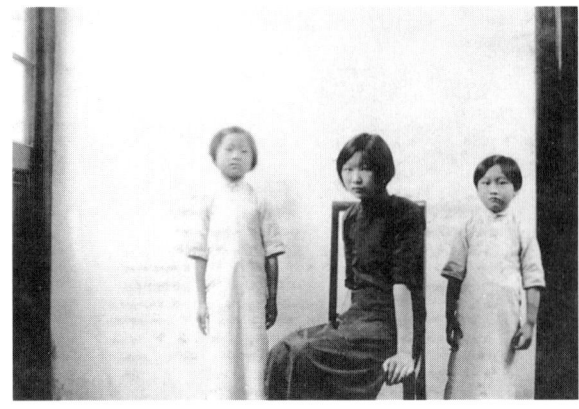

◀1934年的徐氏三姐妹,左起依次为徐毓英、徐珠英、徐传珍

◀1942年的徐氏三姐妹,左起依次为徐传珍、徐毓英、徐珠英

◀1971年的徐氏三姐妹,左起依次为徐毓英、徐珠英、徐传珍

第一章　南北漂泊一少年

记得抗战前，家中最热闹的是暑假和与农历春节二个时段，父亲、哥哥、嫂嫂带了幼侄都要回到青浦家中。父亲和二位哥哥只能小住一段时间，就要回上海，所以家中顿时人众，显得格外热闹和珍贵。暑天生活在乡间比上海凉爽，而冬天众多家人围暖炉融聚，且经常有亲朋好友，走动往来，相访叙旧，更添风采。我辈童孩，更是喜出望外，既有瓜果糖糕点可分享，如能蒙面获得几句长辈们赞扬之语，真有心花怒放之感受。

……………

祖母董太夫人（讳月娥）出生在青浦城厢一个世家——东门棣华桥董家，有一个堂弟董健吾，是著名的"红色牧师"，曾做过青浦县立初级中学第二任校长。董太夫人是大姊（大姐），下面有六个弟妹，她精明能干，有一双裹了几年而放开的"解放脚"。董太夫人归于徐家后，里里外外操持家务，使徐熙春能免后顾之忧。当徐熙春和两个儿子去上海工作，大女儿徐珠英师范学校毕业成为一名小学教师后，董月娥就在家抚养着两个小女儿和几个孙子。

徐珠英回忆母亲董月娥时说："我们的母亲是一个贤妻良母，她会有条有理地管好家务，烧一手好菜，但她对外是很少出去的，在我们小时候，穿的、吃的、学习用品等等，大都是由父亲从上海买回来的。"

五姑妈徐传珍对母亲董月娥的回忆更为细致、传神：

（母亲）出身于县城平民家庭，在家居老大，下有弟妹六人，由于弟妹较多，家境又不富裕，因此她从小勤劳朴素，善于治家。她治家克勤克俭，从不浪费一分一毫，节衣缩食。每有荤菜或新鲜副食，常常留给我们吃，自己往往吃些剩菜。她在生活上没有自己的要求。为了抚育我们兄妹五人长大，她一针一线深夜缝纫，清晨起早劳作，从不稍懈。她心灵手巧，做得一手好菜，亲戚们都喜爱吃她烧的菜。她做的当地土特产，如炙豆、腊肉、酱瓜、菜苋、虾干、糖年糕、粽子等等，样样美味可口，具有特色，别有风味，家人和亲友们品尝后都赞口不绝，她常常做了许多时令食品分送给家人及亲友，自己则吃得很少。她善良温顺，待人诚恳正直，关心他人，助人为乐，对上敬重孝顺父母、公婆，与妯娌、姑嫂、婆媳之间，以及与邻里亲友等都能和睦相处，从未见其由于家务琐事或孩子间争吵而与人发生口角或红过脸，人缘极好。我印象最深的是，我们小时候随母亲从南门自己家去北门外外婆家，一路总有不少熟人与母亲打招呼、谈心，只要有人发生困难，母亲总能热心相助，因而得到不少邻里和乡亲们的信任和敬重。当时我们总因为急于去外婆家，母亲一路要停顿好几次而不高兴，有时还要为之数数遇到多少熟人，耽误了多少辰光，想想当时的幼稚心理也真无知可笑。我母亲孝顺父母，每隔数日必去探望，友爱兄弟，对弟媳犹如亲姊妹，他们有困难时，都能鼎力相助。我们小时候常见外公为向母亲要几个钱而弄得发火，我们不理解，认为母亲对外公太苛刻、太吝啬。后来才知道，外公有不良习惯，钱多了要去抽鸦片，因此母亲总是把钱交给舅父舅母而不给外公。后来外公戒掉了抽鸦片的恶习，又能很好地照顾瘫痪的外婆，我母亲就对他宽松多了。我祖母去世以后，祖父轮流住在几个儿子家里，在祖父病重期间，母亲日夜侍候在他身边为他喂药、喂饭等精心护理，直至祖父去世。当时母亲正怀着我，我出世时祖父刚去世，可见母亲对老人能竭尽孝道。[①]

两位姑妈喜欢带着小不了几岁的侄子在宅院内外玩耍，姑侄之间情若姐弟，祖母则将两个小女儿连同几个孙儿一起抚养。暮年时的徐家良回忆起儿时的祖母印象："每天的开销到晚上都要上账，我与祖母在青浦生活多年中，几乎每天晚上都要我为祖母记账，不论是大数目或小数目，一笔笔都要记得清清楚楚，祖母说：'记个账，今后可以查查看看，心中有个数，总要省吃俭用啊！祖父也可以了解家中支出情况。'"老太太让还在读小学的孙子帮自己记账，是她对孙辈的一种教育和训练，以让他们养成做事有条理、花钱有节制的习惯，这让徐家良受用终身。祖母的善良、勤劳、俭朴、精明能干，对徐家良四兄妹影响很大。

那时候的青浦县城和苏州一样，是一座典型的江南水城。整座城池呈椭圆形，像一只乌龟的背；南面略宽，像是乌龟的头部，北面则是尾部。城有五处城门，由护城河环绕，五门通向五浦。后来，又加开一城门，六门分别有旱城门、水城门，城门分别是：镇海门，即老东门；艮辰门，即新东门；观宁门，即南门；永保门，即大西门；来苏门，即小西门；拱辰门，即北门。城门外有护城河，护城河上都架有吊桥。城内有十条市河，沟通各街坊与城外的交通；二十六座石拱桥横架于河上，沿河形成二十多条宽窄街巷。小船可以从护城河通过水城门进城，慢悠悠地驶在城内大大小小的河道里，穿行在白墙黑瓦的楼宇之间。

徐家的门前是一条小河，河道与宅院之间长着十几株挺拔的大树，枝

[①] 徐家益、徐建新编：《青浦徐氏族谱考正集暨纪念徐熙春先生130年华诞》，上海，2014年，第150—151页。

叶繁茂，总有许多鸟儿在上面呢喃。小河向西一百来米，与南北走向的五库浜连通，跨过五库浜，便是西城墙。徐家良的外公外婆就住在同一条巷子里，也是一个大家族，有舅舅、舅妈和一个表哥、三个表姐、三个表弟，徐家善、徐家良兄弟抬腿就能跑到外婆家游玩。这条小巷和这座小小的城池是徐家兄弟童年时的乐园，他们成群结队地玩各种游戏，逮蜻蜓，抓知了，在河里捞小鱼。天气晴朗的时候，他们登上城墙遥望城外绿野平畴，巴望着祖父和父亲从大上海回来，带着新奇的玩具和美味的糖果、西饼。

有时候，母亲盛希珍会带着徐家良兄弟去看望父亲徐传贤，在上海小住。大约徐家良3岁多时的一个夏日，在父亲租住的北四川路附近遇到了一次"险情"，他在街上走丢了，为此父母心急如焚。幸亏懵懂天真的徐家良被好心人送到了横浜桥警署，在那里睡了一夜，第二天被姨妈找回。——这似乎是一个足以概括徐家良人生的隐喻：上海一度丢失了他，但庆幸能平安回家。

"一·二八"事变引发的战争结束后，大上海依然像海绵一样吸引着全国乃至全世界的人员和资金。在北四川路租房有年的徐传贤，便想在上海买一套房了。买田置宅，对中国人来说是一种近乎宗教情结的追求。当时，上海的房价为全国最高，特别是租界的房子，对大多数人而言是天价。徐传贤虽是上海邮政局的高级职员，但买租界的房子仍然吃力，便把目光投向他居住多年的虹口、闸北地区：在闸北香山路（今改为临山路）和宝昌路交叉处，有一个叫复兴邨的新楼盘出售，价格不高，地段也不错——楼盘位于宝山路西边50米，距离虹口公园1.8公里，距离徐传贤长年租住的福德里1公里，步行15分钟左右，去邮政大楼上班也方便。于是，徐传贤出手买了一套有楼有底的洋房，但最终没能等到全家人乔迁的那一天，因为日军全面侵华打破了一家人的新居梦。

铁蹄下的小学时代

在抗战之前的那些辰光，是徐家的黄金岁月。1937年8月，战争吞噬了中国老百姓平静的小日子，而上海及周边地区遭受祸害最巨。先是在北平郊外，日本军队挑起了"七七"卢沟桥事变，开始了全面侵华战争。1937年8月13日，上海爆发了第二次淞沪抗战（又称"八一三"淞沪抗战），中日两国军队首次交火又是在上海闸北和虹口的交界处。第二次淞沪抗战之惨烈也远甚于第一次淞沪抗战，交战的重点地区闸北的建筑物几乎被炸弹焚毁殆尽。因此，徐家良的父亲徐传贤和其叔叔徐渭江（族谱名徐传统）在复兴邨购买的新房，没住多久就被日本军队的炮火炸毁。

战争很快就蔓延到青浦县全境。青浦为上海的西大门，是中国军队西撤南京的重要枢纽，日本军队企图尽快攻占青浦，切断中国几十万大军的后路，而中国军队亦必须坚守此地一段时间，才能确保参加会战的部队不被日军包围。当时，守青浦城的是第七十四军五十一师，师长王耀武毕业于黄埔军校第三期，是蒋介石的爱将。五十一师先在罗店与日军血战，给侵略者以重创，然后受命固守青浦。中国守军利用青浦密集的河网与坚固的城墙一次次挫败日军的进攻，日军在攻城之战中伤亡甚重。随后，除了加大炮击力度，日本侵略者还出动了飞机对古城进行狂轰滥炸。据公众号"青浦档案"披露："淞沪会战爆发后，侵华日军从9月5日起对青浦各乡镇进行轰炸。在11月上旬短短的几天内，日军出动120～140架飞机，轰炸次数60～70次，投弹300～350枚，炸死38人，炸毁工厂作坊17家、厂房104间和全部机械；炸毁商店店面房屋100多间、学校2所。使青浦城内大半成为焦土，城内商业全部搬迁到北门外，街道狭窄，房屋低矮，市面一蹶不振，整个青浦损失惨重。"[①]1937年11月11日，日本军队占领了青浦县城，开始了其残酷的统治，而青浦的百姓对占领军的反抗从未停止，直到抗战胜利。

徐家良的祖父徐熙春领导的中国红十字会青浦分会，在战争期间进行大量的人道救助工作：抢救伤员、疏散和安顿难民、掩埋尸体、对战场进行消毒以防疫病……而徐家在这场战争中，和千千万万青浦的百姓一同遭受着苦难。据徐家良的五姑妈徐传珍回忆：

> 母亲和父亲结婚后一直住在青浦老家，父亲在沪经商，不能经常回家（当时青沪之间交通不便）。母亲独自一人带领我们几个孩子长期住在老家，担负起全家所有家务。"八一三"抗战开始以后，父亲先把孩子们送到上海租界他开设的店中，自己放弃个人一切商务，立即返回青浦领导红十字会进行抗日救灾工作。母亲一人伴随在父亲身边，照顾父亲生活，支持并协助父亲，在日寇追杀与轰炸下不顾个人安危，全心全意地投入紧张的抗战救灾活动。她连自己瘫痪多年的母亲与年迈的父亲也顾不上照料，也来不及为两位老人找一个暂时躲避的地方。后来，两位老人惨死于日寇炸弹下。1937年11月8日，日寇大批飞机在青浦城上空狂轰乱炸，城内硝烟弥漫，一片混乱。（当时，）

[①]《不能忘却的记忆——八十年前（1937）双11青浦沦陷记》，公众号"青浦档案"2017年11月9日，https://mp.weixin.qq.com/s/wSQxEU6VLPWLvcX4lo0TFQ。

第一章　南北漂泊一少年 〉〉〉

国民党军队刚刚撤走，日本鬼子即将冲进城内，父亲和母亲二人几乎来不及出城，幸好遇到红会同仁，慌乱中一起登上一艘小船，向西去朱家角方向，而后又到了金家庄。母亲此时的心却在北门外大街的外公外婆那里，她怎么能忍心丢下他们不顾呢？可是实在身不由己，没有办法扭转厄运啊！当她后来知道外公外婆已被炸死，一个亲生弟弟也被日本鬼子拉夫拉去生死不明，她悲痛万分，终日以泪洗面，心境许久无法平静。她深深悔恨自己没有照顾好自己的父母，但我们从未听到她说过一句对父亲或他人的怨言，只是把满腔仇恨集中到日本鬼子身上。

我们三姊妹离开父母生活在租界店中。一天我们隔壁失火，迅即火势汹涌，我们靠店中伙计把箱子、财物都搬了出来，放在认为安全的对面弄堂里。我们人小认不清自己家的箱子，被人拿走了一只放有我家贵重物品的箱子，内有父亲的皮袍等，以及母亲一只心爱的首饰盒——这些首饰是母亲结婚后几十年来一点一滴积攒并珍藏起来的，有父亲对母亲的情爱，没有一件不是父亲亲自去买来的。后来父母从青浦到了上海，他们没有埋怨，也没有责备我们。母亲此时除了手上一只戒指、耳朵上一对耳环（后来在上海马路上走时，这对耳环也被流氓劫去了）外，几乎一无所有了。父母对钱财一直看得比较淡薄，母亲对此只表示惋惜，而父亲则一声不响。日寇入侵期间，我家闸北的两幢住房（二位哥哥嫂嫂的住房）被日本鬼子烧毁，青浦老家的东西在鬼子进城时被洗劫一空，上海店中的饰物又遭抢劫，最令人伤心的是外公外婆、小舅的惨遭杀害。面对这些灾难，父母的心情是可想而知的，但我们看到双亲的表面还是平静的。父亲曾这样说："国难当头,百姓遭殃,个人家庭损失又算什么。"母亲则忍受着痛失亲人和家产遭劫的重大打击,自己仍默默地付出全部心血,一心支持父亲的事业。①

大姑妈徐珠英也回忆道:

> 抗日战争时期,联想起一件胆颤心惊的事。青浦沦陷,人民过着悲惨的生活,发生了一场大瘟疫,霍乱吐泻,谁传染到了这种病,被鬼子知道了,会马上被拉到隔离的地方集中起来,不是去医治,而是去等死,有的人还没有绝气,也拉去烧了。那时母亲也传染上了,二舅舅知道后,马上到上海通知父亲,父亲让我带了孩子回老家护理母亲。那时母亲的喉咙已经发不出声音,身体中的水分全都泻光,眼睛陷了下去,手指全扁了,只是皮包骨头,生命危在旦夕。父亲看到这个情景也呆了,但眨眼时间,父亲心中就有了主意,这种病必须西医打盐水针(引者注:输液)。乡下不能透风声,只有向上海亲友求助,就派了一个人到上海,马上请了一个医生,由小汽车接来,打针吃药,一面准备后事,做了几件寿衣,以防万一,有备无患。后来,母亲慢慢地转危为安了。②

日本侵略者占领青浦时徐家良才5岁,对这场国恨家仇不可能理解,只能记住一两个片段。

---

① 徐家益、徐建新编:《青浦徐氏族谱考正集暨纪念徐熙春先生130年华诞》,上海,2014年,第91—93页。
② 同上书,第137—138页。

第一章 南北漂泊一少年

1938年夏天，徐家发生了一件大事。父亲徐传贤作为上海邮政局二等一级邮政员，奉命调往中华邮政总局在法属越南海防市的"中华邮政驻法代表办事处"，主要工作是与法国殖民者沟通、斡旋，艰难地维持从沦陷区经过越南再通往中国西南大后方的邮路。徐传贤毕业于中法合办的学校，法语、英语娴熟，是很合适的人选。父亲徐传贤赴任越南海防工作后的第二年，曾偷偷地回过一次上海，希望带领母亲盛希珍离沪，但盛不愿意舍弃在沪的舒适生活，予以拒绝。这年农历年年底，妹妹徐家敏出生。等到抗战胜利后的第二年，父亲徐传贤才回到上海，其婚姻状况却发生了变故。因此，徐家良在少年时代没有父亲的陪伴与教导，代行这一角色的是他的祖父徐熙春。

当时，徐传贤是在为迁都重庆的国民政府工作，如果被沦陷区的日伪特务机构获知，会给家属带来不可知的风险。因此，祖父、祖母和母亲从不告诉徐家良父亲去哪儿了，去干什么了。在徐家良幼小的心灵中，他只是隐隐约约地感觉父亲去很远的地方做生意了。

在徐家保存的徐传贤从越南寄回上海的一封短信中，能看出远在异邦勤于国事的父亲徐传贤时刻惦记着在沦陷区的一家老小。信是写给徐家良的大哥徐家善（小名元鑫）的：

元鑫儿入览：

前接你祖父来函谈及局中停发薪水及生活高涨情形，殊为不安。兹为应付家用及学费起见，已于昨日由东方汇利（引者注：应为东方汇理）银行电汇寄你祖父收新法币三千元，并函寄祖父将彼垫款扣除，余款存美新（引者注：徐熙春先生所开办的美新公司）留作家用提取。

自后每月提取若干，尚存若干，望随时来信告知，以便另筹措汇寄也。学费已涨到最高点，儿读书应格外用心，勿负我心。家中大小谅必安好，我身体亦好，望勿为念，余不赘。此嘱。

父字

七月六日

徐传贤这封信字迹隽永洒脱，很可惜没有留下信封，未能获知写此信的具体年份。但从信的内容看，可分析出大约写于1939年或1940年，其时上海至越南海防的邮路尚畅通。徐传贤被派驻到越南之初，人事关系应还在上海邮政局（由于上海邮政大楼在公共租界，"珍珠港事件"爆发前，听命于国民政府的上海邮政局还能开展工作），故让其家属到上海邮政局领他的薪水，而上海邮政局却并未向其家人支付薪水，因而几个儿子的学费及家用由其父亲徐熙春垫支。

7岁那年（1939年），徐家良进入青浦县立小学（今青浦实验小学）开蒙读书。这所小学也是徐传贤的母校，创办于1908年，最初名"城厢私立具体初等小学堂"，于1912年改称"城厢民主具体初等小学校"。学校距离徐家在福泉街的宅院数百步之遥，因此徐家良每天一个人上下学，很是方便。然而，青浦县城已经由侵略者统治近两年，事实上的"亡国奴"状态使年幼的徐家良的生活和学业存在着相当的隐患。

到1939年底也就是徐家良刚上学的时候，日本侵略军有1000多人驻扎在青浦县，并建立了青浦保卫队等机构。当时，侵华日军驻青浦守备司令部设在码头街张桂联新宅，日军特务机关设在五厍浜——就在徐家宅院的边上。晚年的徐家良回忆说："我一出门就能看到日本兵的岗哨。"同时，徐家良对小学校印象最为深刻的记忆是："日本兵在学校操场上骑马比赛。"可以想见，日本兵的飞扬跋扈之状对徐家良和他的同学们幼小的心灵造成了多大的冲击。

对徐熙春来说，孙儿的人身安全只是一个方面的忧虑，另一个方面令其不安的事情是日本占领者和伪县政府在学校极力推行奴化教育。当时的伪县知事姚明仁，经常指示青浦县各中小学学生参加各类"中日亲善"活动，学校教育宣扬"东亚共荣""同文同种"。从沦陷期间的《青浦报》登载的一条"新闻"可一窥占领者将天真的中国少年儿童作为宣扬"奴化"的重点人群，这则题为"中日军民亲善运动宣传周：第四日游艺会特志"如此描述：

> 于县宣委会主席报告之后，有模范小学校之讲演《中日亲善天然的理性》及《儿童与月亮》的唱游表演。北区小学校之日文演讲《中日人民应共负建东亚新秩序的使命》，及《春来了》之唱游表演。西区小学之《木兰从军》歌舞剧。叶君之口琴独奏。王君之《中日亲善歌》之独唱。日籍栗田班员之中国语小学生唱歌，及保卫司令部指导官佐久间先生之日语爱国进行曲，以及诸友军之歌咏等。[①]

青浦人民不甘愿当亡国奴，想尽一切办法对日本侵略者的占领进行抗争。由于青浦县邻近上海和苏州，位于苏、浙两省交界处，中共以及重庆政府领导的抗日武装很活跃，不时伏击日伪军，打击日本侵略者的气焰。

---

① 《不能忘却的记忆——八十年前（1937）双11青浦沦陷记》，公众号"青浦档案"2017年11月9日，https://mp.weixin.qq.com/s/wSQxEU6VLPWLvcX4lo0TFQ。

《《《 归来徐家良：贵州到上海有多远

据史料记载：

上海沦陷后，随着国民党军队溃败，青浦地区也陷入了混乱动荡之中，帮会、土匪作乱，日、伪军作恶。人民群众的生命和财产安全面临极大威胁。青浦的中共党组织为了救民于水火，积极组建抗日武装。1937年12月，共产党员罗星元、倪镇德在莲盛万圩荡组织青浦第一支抗日武装"江南抗日义勇军"，并打击了日寇。顾复生、魏友于、林锡浦、杨纪良等同志分别在青西、青东地区筹建抗日武装。

1939年春，中共江苏省委决定建立中共青浦县委员会，顾德欢任书记，张凡、顾复生等为委员。青东人民抗日自卫队接受国民党军"淞沪游击纵队第三支队"番号，顾复生任支队长。1939年7月，新四军江南抗日义勇军（简称"江抗"）先遣部队在顾复生率领的第三支队接应下，抵达观音堂（今华新镇凤溪地区），9月外冈游击队也抵达，三支我党领导的抗日队伍齐聚青东。打着忠义救国军旗号的姚友莲、武佩英等部闻风而逃，"江抗"的廖政国等同志率部闯进虹桥机场，烧毁3架日军飞机，震动上海。[1]

青浦抗日武装不屈不挠的斗争，招致日本侵略者残酷的报复，屡屡派兵到青浦"清乡"。"1940年4月14日凌晨，日伪军4000余人在日寇上海警备司令长官谷川征宪指挥下，由漏网汉奸许连生引导，采取了所谓的拉网战术，对青东抗日游击区实施'三光政策'，准备将青东抗日力量一举歼

---

[1]《青浦抗战的四个阶段》，公众号"青浦档案"2024年6月27日，https://mp.weixin.qq.com/s/Rtw7ToWBuwFfcsTboDgJJQ。

灭，并开始为期半月之久的青东大屠杀。"[1]此时，青浦人民处于朝不保夕的危急与惊恐之中。

徐熙春是一位有气节的爱国人士。据其二女儿徐毓英回忆："正当父亲率领红会同仁清除战乱遗尸、避免瘟疫发生之际，地方上成立了敌伪组织'维持会'，妄想利用父亲在地方的威望欺骗民众，在青浦地方报刊上造谣说徐熙春也参加了'维持会'。父亲见报后义愤填膺，不畏狂暴，立即登报声明，与维持组织绝无关系，由此他与红十字会在青浦的一切活动被迫停止。随后父亲避居上海租界，直到抗战胜利的1946年中国红十字会青浦分会才公开发表复员宣言，恢复活动。"[2]鉴于青浦在日本侵略者占领下百姓的生命安全无保障，也为了使孙儿摆脱伪政权的"奴化教育"，徐熙春在徐家良读完一年级后，想办法将他带去上海，转学进了法租界的类思小学。

类思小学是今天上海黄浦区四川南路小学的前身，这是一所历史悠久的沪上名校。1859年，天主教传教士开始在法租界的洋泾浜（洋泾浜原是一条小河，法租界和英租界以此为界，后填平成马路，今为延安东路）附近建造新的住院和圣堂。1860年4月15日，这座法租界的第一座圣堂举行了奠基礼，法国远征军司令孟斗班（Charles Cousin Montauban，1796—1878）和法国驻华公使夫人凯瑟琳·布尔布隆（Mme Catherine de Bourboulon，1827—1865）参加了这次典礼。圣堂奉圣若瑟为主保圣人，

---

[1]《青浦抗战的四个阶段》，公众号"青浦档案"2024年6月27日，https://mp.weixin.qq.com/s/Rtw7ToWBuwFfcsTboDgJJQ。

[2] 徐家益、徐建新编：《青浦徐氏族谱考正集暨纪念徐熙春先生130年华诞》，上海，2014年，第142—143页。

《《《 归来徐家良：贵州到上海有多远

▲1900年，洋泾浜河繁忙的景象

◀1860年，上海洋泾浜圣若瑟堂初建成的模样

第一章 南北漂泊一少年 〉〉〉

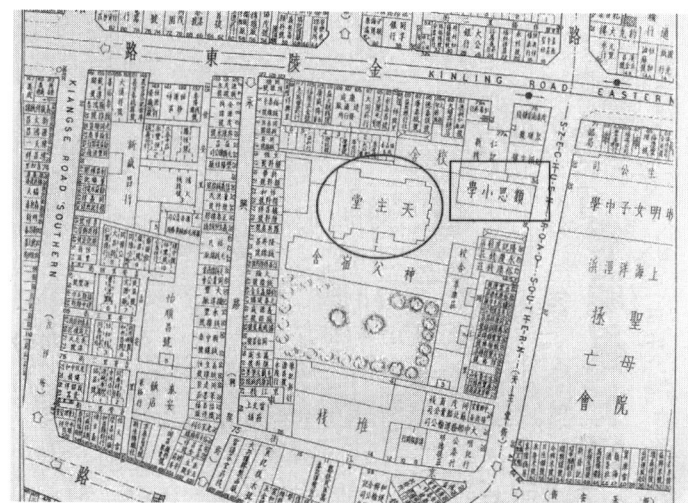

▶1947年,《老上海百业指南》中标注的圣若瑟天主堂和类思小学位置

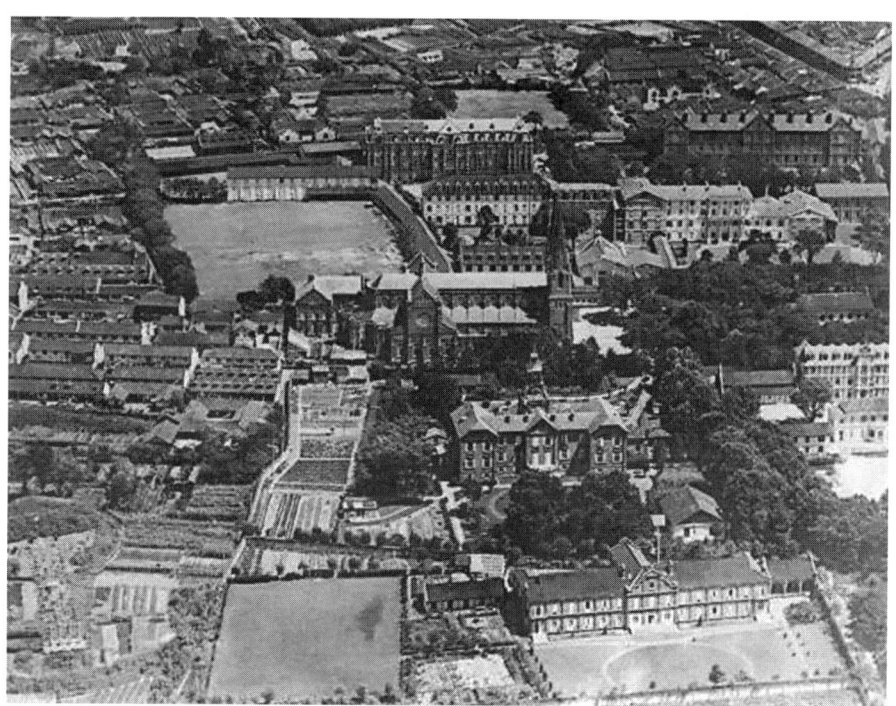

▲1930年代,洋泾浜圣若瑟堂旁的类思小学(画面最右侧中间)

故全称"洋泾浜圣若瑟堂",由法籍耶稣会会士罗礼思(Hélot Louis, S.J., 1816—1867,也译作"类思")神父负责设计监造。大堂第一期工程于1869年告竣,第二期工程主体于1877年完成。教堂在清同治四年(1865年)开设经言班、私塾,教授相当于旧学制的小学课程,主要由外籍修士掌管学校。后来,随着清朝改学制,仿照西方建立起小学、中学、大学现代教育体系,这所学堂改成类思小学,校名乃为纪念创办人罗礼思神父。

徐家良进入类思小学时的学校负责人(主持校务的副校长)为余凯。余凯籍隶安徽婺源,1892年出生于上海县城,曾在徐汇中学就读,年少时受洗入教。据上海徐汇地方史的研究者云:

> 1925年,当时上海教育局的规定:小学校长必须为中国籍。当时名义上的洋泾浜类思小学校长徐宗泽神父身兼数职,长期待在徐家汇,不可能特来洋泾浜管理小学的各种琐碎教务。而余凯一方面中西文化水平都比较出色,管理小学教务不在话下;另一方面作为辅理修士职位较为稳定,是长期辅佐徐宗泽的不二人选。于是

▲徐家良就读的类思小学,今为四川南路小学

教会决定,将余凯调往洋泾浜类思小学(今四川南路小学),担任副校长职务,主要负责学校的教务工作,直至1953年学校被上海市人民政府接管,他担任该职务近三十年。

余凯接手洋泾浜类思小学后,一方面严格管理,学校教学质量因此直线上升,逐渐以严谨的管理、教学闻名于外;另一方面着重培养学生的艺术兴趣,多次在学校举办适合小学生的画展,同时注重在学生中发掘好的绘画苗子,悉心栽培。

担任类思小学校长期间,余凯曾在1948年初举办过一次"筹募小学生贷学金暨贫病小教助金余凯集藏贺年片展览会"。当时上海的社会名流皆有参加,包括金仲华、夏衍、赵朴初等许多中华人民共和国成立后的显要人物,足见他的号召力和活动能力。

余凯的记忆力惊人。对类思小学出来的学生,时隔多年相见,他竟能直呼其名,曾自言至少能认出三千名学生的名字。他喜欢大自然,常抽空带领学生到野外活动,往往是徒步行走,边走边向学生讲授各种博物知识。他还喜欢捕捉昆虫自制标本,类思小学内因此特地设有一间动物标本陈列室,供师生对照课本,仔细观看比较。[1]

兼任校长的徐宗泽,字润农,教名若瑟,1886年生于青浦蟠龙镇,为徐光启第十二世孙。徐宗泽幼年接受中国传统的儒家教育,参加过童子试,后入徐汇公学读书。21岁,徐宗泽加入耶稣会,先后在法国、加拿大、英国等地留学,获得过哲学和神学博士学位。同时,徐宗泽还是沪上知名的藏书家。其人年龄比徐熙春小一岁,都是青浦县徐氏(同宗而异谱),皆

---

[1] 张伟、张晓依:《土山湾画馆人物志》,中华书局,2022年,第240页。

为在上海的青浦乡贤，而徐熙春创办的中国红十字会青浦分会和教会关系密切，两人应该很熟悉。这或许是徐家良能顺利从青浦县城转学进上海名校的缘故。当然，真实的原因究竟怎样，徐家良并不知晓，他只是按照祖父的安排来到法租界读书，从而得到一张安静的课桌。

由于法国维希政府和日本政府的良好关系，上海的法租界在日本侵占时期一直有相当的自主权，公共租界则在太平洋战争后由日军占领。其中，重要的标志是租界内的学校可以不采用"奴化教育"的内容。上海沦陷期间，包括国立交通大学、暨南大学、上海商学院、上海医学院、中法国立工学院，私立大同大学、复旦大学（沪校）、大夏大学（沪校）、光华大学（沪校）、上海法政学院、上海法学院、持志学院、正风文学院、同德医学院、东南医学院，以及沪江大学、震旦大学、东吴大学法学院、上海女子医学院等教会学校都在租界办学。

徐家良回忆，在类思小学读书时，有国文、英文、数学等课程，不用学日语。当时，徐家良和祖父、祖母一起住在老城厢永安路自家开办的瑞大永烟纸店，从住处步行到学校500多米，也就十来分钟的路程。在那段时间，法租界的日子总体而言

▲祖父徐熙春曾经的店铺所在地，今上海永安路

是平静的,无数难民或不想当亡国奴的中国人涌进来,倒使租界呈现出一片畸形的繁荣。应该说,少年不知愁滋味的徐家良,从青浦到上海后,其小学生活风波不兴,只是到了高年级后,有时候和同学们一起聊天,有人会说"中国的政府在重庆,和日本人是死对头,正在打仗"等。

在平常的日子里,徐家良偶尔也会想想,父亲去哪儿了?当时法租界有许多安南巡捕,徐家良走在街上经常能看得见,但他想不到自己的父亲也去了这些安南巡捕的家乡。在越南艰难支撑沦陷区到大后方邮路的徐传贤,无一日不惦记在上海的一家老小。几个儿子从县城转学到租界的学校读书,虽然人身安全和教学质量更有保障,但如其在给长子徐家善的信中所言,"学费已涨到最高点"。徐传贤虽为邮政总局的高级职员,然而历经多年抗战后的中国已是国穷民困,物价飞涨,政府公务员和教师的薪水的购买力日益下降,要筹措儿女的教育经费真是艰难。不过,好在祖父徐熙春能给予一定的补贴,但那时候三位姑妈也正在读书。抗战期间,徐家的日子亦是捉襟见肘,不得不精打细算。

1940年9月,日军对越南进行了军事占领,法国维希政府

▲1937年左右,徐家良的父亲徐传贤(后排右一)与叔叔徐渭江(后排左一)、大姑妈徐珠英(前排左一)、祖母董月娥(后排中)、大哥徐家善留影

在越南的殖民当局对占领者唯命是从。为防止日军利用滇缅铁路侵犯中国大西南，中国政府下令将中越边境的河口大桥炸毁，并将河口至蒙自碧色寨177公里的铁轨全部拆除，因此通过越南海防再走滇缅铁路的邮路中断。徐传贤完成海防的善后工作，紧接着奉命赴缅甸参与中华邮政在缅办事处工作——中国大后方通向海外的邮路只剩下滇缅公路了，后于1943年初调入中国战时首都重庆的中华邮政总局。

抗战胜利时，正好是徐家良小学毕业后的暑期，他回到了青浦县城的徐家老宅。1945年8月15日中午，日本天皇正式发表了无条件投降书，标志着中国的抗战正式结束。当天下午4点，上海广播播报员用吴语播报这一振奋人心的消息，整个上海沸腾了。青浦县城的人也在同时得到这一佳音，全城民众自发上街庆祝，敲锣打鼓，鞭炮齐鸣，因为饱受侵略者欺凌的青浦老百姓盼望这一天太久了。此时，13岁的徐家良已经懂得胜利对中国人——包括他家的意义，他欢天喜地地出门和兄弟、同伴们一起在大街上畅游，加入欢呼的队伍。最为高兴的事情是，徐家良知道抗战胜利了，父亲也该回家了。

日本投降的消息在青浦其实早传了几天，还闹出了一个不大不小的乌龙。8月10日下午，青浦县最繁华的朱家角镇已经流传着日本投降的消息，租住在当地的一位广东籍商人在次日清晨特意骑自行车进上海，傍晚时带回来一张《中华日报》当日的号外，上载"日本天皇接受波茨坦宣言，通电瑞士瑞典政府，要求转致中美英苏四国……"云云。《中华日报》是汪伪政府在上海的机关报，立场是完全亲日的，它都说日本要接受波茨坦公告，那就是真的投降了，不能不让人相信。于是，朱家角有一份本地的新闻机构《里风》报得到这一消息后，立即油印号外"日本政府通电瑞士瑞典政府，向中美英苏要求接受波茨坦公告"上街叫卖。这份报纸虽没有明说日本政府投降，但波茨坦公告的重要内容即要求日本投降，这一下"日本投降"的消息迅速传遍了整个青浦。可当天下午，该日出版的《申报》送到青浦，上面登载日本在中国派遣军对此消息的否认。

日本特务机关派人将《里风》报的两位记者带回其驻地，追查此"乌龙"的来龙去脉，并要求《里风》报予以更正。应当是日本将要投降的消息在驻华侵略军的特务机构里已有流传，这几个在青浦的特务只是应付差事。如果是早一两年，两位记者以及《里风》报的负责人恐怕会性命不保。于是，日本特务机构没有为难两位记者并当即放回，更正的消息亦未登载，过了三天日本真的投降了。[①]——这个"遥遥领先"的传言在青浦的流行，可一窥沦陷区中国民众对胜利的渴望。

带伤读完中学和第一次远行

抗战胜利，山河重光，徐家良没必要再回上海读初中，他升入了青浦县立初级中学。这所学校创建于1923年，校址在县城南隅和睦街文昌宫（原县立乙种商业学校），日本侵占青浦期间曾一度停办，抗战胜利后复名"青浦县立初级中学"；1956年开始招收高中学生，更名青浦县中学；1999年易址新建，更名为上海市青浦高级中学。

与此同时，徐熙春终于能光明正大地回到青浦县城，他立即促成青浦

[①] 据《青浦地区最早报道日本投降消息的报纸——〈里风〉报》，公众号"青浦档案"2018年8月3日，https://mp.weixin.qq.com/s/f19ptWzmhHyWZNtZH-8DA。

红十字会恢复正常活动。徐家良对祖父在这段时期的红十字会活动，记忆最为深刻的一次是1947年11月青浦红十字会为救护队长孙子扬举行的纪念追悼会仪式。从1924年青浦红十字会创立以来，孙子扬即追随徐熙春，并担任救护队长。每次战乱，孙子扬一秉巨大的勇气和仁心，率员冒着枪林弹雨救助灾民。1937年11月，孙子扬在县城码头街开展救护时死于日寇飞机的轰炸，年仅40岁。1947年11月，纪念追悼会仪式在青浦县城中山公园（曲水园）举行，园内凝和堂的大门上方，悬挂着挽联的横幅——上书"舍身成仁"，青浦县各界人士派代表前来参加追悼会，以慰忠灵。年少的徐家良第一次明白"取义成仁"的真实内涵，而孙子扬也是他们兄弟心中最为熟悉的抗日烈士。

抗战胜利后，徐家良并没有等到父亲徐传贤从重庆归来。早在1944年，中、美、英、苏等盟国对德、日、意法西斯同盟的战争，已看到了胜利的曙光。根据美国的《租借法案》，中国选派工、商、农、医等各个领域的人才赴美实习，费用由美国政府资助。中国从各机关及高校选派的人数达到了1200名，为战后中国的重建培养各方面的骨干人才。徐传贤考中邮政管理项目，以研究员身份赴美考察、学习邮政业务。就在欧洲战场结束战事、日寇将要投降时，1945年7月25日，徐传贤从重庆飞往印度，在印度住了一个月后，乘坐美轮绕道地中海、大西洋赴美。大致在1946年8月，徐传贤完成在美的学习任务归国，先是回到上海邮政局担任运输股股长。经过八载余年的艰难岁月，好在上海的一家老小都还平安，徐家良和兄妹也终于见到了父亲徐传贤。然而，徐传贤的归来却给这个家庭带来了巨大的变故。

徐传贤在陪都重庆的中华邮政总局工作期间，因为是单身一人，一日三餐在总局的食堂解决,便认识了在同一食堂就餐、宿舍相邻的邮政储汇局会计处员工章一涵。章一涵是江苏常熟人,和徐传贤同属下江人,算是苏南同乡,在战时的山城相遇自然倍感亲切。章一涵生于1918年,比徐传贤小10岁,出生在一个官僚家庭,全家随父亲在北京生活多年,并读完高中。日寇侵占北京后,章一涵父亲去世,她作为大姐,和母亲及两个未成年妹妹回到常熟老家,然后再辗转到重庆,通过招考进入邮政储汇局。有一次,徐传贤得了重病——应该是在东南亚那样闷热潮湿、瘴疠横生的环境中工作多年,又加上时时处在日寇威胁下神经高度紧张,健康受到了损伤,等到了重庆后紧绷的弦一松弛,疾病随之而生。这场重病让徐传贤差点丧命,而章一涵不顾自己是个大姑娘,一直守护在徐传贤身边悉心照料。就这样,一对因战争漂泊到山城的下江男女,在特殊的时期相互慰藉、彼此依靠,产生了情愫。于是,徐传贤、章一涵两人有了"婚约",而作为新时代的知识女性,章一涵不可能做小妾。

回国后不久,徐传贤即奉命参加两次国际邮联的会议,直到1948年他到上海任中华邮政总局驻沪办事处主任,才有时间和精力与发妻盛希珍商议离婚事宜,履行和章一涵的"婚约"。然而,这对不识字、老实本分并为徐家生养了四个儿女的盛希珍的伤害可想而知,同时也让一直以长子为骄傲的徐熙春觉得很尴尬——徐家和盛家是青浦县城的世交。当时,徐传贤、盛希珍两人所生的小女儿徐家敏才8岁,此前从未见过父亲,然而父亲归来便要和母亲离婚。徐家敏晚年说起此事仍难以释然,她给内侄即徐家良的儿子徐建新写信说:"我不太愿意回忆小时候的情景,因为留给我印象很深的是母亲整天号啕大哭,我也在一旁哭。那时也意识到母亲的心

▲1948年，徐传贤和章一涵的结婚照

很苦，所以对父亲是一种责怪的思想。"①

徐传贤对前妻盛希珍和儿女以及自己的父母，肯定也心怀内疚，因此他和章一涵举行婚礼前也没有告诉父母，只是登报公示徐、章二人结婚的消息。徐传贤、章一涵的婚礼在上海操办，场面还不小，婚房设在南京路上四大百货公司之一的先施公司在大楼上半部分开设的东亚旅馆，这是当年华人开设的国内第一家高级旅馆。

徐家良说祖父徐熙春是通过报章获知徐传贤再婚的消息，我对此颇为怀疑。徐熙春在上海人缘很广，消息灵通，儿子再婚在何时何处举行婚礼，肯定会从熟人那里得知，而作为儿子的徐传贤也会通过曲折的方式禀告父母。当然，不管自己的处境如何，为人父者对儿子的选择多半是会体谅、接受的，世事洞明的徐熙春不希望徐传贤在新婚时留下没有家人祝福的遗憾，他委派孙子徐家良在婚礼后第二天早上去东亚旅馆看望父亲和"新妈妈"——一切在不言之中。于是，16岁的少年徐家良秉承祖父徐熙春之命，赶到东亚旅馆探望父亲徐传

---

① 钱益民编：《传邮万里　贤达人生》，上海，2020年，第293页。

第一章 南北漂泊一少年

贤和其新夫人。对于前妻所生子女对自己离婚再娶的态度，徐传贤肯定猜得到，而这回看到次子徐家良竟然登门探望，他很是高兴。大约也为表达歉疚和对儿子的谢意，徐传贤当场给了徐家良20多块鹰洋。——抗战胜利后，国民政府派大员到上海等大城市"劫收"，沦陷区的人民"想中央，盼中央，中央来了更遭殃"。整个社会物价飞涨，国民政府的金融体系近乎崩溃，法币和后来的金圆券成了废纸，上海等地重新流通银元，鹰洋再次成为硬通货。天真的少年徐家良突然得到一笔"巨款"欣喜异常，他把鹰洋装进兜里，一路叮当作响地回到了家中。

徐传贤与前妻盛希珍关系的处理，很是体现"时代特色"，概而言之就是"离婚不离家"。从法律上、道德上，徐传贤必须适应新时代的婚姻制度——一夫一妻，但前妻盛希珍仍然住在徐家，仍然是徐熙春夫妇的大儿媳，而徐传贤也定期寄钱以供前妻和未成年子女的生活和教育。

徐家良继续在青浦读初中，但他在1947年上半年遭受了人生第一次重大挫折。在一次很寻常的活动中，徐家良的左脚受伤。年少懵懂的徐家良一开始没当回事，未能及时治疗，不久后左膝部红肿，高烧不退，出现了败血症症状。在没有现代医药的时代，败血症很容易致死。当时，青浦县城医疗条件很差，没有正规的现代医院，仅仅有几家私人诊所。尽管徐家世代业儒，祖上还有行医的经历，但在子弟得重病时亦是病急乱投医，什么招数都试一试，包括请巫师在老宅周围作法驱鬼，自然也没什么效果。徐家良的病情愈加严重，服用中药煎剂后左膝部出现了脓肿，只得请县城里的老中医来给开刀排脓。那时，青浦还没有青霉素，手术后伤口久久不能愈合，病情没有什么好转，若再在本地治疗下去恐将会危及生命。于是，徐熙春、徐传贤父子做出决断，将徐家良送到上海的仁济医院医治。

仁济医院是上海开埠后第一家现代医院，它在1844年（道光二十四年）由英国人威廉·洛克哈脱（William Lockhart，1811—1896，中文名为雒魏林）创办。最初，雒魏林在小南门外租了一栋平房，设有20个床位。仅1844—1845年间，这家医院接诊病患就达19 000人次，其场地已不敷用。1845年底，雒魏林以每亩40两白银的价格，租得福建路至山东路之间一块5.5亩的土地。到1846年7月，雒魏林在租用的土地上修建的新医院落成了，定名为仁济医院，民间俗称山东路医院。1844—1856年间，仁济医院设有内科、外科、眼科、妇科、骨科、烧伤科，接诊中国病患15万人次，还为吸食鸦片上瘾者戒毒，替民众接种牛痘。

仁济医院的医术在当时处在上海甚至全国医学界的顶端，这样徐家良的性命算是保住了。但是，由于在青浦耽误了最佳的治疗时机，又急性转为慢性骨髓炎，导致股下端死骨面广，手术后恢复时间漫长。徐家良回忆说：

> 医院为病床周转治疗便捷，建议截肢手术，祖父得知后拒绝截肢。后遇骨科专家叶衍庆医师，叶医师与我父亲在1947年英国伦敦相识并有友情，他建议保守疗法。1949年上半年叶医师亲自主刀为我第二次剔除死骨治疗，第一次住院半年，第二次住院一月余出院，但手术伤口延续七年余，直至1956年医学院毕业后过两个月才愈合。在这七年的漫长愈合期中，我一边上学又须每隔1～2日自行换药，要做到学习与治伤两不误。两次住院医病耽误学业两学期（初中、高中各1学期），但我在家中养病期间自学，以同等学力跳级考上高中，因而未耽误中学年限。我读初、高中只用了五年，读高中时浪迹于沪、宁、

第一章　南北漂泊一少年 >>>

京三地，于1951年在北京一所教会学校崇实中学高中部毕业。[①]

从徐家良这段回忆可看出，在那时候即使地处上海郊区的青浦县医疗条件也仍然很差，传统医学的疗法对并不复杂的腿伤没能起多大疗效，反而延误治疗。但青浦县毕竟邻近上海，尚不至于如偏僻地区的伤患那样听天由命，最终徐家良得以进上海的现代医院治疗。同时，其祖父徐熙春见多识广，又是青浦红十字会的负责人，很有决断力，坚决不让孙子截肢，否则徐家良的人生将会改写。当然，徐家的人脉关系在优质医疗资源匮乏的当时起到了决定性的作用，竟然能请出大师级的骨科专家叶衍庆来主刀。可以说，在当时普遍缺医少药的中国，生活在上海殷实之家的徐家良是幸运儿，大多数人像他这种情况倘若能截肢而保住性命已是烧高香了。

叶衍庆，江苏苏州人，1930年毕业于山东齐鲁大学医学院，并获医学博士学位。1933年，上海雷士德医学院研究生毕业，任上海仁济医院外科医师。1935年，赴英国利物浦大学医学院进修矫形外科，获骨科硕士学位，并被选为英国皇家骨科学会会员。1937年回国后，曾任上海仁济医院骨科主任，上海女子医学院、上海圣约翰大学医学院教授。中华人民共和国成立后，历

▲骨科专家叶衍庆

[①] 转引自十年砍柴：《寻找徐传贤：从上海到北京》，现代出版社，2022年，第233页。

041

任上海第二医学院教授、医学系一部系主任、名誉主任，瑞金医院骨科主任，上海市伤骨科研究所所长、名誉所长，以及瑞士国际外科学会会员、卫生部医学科学委员会委员、中华医学会理事、中华骨科学会名誉会长。1937年，叶衍庆与牛惠生（1892—1937）、孟继懋（1897—1980）、胡兰生（1890—1961）、朱履中（1899—1968）、任廷桂（1894—1966）一起成立骨科小组，而这是我国第一个骨科学术组织。骨科界将叶衍庆和孟继懋教授并称为"北孟南叶"。徐传贤应该是在参加万国邮联会议期间，顺道到英国考察邮政时遇到了叶衍庆，异国遇到同乡，两人年龄相仿，意气相投，遂成为朋友。

由于进上海滩治病，徐家良初中的最后一年在尚文路上的龙门中学度过。这所学校的创办人杨公权（字恢吾）也是来自青浦的教育工作者，他的一生极富传奇色彩。杨公权原籍浙江黄岩，本姓王，幼年父母双亡，以在普陀山为佛寺抄写经书为生，后在16岁时成为青浦白鹤镇杨姓的养子。杨公权在上海杨树浦布店当学徒时去夜校读书，为店主所不容，未满两年回到青浦家中自学，后来报名商务印书馆附设函授学校学习英文、机械制图等科。1922年（民国十一年），在家乡任鹤溪小学校长。四年后，辞去教职，与女儿一起就读于大夏大学高师科。1928年，参与昆、嘉、青三县乡村师范的筹建工作，次年就任青浦县初级中学校长。1932年，执教于上海浦东中学，两年后回青浦担任县初级商业职业学校校长。抗战全面爆发后，杨公权积极参加抗日救亡工作，任城厢教育会救亡协会理事、红十字会白鹤分会会长。也就是说，杨公权和徐熙春是志同道合的朋友。青浦沦陷后，杨公权赴上海与原青浦职校同仁创办龙门中学，1939年病卒于上海，终年52岁。徐家良进入这所中学时，杨公权虽已逝去数年，但学校的管理者和教师中许多是徐熙春的熟人无疑,而徐熙春很有可能对杨公权创办这所学校也提供过帮助。龙门中学距离徐熙春在老城厢永安路的商店很近,步行十来分钟的路程,所以让其孙子徐家良转学进此校顺理成章。

龙门学校的存续时间不长,后来与其他学校合并,其原址现在是上海敬业初级中学。

徐家良说自己"读高中时浪迹于沪、宁、京三地",颇为传神,也蕴含着一种伤感,而他的这段经历也可视为在中国政权鼎革巨变时期青少年的教育如何适应的一个小标本。徐家良所就读的三个大城市的四所高中,皆为不折不扣的名校:上海的光华大学附中(今华东师大一附中前身)、南京的金陵大学附中(今金陵中学前身)、北京的弘达中学(今北京师范大学实验二龙路中学)和崇实中学(今北京二十一中)。徐家良能够跨城市在名校之间顺畅转学,除了祖父、父亲的社会资源,另一个重要的因素是那个时候没有和户口捆绑在一起的严格学籍管理,学生可以自由流动到异地插班。

当少年徐家良在升入高中时,他因为腿伤的折磨一门心思就是治病和通过自学赶上耽误的功课,并不明白他所处的时代将要发生天翻地覆的巨变,而他的家族也努力地顺应这种巨变。

1944年9月,徐家良的四姑妈徐毓英考入上海交通大学化学系,两年后五姑妈徐传珍考入震旦大学经济学系。徐毓英在校期间参加了中共地下党领导的团体"交大青年会",并在1949年4月由交通大学学长方宗坚介绍加入中国共产党,后来方宗坚成为她的丈夫。在国共军队战争期间,"交大青年会"积极配合中共在上海的地下党组织的各种活动,引起了国民党政府情治力量的关注。为了安全起见,1947年暑假,在徐毓英的穿针引线

下,"交大青年会"在青浦县城开办"三育"补习班。据参与其事的地下青年团团员张炳奎回忆:

> 一九四七年夏,上海交通大学的地下党员和进步学生方宗坚、徐毓英、刘云英、黄鉴海、高孝涵、严冰怡等,根据党的指示,分赴各地组织学生运动,播撒革命种子。他们利用暑假来到青浦举办了"三育暑期补习班",吸收了青浦中学学生谭南生、沈华如、徐传伟、张炳奎、陈为松、孟锦焕、陈为衡等参加。"三育"补习班设在城中小学,一边组织复习功课,一边通过郊游,教唱革命歌曲,阅读革命书籍。[①]

其中,被吸收参加"补习"的徐传伟是徐毓英的堂弟,即徐家良的堂叔。黄鉴海是交大管理学院运输系的学生,1926年生人,和徐毓英同庚,祖籍浙江余姚。1948年夏天,国民党的情治人员大肆抓捕中共地下党员及学生运动积极分子,黄鉴海经组织安排离开上海到了"解放区",进入华北人民政府交通部工作,并改名"徐青"——这个名字似乎和他在青浦徐宅的经历有某种关联。徐青长期在工交系统工作,后来成为一名高级官员。

这个时期,徐熙春利用自己在青浦的威望为二女儿徐毓英及其同学提供庇护。"交大青年会"的同学就住在徐家,其时正值盛夏之际,董老太夫人还为女儿的同学煮绿豆汤解暑。回到1925年上海发生"五卅运动"时,徐熙春那时是坚决反对作为大学生的长子徐传贤参加工人运动的,而二十

[①] 张炳奎:《在红旗下集合》,载政协青浦县委员会文史资料研究委员会《青浦文史第2辑:纪念青浦解放四十年特辑(一)》,1989年,第96页。

第一章　南北漂泊一少年 〉〉〉

▲1947年夏天，徐毓英（三排右一）、黄鉴海（二排右一）等在青浦开办"三育"补习班（三排右三为徐传珍）

多年过去了他对二女儿徐毓英参加的学生运动却持默许甚至支持的态度。为何人到暮年后徐熙春有此种转变呢？现在只能揣度了，或许作为一位爱国商人，他对抗战胜利后国民党政府来上海"劫收"引起物价飞涨、民生艰难很是痛恨；或许他嗅到了中国即将到来的巨变；或许原因很简单，一个老人相信自己的女儿和她的同学。徐毓英的选择后来对徐氏家族包括徐家良本人的人生道路产生了重大的影响。

1948年，徐氏家族还有一件对后代影响深远的大事，即徐熙春创办了一所医院。

如前文所述，地处上海郊区的青浦，长期以来其医疗条件和上海市区有天壤之别，无一所现代化医院，因而徐家良的腿伤才被耽搁时日。抗战胜利后，徐熙春领导的青浦县红十字会主持本县的血吸虫病防治，他与诸位理事商议要以红十字会的名义在青浦创办一所正规医院。正如当地的《青浦新报》所报道：

> 胜利来临，徐氏积极整顿会务，筹备复员。虽有鉴于青邑无一设备，较完臻于慈善性医院。贫病者因无力求医，因此误命亦不少数。故红会复员后，以创立医院为最大任务。①

经过徐熙春的多方化缘，特别是中国红十字会总会申请设备、药品诸方面的支持，向上海的商人募捐，甚至变卖自家私产补足资金缺口，于1948年4月4日在青浦县城公堂街医院原址举行了青浦红十字会医院成立大会。创办之初，这所只有内科、外科、妇科三科，10张病床和12名医务人员的医院，已是当地设备最先进、医生水准最高的现代医院。当时，徐家良无论如何没有想到，其祖父呕心沥血创办的这所医院在三十多年后成了一棵荫庇他的大树。

1948年11月底，辽沈战役刚刚结束，东北全境已由中国人民解放军占领，并建立政权；华北地区的大部分农村和小城市也由中共建立了基层政权，只有北平、天津等大城市由解放军重重围困，对天津的攻城之战即将打响，而对古都北平则正在通过各种途径和守城的傅作义将军联络、沟通，希望他认清局势和平交出北平，避免这座美丽的古都遭受战火摧残。在南方最重要的两个城市上海、南京，国民政府的军警宪特正在大肆抓捕

---

① 《古道热肠　博施济众：参观红十字会医院归来》，《青浦新报》1948年8月8日第2版，上海市青浦区档案馆藏，档案号：JZQB-52。

第一章 南北漂泊一少年

青年学生中的地下党员、地下团员和外围组织成员，徐家良的四姑妈徐毓英奉上级组织的命令，为保存实力，停止活动。据徐毓英的儿子方针转述其母亲的回忆，当时徐毓英和交通大学两位女同学屠善洁、刘云英，外加一位男生，本来准备最后一批去解放区，船票或车票的终点站是天津，实际上是要到石家庄集合，作为化学系的毕业生，最终的安排大约会去共产党在华北设立或缴获的兵工厂工作，但因为天津联络站被破坏而没有走成。

1949年4月和5月，人民解放军先后占领了南京和上海。对这一段历史大变局，徐家良没有什么特别深刻的记忆，因为在这年的上半年由骨科专家叶衍庆先生主刀为他的伤腿进行第二次手术，将坏死的骨头剔除，住院一个多月，然后是在家养伤、追赶耽误的功课，浑不知天地之大变。徐家良的父亲徐传贤作为国民政府的中华邮政总局驻上海办事处的负责人，选择留在上海，为新政权效力。这年11月，徐传贤被共和国第一任邮电部长且也是与其1924年一同考入上海邮政局的老同事朱学范点将，调入邮电部负责对外交往事务，其妻章一涵也一并调进北京。徐传贤进入邮电部后，被委任的第一项重任是参加与朝鲜民主主义人民共和国签订邮电协定的谈判。中华人民共和国成立后，朝鲜即予以承认并建立大使级外交关系，成为中国十分重要的友邦。中朝正式签署通邮、电报电讯和有线电话通讯协定，是两国经济合作的第一个政府间协定。第二年初，邮电部邮政总局成立，徐传贤担任邮联处处长。

也就在天地巨变的这一年，徐家良做出了一次可称之为惊世骇俗的行动，年少的他揣着浪迹天涯的梦只身出门远行。

1949年暑假过后，徐家良升入光华大学附属中学读高中。学费缴纳

▲1950年,徐传贤(右四)作为中华人民共和国邮电部代表出席在瑞士蒙特罗举行的万国邮政联盟执行及联络委员会会议

后,由于腿伤未完全愈合,不能正常上学,因此徐家良向学校申请休学一学期。学校予以同意,并将整个学期的学费退还给徐家良。这样,徐家良手中有了一笔不菲的款子,便动了心思决定将这笔钱用作盘缠,去遥远的东北地区浪游一番。

通过地理课本和新闻媒体、文学作品,徐家良知道大东北山河壮丽,广阔的平原一望无垠,冬天的大雪纷飞更是在南方难以见到的壮美景观。通过广播、报纸的宣传,徐家良知道东北早就由共产党建立了政权,并得知那是一片欣欣向荣、充满勃勃生机的土地,秧歌、列宁装等代表新政权的视听符号已由东北、华北传入十里洋场,代表着一种新的审美理念和生活方式。

当时，徐家良和母亲盛希珍、大哥徐家善、弟弟徐家达、妹妹徐家敏一起住在上海福熙路（今延安中路）西段的一幢三层洋楼的顶层。这幢楼是徐家在闸北宝山路附近购买的洋楼在战争中被日军炸毁后斥巨资顶下的，底层和二层租给两户人家，他们全家住在三层。与此同时，离婚再娶的父亲徐传贤和新妻子章一涵则租住在虹口长春路的启秀坊。大约是1949年9月中旬，上海暑意未消，徐家良没有告诉母亲盛希珍和父亲徐传贤以及祖父祖母，一个人提着一只皮箱，塞进几件保暖的衣物，身穿厚棉袄和厚皮靴，买了张票就登车北上，要去看看外面的世界。

在还未宣布成为首都的北京逗留了数日后，徐家良买了一张去哈尔滨的车票，记得是坐了一夜的火车抵达东北最大的都市沈阳，他要在这里换乘去哈尔滨的火车。

沈阳是东北的政治、经济中心，辽沈战役结束后成为中共东北局的驻地。其时，新政权对这座关外最大的都市加强治理力度，处处呈现出焕然一新的面貌。但新政权刚成立不到一年，治理效果不可能一蹴而就，失业人员、地痞、流氓、逃难者到处都是。据《沈阳市志》记载：

> 1948年11月2日沈阳解放，当时，市内有3万多户居民缺粮断炊，5万多人流浪街头，衣食无着；大批灾民、难民、吸毒者、散兵游勇、失业工人以及孤老残幼人员充斥车站、闹市。人民政府采取一系列救济措施。[①]

[①] 沈阳市人民政府地方志办公室编：《沈阳市志》第十六卷，沈阳出版社，1994年，第197页。

当时,《东北日报》也报道了沈阳从旧时代遗留下的一些治理问题还没有得到完全解决:

> 此外不少的下层人员(如留用的旧警察)的旧思想旧作风,一时难于改造,以致在工作中尚有欺上瞒下、阳奉阴违、敲诈勒索、贪污受贿、勾结包庇坏人的违法行为,还有不少的违反人权自由(如打人骂人等)的错误行为。①

涉世未深的徐家良哪里考虑到这些,来到一座陌生的城市,处处觉得新奇。徐家良走出沈阳火车站后,提着皮箱,径直徜徉在车站附近的街巷里。由于内急,徐家良在一条胡同里找到一个厕所。那时候北京、沈阳等大部分城市里的厕所是旱厕,很脏,多是土地面,污秽不堪。因担心弄脏了皮箱,单纯善良的他竟然在厕所外委托一位路人帮忙看管皮箱,然后他进厕所解手。等徐家良排泄放松后走出厕所一看,那人拿着他的皮箱已不知跑到哪里去了,皮箱里有他所有的行李和大部分现金,人生地不熟的他只能自认倒霉。

幸好在衣服兜里还有车票和少量的现金,徐家良先持票坐上了去哈尔滨的列车,到站后他去电报电话局给四姑妈徐毓英拍了一份求助的电报。徐家良知道,四姑妈总是有办法的。接到电报后,在上海心急如焚的一家人悬了多日的心才放下来,母亲盛希珍知道"离家出走"的儿子没有生命危险了。徐毓英只能找老同学徐青帮忙,并将徐青的地址告诉了徐家良。

很凑巧的是,徐青来到解放区后,在华北人民政府交通部业务处工作

---

① 《沈阳市十个月来的工作》,《东北日报》1949年10月1日。

一段时间,然后调任军委铁道部运输总局,到1949年下半年被派往哈尔滨任东北铁路特派员办事处工程师。徐家良找到了徐青,徐青想必对老家这位莽撞的少年有些惊讶,他热情地伸出援手予以帮助,将徐家良送上哈尔滨至北京的列车,叮嘱到北京后由其在北京大学读书的妹妹资助徐家良回家。

离开哈尔滨的时候,关外已是呼气成冰的寒冷,但多年后徐家良已然记不起是否看到了东北的漫天大雪,当时财物几乎全部失窃的他只想着尽快归来,回到上海的家。由于第一次北上的这段经历,徐家良一生对北方怀有某种畏惧和警惕,而徐青在其流落异乡时的雪中送炭让他终身感念。与3岁时在北四川路走失一样,徐家良这次的"走失"依然是逢凶化吉,有惊无险。

到北京下车后,徐家良找到徐青的妹妹,获得了资助。不过,失窃导致的这番折腾让徐家良有意外的收获,他住在前门一带的小客栈里,距离天安门广场很近。正好碰上了1949年10月1日的"开国大典",好奇、贪玩的少年怎会错过这样千载难逢的时机,他那一天一大早起来步行到广场观礼,懵懵懂懂地成为天安门广场30万游行群众的一分子。

关于"开国大典"的文章和图片、录像已汗牛充栋,最为权威也广为人熟知的文字记载当属新华社记者李普采写的报道,后选入多个版本的小学语文教材:

> 1949年10月1日,中华人民共和国中央人民政府成立,在首都北京举行典礼。参加开国大典的,有中华人民共和国中央人民政府主席、副主席、各委员,有中国人民政治协商会议全体代表,有工人、农

民、学校师生、机关工作人员、城防部队，总数达三十万人。观礼台上还有外宾。

会场在天安门广场。广场呈丁字形。丁字形一横的北面是一道河，河上并排架着五座白石桥；再北面是城墙，城墙中央高高耸起天安门的城楼。丁字形的一竖向南直伸到中华门。在一横一竖的交点的南面，场中挺立着一根电动旗杆。

主席台设在天安门城楼上。城楼檐下，八盏大红宫灯分挂两边。靠着城楼左右两边的石栏，八面红旗迎风招展。

丁字形的广场汇集了从四面八方来的群众队伍。早上六点钟起，就有群众的队伍入场了。人们有的擎着红旗，有的提着红灯。进入会场后，按照规定的地点排列。工人队伍中，有从老远的长辛店、丰台、通县来的铁路工人，他们清早到了北京车站，一下火车就直奔会场。郊区的农民是五更天摸着黑起床，步行四五十里路赶来的。到了正午，天安门广场已经成了人的海洋，红旗翻动，像海上的波浪。

下午三点整，会场上爆发出一阵排山倒海的掌声，中华人民共和国中央人民政府主席毛泽东出现在主席台上，跟群众见面了。三十万人的目光一齐投向主席台。

中央人民政府秘书长林伯渠宣布典礼开始。中央人民政府主席、副主席、各位委员就位。乐队奏起了中华人民共和国代国歌——《义勇军进行曲》。正是这战斗的声音，曾经鼓舞中国人民为新中国的诞生而奋斗。接着，毛泽东主席宣布："中华人民共和国中央人民政府今天成立了！"

第一章　南北漂泊一少年 〉〉〉

这庄严的宣告，这雄伟的声音，使全场三十万人一齐欢呼起来。这庄严的宣告，这雄伟的声音，经过无线电的广播，传到长城内外，传到大江南北，使全中国人民的心一齐欢跃起来。

接着，升国旗。毛主席亲自按动连通电动旗杆的电钮，新中国的国旗——五星红旗徐徐上升，三十万人一齐脱帽肃立，一齐抬起头，瞻仰这鲜红的国旗。五星红旗升起来了，表明中国人民从此站起来了。

升旗的时候，礼炮响起来。每一响都是54门大炮齐发，一共28响。起初是全场肃静，只听见炮声，只听见国旗和许多旗帜飘拂的声音，到后来，每一声炮响后，全场就响起一阵雷鸣般的掌声。

接着，毛主席在群众一阵又一阵的掌声中宣读中央人民政府的公告。他用强有力的语调向全世界发出新中国的声音。他读到"选举了毛泽东为中央人民政府主席"这一句的时候，广场上的人们热爱领袖的心情融成一阵热烈的欢呼。观礼台上同时响起一阵掌声。

毛主席宣读公告完毕，阅兵式开始。中国人民解放军朱德总司令任检阅司令员，聂荣臻将军任阅兵总指挥。朱总司令和聂将军同乘汽车，先检阅部队，然后朱总司令回到主席台，宣读中国人民解放军总部的命令。受检阅的部队就由聂将军率领，在《中国人民解放军进行曲》的乐曲声中，由东往西，缓缓进场。

开头是海军两个排，雪白的帽子，跟海洋一个颜色的蓝制服。接着是步兵一个师，以连为单位，列成方阵，齐步行进。接着是炮兵一个师，野炮、山炮、榴弹炮、火箭炮，各式各样的炮，都排成了一字形的横列前进。接着是一个战车师，各种装甲车和坦克车两辆或三辆一排,整整齐齐地前进;战士们挺着胸膛站在战车上,像钢铁巨人一样。接着是一个骑兵师,"红马连"一色红马,"白马连"一色白马,五马并行,马腿的动作完全一致。以上这些部队,全部以相等的距离和相同的速度经过主席台前。当战车部队经过的时候,人民空军的飞机也一队队排成人字形,飞过天空。毛主席首先向空中招手。群众看见了,都把头上的帽子、手里的报纸和别的东西抛上天去,欢呼声盖过了飞机的隆隆声。

两个半钟头的检阅,广场上不断地欢呼,不断地鼓掌,一个高潮接着一个高潮。群众差不多把嗓子都喊哑了,把手掌都拍麻了,还觉得不能够表达自己心里的欢喜和激动。

阅兵式完毕,已经是傍晚的时候。天安门广场上的灯笼火把全都点起来,一万支礼花陆续射入天空。天上五颜六色的火花结成彩,地上千千万万的灯火一片红。群众游行就在这时候开始。游行队伍分东西两个方向出发,他们擎着灯,舞着火把,高呼"中国共产党万岁!""中华人民共和国万岁!""中央人民政府万岁!"他们一队一队按照次序走,走过正对天安门的白石桥前,就举起灯笼火把,高声欢呼"毛主席万岁!""毛主席万岁!"毛主席在城楼上主席台前边,向前探着身子,不断地向群众挥手,不断地高呼"人民万岁!""同志们万岁!"

晚上九点半,游行队伍才完全走出会场。两股"红流"分头向东城、西城的街道流去,光明充满了整个北京城。[①]

[①] 参见人教版六年级《语文》上册第7课。

第一章　南北漂泊一少年 >>>

这是徐家良人生中第一次见识如此浩大热闹的场面。多年后，徐家良回忆这一幕时自然不可能有新华社记者所记录的那么全面，他只记得鸣炮声，还有响彻在广场上的那句话"中华人民共和国中央人民政府今天成立了！"，以及处处可见的红旗和欢呼的队伍。对于阅兵，徐家良没什么印象，估计是其站立的位置靠后又靠后，根本无法看到一列列行进的队伍。

观看了"开国大典"后，徐家良心满意足地回到上海，而祖父徐熙春和祖母董月娥没有责怪他。经此一刻，徐家良心中充满着对一个新政权和新时代的期望，也相信自己的未来会更美好。

如今，一生谨慎的徐家良回忆起年少时那场"想走就走的旅行"，因缘巧合遇见了"开国大典"，自己成为重大历史事件的见证者，仍不无得意。我问徐家良老人那时候怎么敢一个人去东北那么远的地方旅行，他则轻描淡写地说了句："年少，不怕事，想出远门见见世面呗。"

由于父亲徐传贤于1950年2月调入国家邮电部（此前的1949年11月，徐传贤已奉命来京参加邮电部与朝鲜的协作谈判），这年下半年徐家良转学到北京。继上海、南京之后，徐家良在中国的又一个大都市完成了高三的教育。来北京后，徐家良先在西单二龙路上的弘达中学学习了短暂的一段时间。转学到此校，应该是当时的邮电部在西长安街3号院的缘故，距离弘达中学很近。不久后，徐家良转学到北京东城安定门内的崇实中学。

崇实中学历史悠久。1865年（清同治四年），美国基督教长老会牧师丁韪良（W.A.Martin，1827—1916），有感于北京失学儿童众多，出资租用东城总布胡同民宅，设立了一所蒙学，名为崇实馆，招收附近儿童，当时的规模较小。丁韪良在1865—1885年担任校长长达二十载，教学经费亦为其一人筹集。随着学生人数增加，1885年，长老会西差会在安定门

>>> 归来徐家良：贵州到上海有多远

二条胡同（今北京东城区交道口北二条）购置一处民宅用作校舍，校长由路崇德（J.W.Lourie）牧师兼任。1891年，路崇德牧师回国，柯凝翰（A.M.Counningham）牧师接任校长。柯凝翰对馆舍大加整顿，筹资经费，并招收中学生。1915年，学校耗资4万余大洋重建，盖了五层高的教学楼，学校还有食堂、厨房、沐浴室、游艺室、盥洗室，设施十分先进。1916年，学校又将西楼改造，建造理化实验室，理化试验器材药品无不悉备。学校设有图书馆、阅览室，还有足可以容纳300余人的大礼堂。1916年，丁韪良先生逝世，全部捐出其遗产息金1200元作为学校常年经费。丁韪良是一位和中国近代史关系最为密切的外国人，他在中国生活了六十二个年头，曾经充任清朝同文馆总教习、京师大学堂总教习，对中国引进西方思想、科学和教育制度居功至伟。——今天更多的人知道北京大学和丁韪良的关系，但很少了解北京有一所160岁的中学也凝结着他一生的心血。

1927年（民国十六年），国民党北伐成功，中央政府迁都南京，加强

◀徐家良就读的北京崇实中学，今北京二十一中

了对教育的管理。于是，私立崇实中学在政府立案注册，接受政府监督，成立了校董会，聘请罗遇唐担任校长。1930年代，由胡适（1891—1962）先生题写了"北平私立崇实中学"匾额。

徐家良进校时，学校已收回政府管理，由私立变为公立。1952年10月，崇实中学改名为北京市第二十一中学。当时，崇实中学是一所师资力量强、设备齐全、教学质量好的老牌名校，校长是田常青先生。崇实中学能够为部分学生提供食宿，或是徐家良转学至此的重要因素。今天，该校校名"北京市第二十一中学"由知名校友萧乾（1910—1999）题写，胡适所题的原匾额也得到了恢复。

当时，徐传贤和章一涵居住在东城的栖凤楼胡同。据徐家良回忆，该处住房有一大一小两间，大约30多平方米。其实，对刚调到北京的技术干部而言，这已是很好的待遇了。

栖凤楼胡同是一条与东长安街平行、东西走向的胡同，今已不存。它西起东单北大街，东与春雨胡同相交叉，大约500米长。"栖凤楼胡同，明朝属明时坊，称门楼胡同。清朝属镶白旗，乾隆时称'骑凤楼'，宣统时称'栖凤楼'。民国后沿称。1965年整顿地名时将扁担胡同并入，改称栖凤楼胡同。"[1]胡同南面与长安街之间原先还有一条西观音寺胡同，在中华人民共和国成立后不久扩建长安街时被拆掉了。"七七"事变后，日本侵略者占领北平，因为栖凤楼胡同和东单机场相邻，便被日本人占据住进了许多日本侨民，整条胡同的店招也呈"和风"。日本投降后，这些日本侨

---

[1] 芮法彬：《东单栖凤楼：胡同里的故事》（电子版），生活·读书·新知三联书店，2018年，第14页。

民被遣送回国，国民党派来的接收大员跑马圈地，占了胡同里一些大院。例如，前几年很火的电视连续剧《北平无战事》里的保密局北京站，当时就占据了栖凤楼胡同和西观音寺胡同之间的一个大院，院里不是北京四合院常见的平房，而是有三幢楼房。中华人民共和国成立后，此大院归属文化部，昔日"二流堂"（1940年代抗战时，重庆一批左翼文化人的沙龙，自嘲为"二流子"聚集一堂）的一些重要人物如吴祖光（1917—2003）、黄苗子（1913—2012）、郁风（1916—2007）等住了进去，后该大院便被人戏称为北京的"二流堂"。这条胡同的西端而今是中国农业银行总部大楼的西门，门前有一块巨大的泰山石。据老居民回忆，这石头所压着的地方，正是栖凤楼胡同。原来胡同西口立着一块"泰山石敢当"，想必是拆掉胡同盖起这幢大楼后，主事者知道这个掌故后特意找来一座巨石放置在此处，也算是对历史的某种尊重吧。

栖凤楼胡同距离崇实中学大约4公里，每到周六放学，徐家良坐公共汽车或者慢慢地步行回到父亲徐传贤的新家，而当时他的腿伤还未完全好利落，得自己定期换药治疗。不过，对重新成为首都的北京城，徐家良的印象并不太好，固然首都遍地是古迹，街市上店家伙计的一口京片子颇为动听，但使少年徐家良最难消受的是干燥的气候，还有以面食为主的饮食。当时，北京的大米并不能敞开供应，尤其徐家良在学校寄宿，学校食堂的伙食不但多面食，而且要搭配一定额度的粗粮，即由玉米面或高粱做成的窝窝头、发糕等主食，让在江南一日三餐以大米为主粮的徐家良难以下咽。于是，徐家良暗暗存下一个念头——一定要考回江南读大学。

在徐传贤和前妻盛希珍所生的三子一女中，徐家良在青少年时代受到父亲的关爱最多，徐传贤在南京和北京工作时都将徐家良带在身边读书。

大哥徐家善是长房长孙,他在祖父母心中的地位自是优于弟弟妹妹,从小到大学毕业都在祖父徐熙春身边。小妹徐家敏是唯一的女儿,妈妈的小棉袄,上大学前一直陪着母亲。相比较而言,似乎三弟徐家达的处境比较尴尬,容易被长辈忽视。

1951年夏天,徐家良从崇实中学高中毕业,参加该年的高校招生。这一年的高校招生在中国高考乃至高校教育历史上值得记上一笔,它是承前启后的一年。1950年5月26日,教育部发布了新中国第一份高校招生考试文件《关于高等学校一九五〇年度暑期招考新生的规定》,要求各大行政区教育部根据该地区的情况,分别在适当地点定期实行全部或局部高等学校联合或统一招生。该年度的招考方式仍五花八门,既有校际的联合,又有大区的统一,还有学校的单独招生。

1951年,教育部要求高校招生继续沿用前一年度的办法,而且统一招生要在单独招生之前举行。1952年院系调整,全国所有私立高校在调整中被裁撤,并入其他公立高校。高等教育师法苏联,兴办一批专门的工科学院,综合大学得到了整顿,加速工业人才和师范类人才的培养。调整后,工科学生数大增,但人文社会科学由于与紧迫的工业化建设不直接关联而遭到否定,社会学、政治学、逻辑学等学科被停止和取消。从1952年开始,除个别高校外,其余高校一律参加全国统一招生。

徐家良这一年在北京参加大区统一的招生考试,填报的志愿全是江苏、上海等南方地区的高校,且专业多是医学,如圣约翰大学医学院和江苏医学院。徐家良立志学医,有两大因素:一是他初中时因腿伤治疗多年,敬佩和羡慕医生这个职业,希望自己也能像救治自己的叶衍庆医生那样做一个治病救人的良医。二是他受到祖父徐熙春的影响。徐熙春主持青浦红十字会多年并创建青邑第一所现代医院——青浦红十字会医院，深知医疗对社会的重要性，更重要的是他认识到时局已经发生巨变，医生能凭一门技艺立身，可能是最不受政治影响的职业之一。因此，长孙徐家善在抗战胜利后，先去香港大学学习一年，后返沪考入褚辅成先生创办的上海法学院攻读国际法专业，当时该专业的教学直接采用英、法文教材。1949年以后，长孙徐家善已读了三年的国际法，但徐熙春感觉到将来这个专业恐怕无多大用武之地，便建议徐家善中断法学的学习，考入上海同济医学院二年制检验系。当然，徐家良不必走乃兄的弯路，一心以学医为人生目标。

对于次孙报考医学院，徐熙春很高兴，但他对儿女和孙辈要求严格，很少口头上表扬。徐家良在大学第一个学期结束后回上海度寒假，有一天徐熙春叫徐家良跟他出门，然后到商场里为孙子买了一套藏青色混纺学生装。后来，这套衣服陪伴徐家良度过了十多个冬春，直到工作后多年还穿在身上。

北固山下的大学时光

高考后放榜，徐家良被江苏医学院（今南京医科大学）录取。当时，录取名单在上海的《文汇报》刊登，上海的亲友读报得知了喜讯，不久后通知书寄到了北京。1951年，全国招收大学生5.2万人，能够考上大学的真是凤毛麟角，因此徐家良在考前已经做好落榜的心理准备——如果这一届考不上，他不再复读参加下一年高考。那个时候，高中文化程度在同龄人中亦很稀少，而其时在苏联的援助下中国开始大规模的工业化建设，高中毕业生找一份工作很容易。

第一章　南北漂泊一少年

接到通知书时，徐家良的长兄徐家善（小名元鑫，徐家良称其"元鑫哥"）已从同济医学院毕业，报名参加了抗美援朝医疗队，赴战地前来到北京的协和医学院进行短期培训。这样，父子兄弟相聚京华，又逢徐家良考上医学院，家里洋溢着喜庆的气氛。徐家良本人虽然很高兴，但有一点点遗憾，他更为心仪的是圣约翰大学的医学院，毕竟在上海人乃至江浙人心中圣约翰大学几乎是最棒的。不过，徐家良知道，教会所办的私立高校圣约翰大学的学费比公立大学高得多，如果真的被圣约翰大学录取了，让父亲、祖父承担昂贵的学费会令他心里不安。

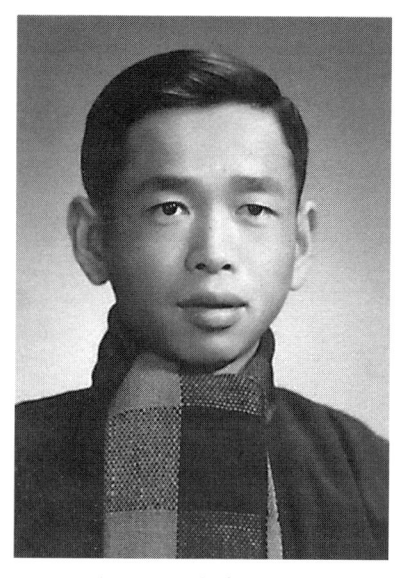

▲1951年，徐家良考入江苏医学院（摄于1952年）

圣约翰大学的收费一直为沪上高校之冠。周有光先生1923年考取了两所大学，他后来回忆："为什么考两个大学呢？有几个比我高的同学劝我去考圣约翰大学，我到上海去考圣约翰大学，考取了。可是圣约翰大学贵得不得了，一个学期就要两百多块银元，我家里到我读大学是最穷的时候，没有钱。那时候每个大学考试的时间不一样，就再到南京去考，也考取了。南京东南高等师范学校不用学费，那么，我就准备去南京。我的姐姐在上海教书，她的同事朱毓君听说我考进了圣约翰大学不想读，她对我姐姐说：'考圣约翰大学比考状元还难，你弟弟考进圣约翰大学又不进，太可惜了。我也没有钱，我去问我妈妈借，让他去上学，上了学以后再想

061

办法.'"① 朱毓君的母亲将自己的首饰当了200块银洋，借予周有光做学费，才得以进圣约翰大学就读。民国时期，圣约翰大学的学费长期是国立大学的4倍左右。虽然到了1950年代已由共产党执政，该校的学费仍然居高不下。徐传贤在邮电部享受行政11级的工资，每月195元（1954年的学徒工月薪18元），可谓是高薪，但他要养京、沪两个家。圣约翰大学的学费对徐家来说，仍然是一笔不小的负担。

等到徐家良去江苏医学院报到入学后，有一次随同学去学校办公室翻阅录取资料，才知道他被圣约翰大学医学院和江苏医学院同时入选，后来两校协调确定由江苏医学院录取。——由此可见，到了1951年，圣约翰大学管理方已经预测到本校的前途，在招生时不再强势，礼让公立大学。当时，徐家良和家里的长辈也没有料想到时局变化那样的迅速，才过了一年就有大幅度的院系调整——圣约翰大学停办。1952年10月，该校的医学院和震旦大学医学院、同德医学院合并成立了上海第二医学院，广慈医院（今瑞金医院）、仁济医院划为上海第二医学院附属医院，和其他公立医学院一样学生免学杂费。三十多年后，徐家良的长子徐建新考入上海第二医学院，算是圆了父亲的"圣约翰大学"之梦。

江苏医学院于1934年9月创办，学校位于当时的江苏省省会镇江，院长由时任江苏省主席的陈果夫兼任，胡定安先生为教育长。最初的校名为"江苏省立医政学院"，这体现了当时医学教育的理念，认为卫生行政、卫生教育以及医药治疗应该等量齐观。因此，学校和其他医学院一样除开设

---

① 周有光口述，李怀宇撰写：《周有光百岁口述》，广西师范大学出版社，2008年，第22页。

了招收高中毕业生的五年制医科，还有以专科毕业为起点的一年制卫生行政、师范毕业为起点的卫生教育，以及招收35岁以下开业三年以上中医的一年制特别训练班。

江苏医学院在镇江的第一届五年制医科学生尚未毕业，就遭遇日寇全面侵华。上海沦陷后，日本侵略军的兵锋逼近镇江、南京。1937年11月23日夜，江苏医政学院数百名师生以战时医院的名义乘船溯江西上，抵达武汉。因武汉情势危急，又转道长沙，在长沙立足未稳，师生们再坐船经过洞庭湖，向西抵达常德，溯沅水向南，于1938年1月抵达沅陵县城，借用湖南省立初级油漆学校复课。这年夏天，私立南通医学院及附属医院亦西迁至湖南衡阳。1938年8月，国民政府教育部报请最高国防会议通过，江苏医政学院与私立南通医学院及附属医院合并组成国立江苏医学院。抗战时期，全国有六大国立医学院（其他医学院，或为私立，或为综合性大学的二级学院）：国立上海医学院（今复旦大学医学院）、国立贵阳医学院（今贵阳医科大学）、国立西北医学院（今分属西安交大医学院和兰州大学医学院）、国立中正医学院（今南昌大学医学院）、国立湘雅医学院（抗战时由私立变为国立，今为中南大学医学院）和国立江苏医学院（今南京医科大学），而今仍在独立办学的只剩江苏医学院和贵阳医学院。

江苏医学院在沅陵办学不到一年，战火又蔓延到湖南。1938年10月，岳阳沦陷，日寇向长沙进犯，并窥伺常德。沅陵邻近战区，江苏医学院再次搬迁到贵阳，借东门弯弓街贵阳达德学校的校舍上课。1939年2月，日寇飞机轰炸贵阳，江苏医学院接到国民政府教育部命令又一次西迁，全校师生于当年5月6日抵达重庆，5月23日在北碚复课。1945年8月15日，日本宣布无条件投降。10月4日，国民政府教育部批准江苏医学院迁回镇江医学院校区。在抗战胜利后的"复员"大潮中，有无数机构和人员要从陪都重庆返回，运输极为紧张。直到1946年5月20日，江苏医学院复员委员会作出决议，全校师生采取水运、陆路和乘飞机三种交通方式分批东下。9月19日，全校完成从重庆北碚返回镇江原校区。江苏医学院在抗战期间的迁徙和教学、科研，是一部浓缩的"抗战教育史"。

徐家良这一级学生进入江苏医学院时，整个学校已完成了政权更替后的改造。其时，邵象伊（1909—1990）教授被任命为新中国成立后的首任院长。邵象伊，浙江杭州人，我国公共卫生与预防医学奠基人，早期健康教育开拓者。1929年，毕业于浙江省立医药专科学校，后入日本东京帝国大学医学部学习临床医学。1937年，公派赴德国研习公共医学。1939年，获爱兰根卫生学院公共卫生博士学位。回国后，邵象伊担任西迁的江苏医学院教授，并筹建了学校卫生系，开办卫生学专业，培养预防医学人才。1956年，邵象伊带领江苏医学院卫生专业130余名师生并入新组建的山西医学院，并担任院长。——邵象伊先生在1951年5月至1956年6月担任江苏医学院院长的岁月，与徐家良的五载大学时光几乎是重叠的。

▲江苏医学院院长邵象伊（1951—1956年在任）

江苏医学院位于镇江的风景名胜地——北固山南麓（今医政路江苏大学北固山校区和附属医院所在地），北固山公园相当于学校的后花园。一进学校，徐家良就喜欢上了这个美丽而安静的校园，此处树木扶疏、环境清幽。江苏医学院在1934年招生时，已建成当时镇江最为壮观和现代化的楼宇和设施，有大礼堂、教学楼、实验室、宿舍楼、图书馆、食堂和足球场、篮球场、药物试验种植场。

镇江自古有"天下第一江山"的美誉，万里长江和京杭大运河在这里呈"十"字交叉。在"水运为王"的时代，货物与人员南来北往和东西往来，皆在镇江汇聚。镇江是南京的门户，长江上游和中游的锁钥。镇江下游，大江两岸是广袤的平原，几乎无险可守，溯行到镇江，有北固山、金山、焦山、圌山雄峙江岸，护卫着长江。1861年镇江开埠后，清廷在西门外运河口建立海关，镇江成为上海和南京之间最为重要的商埠。国民政府迁都南京后，镇江又成为江苏省省会。

功课之余，徐家良喜欢和同学相邀步行十几分钟登上北固山，看脚下长江从天际而来，浩荡东流。"何处望神州？满眼风光北固楼。千古兴亡多少事，悠悠？不尽长江滚滚流。"辛弃疾《南乡子·登京口北固亭有怀》的词句不由得涌上心头，面对此景尤能理解江山与历史交汇而萌发的豪情。北固山对岸便是瓜洲渡，天朗气清时可看到江北绿野千里，还有扬州的城郭，如此方才理解王安石的诗句"京口瓜洲一水间，钟山只隔数重山"（《泊船瓜洲》）描摹得是何等的简练精准。

徐家良的五年大学时光，应该说是充实而幸福的。那时中华人民共和国已成立有几年，国内局势稳定下来，粮食、副食的供应比较充足，而"大跃进"之风尚未来到。1952年院系调整后，高校全部收为公立，学杂费、住宿费一律免除。1952年7月，国家教育部通知，对在校大学生废除供给制，实行"人民助学金"制度，高校学生全员领取助学金：普通高校每人每月12.5万元（旧币制，相当于后来的12.5元）作为伙食费（享受中灶待遇）；高等师范院校本科生每人每月14万元（相当于14元）；专科生每人每月16万元（相当于16元）；"调干生"每人每月32万元（相当于32元）。这笔助学金完全够徐家良每月的伙食费，而其父亲徐传贤及祖父徐熙春只需要资助零用钱和假期往返的路费。

不过，学医看起来很美好，但真的学习起来很艰苦，功课重，对学生的记忆力和毅力要求很高。徐家良晚年仍然说："在学医的五年生涯中，觉得学医较枯燥，很多知识须死背死记，同时医务人员辛苦，昼夜不分，责任重大，也曾经犹豫，但最后还是挺过这一生中的最后学生时期。"——"挺过"这种生活态度，后来帮助徐家良渡过了人生中一道又一道难关。

读完两年的基础课后，到第三年要分专业。当时，江苏医学院有医疗、儿科、卫生三大专业，徐家良被分到了儿科专业。江苏医学院这一届学生里，与徐家良一起学儿科的同学很多。为什么儿科"一枝独秀"呢？这是当时中国的医疗卫生情势的需要。据统计，"在中华人民共和国成立之前，我国婴儿死亡率非常高，约为200‰。中华人民共和国成立后，婴儿死亡率已显著降低。1954年，对14省5万余人的调查显示，婴儿死亡率为138.5‰。1973—1975年，全国婴儿死亡率为47‰。1981年，第三次全国人口普查统计结果显示，我国婴儿死亡率已降至34.68‰，农村地区婴儿死亡率高于城市地区。1981年，中国城市地区婴儿死亡率为23.10‰，集镇地区为22.51‰，乡村地区为37.02‰。2010年，全国婴儿死亡率已降至

第一章　南北漂泊一少年 >>>

13‰，提前实现了联合国千年发展目标。"[①] 话说在清朝和民国时期，即使是皇室和达官显贵的家庭，所生育的子女夭折率也很高。从顺治帝开始，清朝的皇帝共生育有146名子女，其中15岁前死亡的就有74人，夭折率超过50%。究其原因，最重要的一点是当时的医疗水平特别是对婴幼儿的防疫、救治水平极其低下——即使皇室有号称当时全国最优秀的郎中云集的太医院为其服务。从上述统计可以看出，到1954年，全国14个省份的婴儿死亡率还高达138.5‰。当时，政府大力发展医疗事业，其中选择的突破口是婴幼儿的保健和治疗，应该是有的放矢，非常适当。徐家良就是在这个大背景下入了"儿科医学"这个行当。

徐家良在校期间，江苏医学院可谓名师云集。院长邵象伊自不必说，中国儿科医学奠基人颜守民（1898—1991）也是徐家良的授课老师之一。颜守民，字逢钦，浙江温岭人。1916年，考入北京医专。1920年，以年级第一名的成绩毕业留校任内科助教。1924年7月，由学校派赴德国柏林大学留学，师从儿科著名教授Czerny及Finkelrtein，专攻儿科学。1926年8月，结业回国后任母校北京医专小儿科教授，主任教授。1947年，任江苏医学院儿科学教授及儿科主任。1956年，被评为一级教授。颜守民

▲中国儿科医学奠基人颜守民

[①] 辛均益：《浙江医政史》（电子版），浙江大学出版社，2021年，第994页。

067

早在1930年代就有儿童保健思想意识，并编写了《哺乳儿养育法》《乳儿营养与看护》等书。1938年，颜守民发表论文《初乳小体之二原性》，证明上皮性初乳小体与白细胞性初乳小体均存在于初乳内，澄清了医学界的争论，被誉为"颜氏小体"。颜守民于1959年、1961年先后编著《小儿解剖生理概要》《小儿体表病态诊断学》等专著，并担任我国首批《儿科学》规划教材审阅人。

徐家良还记得的授课教师有赵慰先（1917—1997）、陈少柏、陈钟英等，都是国内儿科医学界有名望的专家。当时，江苏医学院的师资力量、教学条件在全国医学院校中属于靠前的水平。大学前四年，徐家良受到了扎实的专业训练；最后一年，即大学五年级时被派遣到常州市第一人民医院儿科实习，这让他第一次接触到患病的婴幼儿，明白一名儿科医生的责任和价值。

到了大学五年级的实习阶段，学校不再为学生提供助学金，这样徐家良的生活遇到了困难。当时，远在首都北京的父亲徐传贤虽然供职于国家部委，月薪高达195元，然而他的负担很重：徐家良两位同父异母的弟弟章卫平、章永平分别于1952年和1954年出生；按照离婚协议，徐传贤还要定期给前妻盛希珍邮寄生活费；两位尚在读中学的弟弟徐家达和妹妹徐家敏的生活、教育费用，亦需徐传贤提供。这时候，一个和睦的大家族优势便显现出来了，祖父徐熙春吩咐女儿徐毓英、徐传珍负担侄儿徐家良的生活费。徐家良大学阶段的最后一学年在两位姑妈的资助下得以完成，上半年上海的姑妈徐毓英每月寄给他10元钱，下半年则是北京的姑妈徐传珍每月寄10元。——按当时的物价，徐家良的生活费基本得到解决。

在徐家良读高中和大学的那几年里，徐家和全国诸多大家族一样，因

第一章 南北漂泊一少年 >>>

▶ 1950年代末，徐传贤、章一涵与章卫平（前排左）、章永平（前排右）

为政权鼎革而发生了巨大的变化。

供职于邮电部的父亲徐传贤迎来人生的高光时刻。徐传贤深得早年间的同事、时任部长的朱学范的器重，负责邮电部和邮政总局的国际交往，频频出国参加国际会议，并加入民革成为民革邮电部支部的组织委员；其妻章一涵在北京东北郊酒仙桥的一家邮电部直属工厂从事财会工作。可以说，这个脱离大家族迁到北京的小家庭沐浴在社会主义的阳光之下。

祖父徐熙春的境遇则要坎坷一些。作为中国红十字会青浦分会的创始人，徐熙春长年乐善好施，致力于慈善和公益事业，在上海同乡和老家的民间有良好的声誉。1951年，青浦县政府授予其"开明绅士"称号。这一年2月18日，青浦红十字会改组，徐熙春仍被推选为会长。1952年，青浦红十字会医院发生一起"医疗事故"，协助徐熙春管理院务的堂侄徐凤墀（族谱名徐传第）被判有期徒刑三年，而徐熙春因负有领导责任被判缓刑（改革开放后的1982年，此案被平反，法院撤销对徐凤墀、徐熙春的刑事处罚，恢复名誉），这对一位毕生珍惜名誉、颇具声望的老人的精神打击可想而知，从此以后则变得闷闷不乐、谨小慎微。1954年，青浦红十字会医院由县人民政府接管，成为列入国家编制的医疗单位。1956年，徐熙春创办并任董事长的美新公司加入公私合营。

其时，大姑妈徐珠英的境遇最为糟糕。在1949年以前，师范毕业任小学教师的徐珠英嫁给了本县朱家角镇的蔡祖恭（本名蔡德荫，字祖恭），可谓门当户对。

蔡氏是彼时朱家角第一家族，由兴办油坊而发家。这个家族迁居朱家角的第二代蔡念勤养育大了四个儿子，分别是蔡承烈（一隅）、蔡承飞（守愚）、蔡承洙（古愚）、蔡承平（颂甫）。蔡承烈早年去苏州钱庄学习做生意，开阔了眼界，积累了经验。后来，蔡承烈回到朱家角继承父亲的产业，与几位弟弟一起苦心经营、扩大油坊，蔡家遂成为朱家角乃至青浦一带的巨富，于是在朱家角大置田宅、兴办工厂，并热心公益事业。蔡承烈为首创办了青浦县第一所采用现代学制的学校—隅小学。蔡承洙有子蔡其政，字

▲1939年，徐珠英和蔡祖恭的结婚照

▲1940年代，徐珠英和蔡祖恭

文若,"继承了其父全号油坊股份与太号油坊产业,曾就读于苏州东吴大学法政系,因父亡故而辍学经营产业。为培养两个儿子祖恭和祖襄学习中医内外科,在其小学毕业后,即聘朱家角名医沈庚虞等先生在家教授,为他们攻读古文打下扎实基础,日后儿子都成为一方名医"[①]。蔡其政生有四子,其中一子蔡祖诚毕业于北京外国语大学,曾任外交部人事司、教育培训司司长,而另一子蔡祖恭后来担任过国民党军军医。

蔡其政曾为"同善社"位列第七层"保恩"的首领。"同善社"在四川创立,声称融汇儒释道三家,有"孔圣教""中和道""孔孟大道""合一会""至善堂"等诸多别名。清末由永川人彭泰荣掌道后获得快速发展,拉拢各地军阀和名流入教。民国建立后,该会向北洋政府登记在册,曹锟、段祺瑞曾被聘请为该组织的"护法",势力浩大,鼎盛期号称全国有3000万教众。1950年代初,"同善社"被列为"反动会道门",予以取缔。由于蔡其政作为"反动会道门"首领被镇压,蔡祖恭被判处有期徒刑解送青海服刑,徐珠英在上海独自拉扯着二男一女。

四姑妈徐毓英作为1949年前就入党的干部,是这个家族"政治面貌"最好的成员。新政权在上海成立后不久的1950年初,徐毓英和上海交通大学的师兄、入党介绍人方宗坚分配去开办华东人民革命大学附设工农速成中学。华东人民革命大学是1949年8月应当时形势发展所需建立的,目的是在短期内培训大批干部输送到新解放区。工农速成中学的招生对象的文化程度要求比革命大学更低,即参加革命工作三年以上的工农干部或

[①]《实业兴里 办学惠乡——珠溪蔡氏》,载上海市青浦区博物馆编《青浦望族》,上海人民出版社,2016年,第409页。

有三年以上工龄的产业工人，具有相当于高小毕业的文化程度，年龄在18~30岁，身体健康，能坚持长期学习的。经过三年脱产学习后达到高中毕业水平，再深入高等学校继续深造，以造就工人阶级自己的知识分子和工程技术人员。

到了1955年各地工农速成学校完成使命，纷纷改成招收适龄少年的普通中学。华东人民革命大学工农速成中学于1953年起改隶属复旦大学领导，改名为"复旦大学附设工农速成中学"，后于1957年改为"劳动中学"，1958年更名为"复旦大学工农预科"，1962年定名为"复旦大学附属中学"，而今成为沪上中学名校之一。

徐毓英和方宗坚在革命与工作中相恋，两人于1952年7月成婚。当时，徐熙春仍然按照老上海滩的做派，在《新闻报》上登报宣布女儿成婚的消息。徐毓英、方宗坚夫妻俩就此一辈子贡献于教育事业，其中方宗坚曾担任过复旦附中代理校长、校长。恢复高考制度后，方宗坚奉命创办复旦大学分校，并担任党委副书记、副校长。1983年6月，复旦大学分校并入当时组建的上海大学，成为该校的文学院。1984年3月至1986年5月，方宗坚担任上海大学工学院院长，于1986年5月离休。2020年6月13日，方宗坚在上海病逝，享年96岁。徐毓英一直在复旦附中工作，曾任附中党总支书记。离休后，徐毓英与他人一起创办了民办学校兰生复旦中学。与那个年代许多知识分子党员一样，徐毓英从思想上、观念上和自己的大家庭、曾经所属的阶级做了告别。然而，徐毓英却没有像许多相似状况的党员干部那样与父母、家庭"划清界线"，或许是因为徐熙春的家教起了潜移默化的作用。徐毓英虽然是一名1949年前就入党的干部，但她很孝敬自己的父母，对二哥徐渭江以及诸位侄儿侄女、外甥外甥女都十分关照。在那些

第一章　南北漂泊一少年 〉〉〉

▲1950年代初，徐毓英和方宗坚

▲1960年代初，徐毓英和方宗坚

▲徐传珍、金敏求大学毕业照

▲1952年，徐传珍和金敏求

▲1950年代初，徐传珍和金敏求在北京颐和园

年月，徐毓英成了这个大家族遮挡风雨的一棵大树。

五姑妈徐传珍只比徐毓英小2岁，她从小跟在姐姐后面玩耍、学习。徐毓英在上海交通大学读书期间，暑期和同学一起在青浦老家办"三育"补习班向中学生进行宣传，尚在读高中的徐传珍耳濡目染，深受影响。高中毕业后，徐传珍考入马相伯于1903年创办的震旦大学，该校曾有"东方巴黎大学"的美誉，是中国第一所开展研究生教育并授予博士和硕士学位的学校。1950年徐传珍大学毕业前夕，中国经济建设总公司（中共中央直属机关经济建设部，在中央办公厅的直接领导下开办了一系列企业。它从成立到1952年3月结束，在不到四年的时间内，不仅保证了中央直属机关的物资供应，而且为经济建设的发展积累了经验，培养了大批干部）派员从石家庄到上海招聘工作人员，徐传珍报名参加并被录用。该公司解散后，徐传珍调进北京。徐传珍与浙江籍的厦门大学法律系的毕业生金敏求[①]结婚，曾在国家发改委、物价局等中央机关工作多年，退休前是中国社会科学院工业经济研究所的高级统计师。

1956年夏天，徐家良结束了五载大学生涯，面临毕业分配。1950年出台的《有计划地合理地分配公私立高等学校毕业生的通令》和《关于1952年暑假全国高等学校毕业生统筹分配工作指示》两份文件的实施，标志着高校毕业生实行国家统一分配制度的形成。到了1956年更进一步，所有的大学毕业生全部由国家统一分配，不留死角。——大学期间的免学杂费和

---

① 金敏求，生于1924年，浙江温岭人。曾任国家计委投资研究所研究员，中国社会科学院研究生院教授，中国建筑经济学术委员会副主任委员，《建筑经济》杂志副主编，出版主要著作有《建筑经济原理与体制改革》《建设项目管理学》《国际劳务市场知识与实务》等。2018年5月，在北京逝世，享年94岁。

助学金发放的优待政策另一面，便是每个毕业生无法自主择业。

这一年，国务院发布《关于1956年暑期高等学校毕业生统筹分配工作的指示》，其核心内容为前四条：

一、本届高等学校毕业生，除寒假毕业生已经分配了以外，共62 388人包括各部门、学校、各地区委托高等学校培养的毕业生4138人。根据国家需要、集中使用、重点配备和一般照顾的方针，并且考虑到学用一致的原则，国务院批准了国家经济委员会关于本届高等学校毕业生的分配计划。分配计划尽先照顾了科学研究、高等学校的师资、工业部门特别是国外设计项目的需要；对其他部门在迫切需要的情况下也给予了适当的照顾；对各省、自治区、直辖市的需要，也作了适当的配备。在制定本届高等学校毕业生具体调配计划的时候，高等教育部应该尽可能地做到就地分配，就地就业。

本届高等学校毕业生分配的情况如下：

（一）给留学外国预备研究生、中国科学院、地质部第三局、技术局和高等学校研究生、助教等共15 163人，占毕业生人数的24.31%，其中，工科毕业生4932人，占工科毕业生人数的22.78%。

（二）给重工业部门的共15 438人，占毕业生人数的24.74%，其中工科毕业生11 412人，占工科毕业生人数的52.71%。

（三）给轻工业、交通运输、农业、林业、水利、财经、文教等部门的共8706人，占毕业生人数的13.96%。

（四）给中国人民解放军系统的共1651人，占毕业生人数的2.65%。

（五）给各省、自治区、直辖市21 425人，占毕业生人数的

34.34%。①

为了照顾到公私合营企业的需要，应该由各企业的各主管业务部门在它分配的人数中，给以适当配备。

二、原政务院规定"高等学校学生原则上应俟其结业后再分配工作；如因工作急需必须中途抽调者，应按既定规章办理"。两年来，某些部门、学校不遵照这项规定，没有经过中央指示和批准，自行抽调高等学校还没有毕业的学生参加工作的现象仍然是严重的。这种做法不但影响国家有计划地培养、使用高等学校毕业生，同时，也直接影响被抽调的肄业生的文化科学技术和业务的深造，并且影响在校师生的情绪，今后，各有关单位必须严加控制。

三、去年，各省、自治区、直辖市和各学校执行调配计划的情况，同实际分配计划变动较大，不仅没有保证分配计划的执行，而且使生产任务受到一定的影响，这种情况必须防止。特别是今年毕业生供求矛盾比往年更加突出，分配给各部门的人数还不能完全满足需要，因此，各省、自治区、直辖市和各学校在执行毕业生调配计划的时候，应该切实按照计划执行调配。

四、中共中央召开知识分子问题会议以后，多数用人部门对本单位高等学校毕业生的使用情况进行了检查，并且根据当前存在的问题，提出了改进办法，这是好的。今后，各用人部门和各省、自治区、直辖市人事部门对高等学校毕业生的分配和使用，应该建立经常的检查制度，对高等学校毕业生分配和使用不合理的现象，应该认真负责

---

① 由文件的分配比例及人数，可测算出1956年毕业生为6.2万人。

地给予调整。

同时，要求各省、自治区、直辖市人民委员会对本届暑期全国高等学校毕业生的分配和使用，经常予以检查和监督，如果发现有分配和使用不合理，如学非所用、任意改行或降级使用等情况的时候，有权向高等教育部或者有关使用部门或者国务院提出重新调配的意见。被分配的高等学校毕业生本人如认为分配不当或者使用不当的时候，亦同样可以向上述各有关领导机关提出重新分配工作的意见。这一办法同样适用于前几年分配的高等学校毕业生。[①]

这一指示将前一两年各地、各校些许自主权的"漏洞"给堵住了，"根据国家需要、集中使用、重点配备和一般照顾的方针"得到不折不扣的落实。作为6.2万名大学毕业生中的一员，徐家良的个人愿望在国家计划面前没有任何意义，他只能等着谜底揭晓，才知道自己被安置到哪个地方。

毕业分配方案公开后，徐家良得知自己被分配到安徽省卫生厅（报到后再由卫生厅分配到具体医疗机构）。这和徐家良本人的心愿相差甚远，他最大的愿望当然是能去上海，其次留在青浦或苏南其他城市。可是，全班只有一位同学被分配到上海，留在江苏的也不多。当时，合肥虽然属于华东地区，但在1952年才成为安徽省会，其时市区人口才十几万，还不如江南一座小城。

---

① 参见《根据国家需要、集中使用、重点配备和一般照顾的方针　国家统筹分配高等学校毕业生　国务院批准本届高等学校毕业生分配计划并发布指示》，《人民日报》1956年8月2日第1版。《国务院关于1956年暑期高等学校毕业生统筹分配工作的指示》（1956年7月31日），《光明日报》1956年8月2日第1版。

同班同学陈长荣被分配到贵州,他得知徐家良不乐意去安徽,就找到徐家良商量,问能否调换一下由徐去贵州,而他去安徽。徐家良心想,安徽和贵州对他来说都是一样的异地,到那里后反正是要想办法调回家乡,便爽快地答应了。——自愿调换分配所在地,校方并不反对。于是,就这样,一位上海青年和贵州结下了半辈子的缘分,而那位陈同学在安徽省立医院工作到退休。

对大多数人来说,大学时光总是漫长人生中最值得回忆的一段美妙年华。徐家良亦是如此,后来他在贵州的大山中总是一次次回忆起在北固山下紧张而又快乐的时光,思念着老师和同学——不知道他们的人生境遇是怎样的。

▲2023年,徐家良在镇江原江苏医学院旧址(今南京医科大学)

2023年的一个金秋,徐家良带着妻子卢瑞英,在儿子徐建新的陪同下回到了镇江原江苏医学院的旧址寻觅青春的足迹。江苏医学院迁往南京后,在1958年高等教育"大跃进"中,江苏省镇江医士学校和江苏医学院留在镇江的部分机构以及附属医院合并组建镇江医学专科学校,在江苏医学院的原址上办学。1984年,镇江医学专科学校升格为镇江医学院,于2001年8月与江苏理工大学、镇江师范专科学校合并组建

第一章 南北漂泊一少年 >>>

▲2023年,徐家良带着夫人卢瑞英回到镇江原江苏医学院旧址(今南京医科大学)与同班同学顾可梁(中)白发聚首

江苏大学。因此,今江苏大学医学院亦被认为是江苏医学院的继承者之一。

徐家良缓慢地行走在原来的校园里,只觉得人非物亦非:原来古朴典雅的大门拆除了,图书馆、操场亦消失得毫无痕迹;原址上一大半区域盖起了江苏大学附属医院气派的门诊楼和住院楼,操场成了草坪和花坛,另一半则修建了一排排家属楼;只有一两栋尚未拆除的二层老楼还是当年在校时的旧物。出南门医政路上,那一排水杉树是他读书时由学校发动师生种下的,当时的一株株幼苗已长成参天大树,不由得让他心生时光无情之感。

不过,好在还有一位同班同学顾可梁至今生活在镇江,他得知徐家良到来后立刻前来相会。

顾可梁的人生颇具传奇色彩。祖籍江苏无锡，其父早年在德国法兰克福的达姆大学工学院化学系留学，认识了在当地医科大学研修口腔学的一位德国姑娘，两人相恋、结婚，于1933年生下了顾可梁。1937年，日本侵华战争全面爆发，战争的阴霾也笼罩着欧洲，顾父毅然挈妻儿回到中国。缘于这样的血统，成年后的顾可梁长着一副日耳曼汉子的模样：高耸的鼻梁，深凹的眼睛，高大的身材。1951年，顾可梁考入江苏医学院，和徐家良同学五载。大学毕业后，顾可梁被分配到位于沈阳的中国医科大学附属第三医院儿科工作。1961年，顾可梁调回镇江医学专科学校，曾担任临床检验教研组主任、检验系主任、教授、主任医师、镇江医学院副院长，享受国务院特殊津贴。

徐家良、顾可梁两位已年逾九旬的同学，在共同度过青葱年华的地方白发聚首，欣喜无以言表。两人共话往事，叙说分别后彼此的经历，庆幸有着平静而幸福的桑榆晚景，感叹昔日风华正茂的同学而今在世者寥寥无几。

第二章　壮岁苦熬在黔山

漫长的旅途

骊歌唱罢，1956年9月4日，徐家良登上了西去的轮船。

告别北固山，告别金山、焦山，告别古老而繁华的润州（镇江古称）城，徐家良意识到离故乡青浦和度过少年时光的上海越来越远了。此时，徐家良多么希望这条大船是从西往东顺长江而下呀，半日水路就能到吴淞口，然后溯黄浦江向南，停靠到十六铺码头，上岸步行不远就是祖父徐熙春在大东门附近的住处。

从吴地溯长江乘船向西，是千百年来不少古代官员和文学家的贬谪之路。在唐代，王昌龄是这样走的，李白晚年亦是如此。王昌龄从镇江被贬到沅江之滨的黔阳后，李白写诗表示安慰："我寄愁心与明月，随君直到夜郎西。"（《闻王昌龄左迁龙标遥有此寄》）等到李白自己因入永王李璘幕府卷入唐帝国高层最凶险的政治漩涡，被囚禁在江州、后被流放夜郎时，没有哪位朋友再敢公开表示同情，也没有人为他送别并慰藉这位名满天下的"犯人"。经过武昌时，李白投诗深受唐肃宗李亨重用的江夏太守韦良宰："夜郎万里道，西上令人老。扫荡六合清，仍为负霜草。"（《经乱离后天恩流夜郎忆旧游书怀赠江夏韦太守良宰》）由此可见，李白是何等的盼望天降甘霖，希望已经坐稳江山的唐肃宗能赦免他。

徐家良此番要去的目的地贵州即是古代的夜郎国，那里在史书记载中是一片闭塞、蛮荒、神秘的土地。离开富庶文明的江南远赴贵州，徐家良有着难以名状的惆怅，但他是一名医科生，没有诗人李白那样浓烈的情感表达。晚年时回忆离别江南，徐家良说他当时倒没有前途未卜的担忧，只是觉得离开祖父和上海太远了，到贵州不知道能不能适应，实在不行就想办法调回老家。——24岁的徐家良还是太天真，当时想要挪动地方是何等的艰难。唐代诗人李白从流放到蒙恩赦免只有两年时间，他在赦免后写下了"两岸猿声啼不住，轻舟已过万重山"（《早发白帝城》）的欢快诗句，而徐家良整整用了二十五年才得以东归。

和徐家良一起分配到西南数省而同舟西上的江苏医学院同届毕业生有20余名。当时，江苏医学院是一所省属高校。据《镇江市志》记载："（江苏医学院）1956年有20个班级，875名学生，379名教职员工，其中专任教师157名。1950年至1956年学院共培养本、专科毕业生600人。"[①]也就是说，1950年代初每一年平均毕业生100人左右，1956年有超过五分之一的毕业生去了西南地区，这充分体现了该年"国家需要、集中使用、重点配备"的大学毕业生分配原则。

在全国普遍缺医少药的1950年代，西南数省的医疗条件又是最差的地区，其婴儿死亡率远高于全国平均水平。例如，1950年代，全国平均

[①] 镇江市地方志编纂委员会编：《镇江市志·第五十三卷　教育》下册，上海社会科学院出版社，1993年，第1266页。（参见镇江史志网，http://szb.zhenjiang.cn/szb/htmA/fangzhi/zj/5306.htm）

第二章 壮岁苦熬在黔山 >>>

婴儿死亡率为125.1‰,而西南地区是182.6‰。[①] 在西南地区,贵州的医疗保健水平又是最不发达的。抗战时期,吴鼎昌(1884—1950)主政贵州,"耳闻目睹黔省人口稀少且体质较差的情况时说:'贵州人口如此稀少,考其原因是不讲卫生。贵州各县连助产士都没有,因接生方法不良,脐带剪法不知讲求,故婴儿夭折极多。且中西医药不备,医治乏术,致人民相信神道,有病不知求医,只知求神拜佛。除疾病以外,衣食起居也不讲清洁,故婴儿长大颇不容易。据调查,某地住户一百七十家,其中有七十六家绝后,皆因卫生不知注意。至贵州最流行的所谓瘴气,其实很简单易治,一般传说往往言过其实,只需讲究卫生,瘴气自然消灭。'"[②] 这便是徐家良和他的同学被大量分配到西南省份尤其是贵州的时代大背景。

▲曾主政贵州的吴鼎昌

船到武汉,徐家良和同学上岸在一个旅店歇息,与同学在汉口的街头闲逛,领略了一番九省通衢的热闹。当时的黄鹤楼只剩下一片废墟,重修已是二十八年以后的事情了,因此他们没有兴趣登临。在武汉,这支江苏医学院"西进分队"发生了一件大事:有两位同学找了个理由不愿意再西

---

① 路遇:《新中国人口五十年》(电子版),中国社会科学出版社,2016年,第532页。
② 张云峰:《吴鼎昌主政贵州研究》(电子版),知识产权出版社,2015年,第445页。

行,尔后折返东下,到学校后得以重新分配至徐州市第一人民医院。可见,在1957年之前,大学毕业生尚有"抗命不从"的空间。不过,徐家良素来老实恭顺,听从组织安排的理念已固化于心,因此他未能效仿那两位同学冒险一把,失去了最后一次机会。

在武汉逗留两日后,徐家良等人继续西行,到宜昌后换乘小轮船。经过江流湍急、两岸风光旖旎的三峡时,徐家良徒增了一丝悲苦。船抵达重庆后,徐家良和多位同学再次分手,有几位换车西行到成都。其中,一位苏南同乡吴康衡(1932—2017,宜兴人)被分配到成都中医学院。后来,吴康衡中西医兼修,于1962年入该院高级西医学习中医研究班结业。多年后,吴康衡成长为教授、博士生导师,卫生部、国家中医药管理局确定的全国第二批师带徒老中医专家,四川省名中医,并享受国务院政府特殊津贴专家。2017年,吴康衡在成都逝世。

在重庆休息了两昼夜后,徐家良和分配至贵州的同学乘坐客车,在盘山路上颠簸了两天,经过桐梓县、遵义城,到达贵阳。——桐梓是唐代诗人李白流放夜郎的目的地,但他幸运地遇赦于半途折返,并未到达此地。

自镇江上船,途中走了半个多月,徐家良在9月下旬终于抵达贵阳。那时候,贵阳只是一座群山环抱的中等城市,海拔1000多米,交通闭塞,无一寸铁路通向外地,城内亦是高低起伏的马路,出门上坡下坡是常态。徐家良的腿伤虽然已经痊愈,但行走仍不方便。

来到贵阳的第一天,徐家良就后悔了。当时学生档案随身携带,徐家良动过不去贵州卫生厅报到而打道回校的念头,可来贵阳的旅途漫长、艰难已使他疲惫不堪、心有余悸,如果返回镇江还得再折腾一番,且路费还需要100余元,若自行返校这笔相当于大学毕业生两个月工资的款项就无法报销，必须自己承担。另外，当时通信不发达，徐家良无法打长途电话给家里的长辈商量，写信显然是来不及的，而拍电报寥寥数字无法说清楚自己的想法。徐家良只得当机立断、自行做主，第二天便去贵州省卫生厅报到，然后被分配到贵阳市人民医院（今贵阳市第一人民医院）儿科。

破灭的回沪梦

贵阳市人民医院前身为省立医院，是贵州最早的公立现代医疗机构，创建于1919年。首任院长为邓光济（1886—1961），字文波，号晴川，1886年（清光绪十二年）生于贵阳。邓光济在年少时考取秀才功名，后因清王朝废除科举、兴办新学，于1905年作为贵州第一批官费生赴日留学，初入东京第一高等学校（相当于高级中学）。两年后，邓光济考入京都帝国大学法政系，获得法学学士学位，并在此期间加入同盟会。后邓光济厌倦了政治活动，遂决心转行学医，以期悬壶济世，于是考入千叶医科大学，1915年以优异成绩毕业，并被该大学附属医院聘为外科及耳鼻喉科医生。在千叶医科大学附属医院执业期间，邓光济与该院的助产士岩濑妇佐（婚后中国名为邓岩濑）女士相恋，并于1919年结婚。婚后，邓光济于当年应贵州督军刘显世（1870—1927）的邀请，携带在日本购买的医疗器械和药品回到了贵阳，在阳明路的"两广会馆"创办了省立医院，后因场所不敷使用便在南明河畔大马槽路购地修建新院址——这条路因医院的迁入改名为"博爱路"。邓氏夫妇深感贵州医疗条件落后，特别是传统接生法导致产妇和婴儿死亡率居高不下，便以省立医院妇产科为基础开办妇产婴科传习所，请省政府行文各县选拔优秀女青年前来学习西法接生，岩濑妇佐担任授课老师，从而为贵州全省培养助产士百余人。可以说，贵阳市人民医院开启了贵州妇幼保健之先声。

由于抗战期间江苏医学院曾在贵阳办学这段因缘，当地医疗机构对江苏医学院的毕业生很是看重，何况当时科班出身的医科生在贵州这样的落后省份极其匮乏。因此，徐家良刚入职贵阳市人民医院，就成为儿科顶大梁的医生。当时，贵州还未在儿童中广泛开展疫苗接种，传染病多，儿童患病率和死亡率仍处于高位，又加之贵州全省有现代医疗条件的医院很少——后来的贵州省人民医院当时名为"干部医院"，主要接诊对象是公职人员和军人及其家属——因而多数普通患者便涌入贵阳市人民医院。徐家良回忆说，在贵阳市人民医院工作时，每天上班后接诊的患者连续不断，根本没有一点余暇。

对学习和工作，徐家良的态度一向是勤奋而扎实的，刚入职场，他便如此。随着接触大量的临床病例和认真地研判、诊断，徐家良的医术进步很快，不到一年时间就在医院同事和患者家属中传开了——"儿科一位上海医生医术好，态度认真负责"。徐家良在毕业的第二年即1957年，利用医院的病例和本人接诊的经历撰写了论文《小儿流行性感冒杆菌脑膜炎三例报告》，后发表于《贵州卫生》1958年第2期。文章说：

> 本省尚少见有关此病之报道，贵阳市人民医院小儿科于1956年收治3例，均为3岁以下之小儿，其中2例痊愈，1例死亡。为了能引起同道中在临床上对这种疾病的注意和做到合理的处理，今特将此3例报告于后，以供参考。

这篇文章叙述了三位患者的症状、治疗时采取的措施和用药，而此报

第二章 壮岁苦熬在黔山 〉〉〉

告是贵州省较早介绍这一凶险病症如何诊断和治疗的论文。

徐家良刚入职时工资为每月55元,半年见习期满后为57元,这一收入水平在当时贵阳的年轻人中算是较为优渥的。院方对徐家良这样的大学毕业生很是看重,但他感到不快乐,孤独、苦闷之感时常萦绕在胸。

贵阳是个移民城市,从明代设屯堡开始,大批外地人尤其是江南人迁移到这里,带来了先进的生产技术和文化。五六百年间,

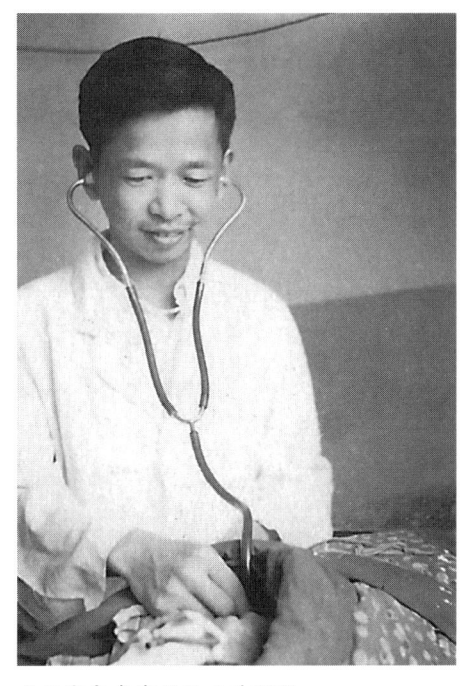
▲徐家良在贵州的工作留影

外地移民和当地苗、侗等少数民族产生碰撞进而交融成一种异于江南的新文化,强悍豪爽、仗义任侠是该地普遍的民风。贵阳虽然长期作为贵州省会,但其城区人口一直就10多万人,和江南一个繁华的县城差不多。抗战时期,由于大批下江人西迁,贵阳和重庆、成都、昆明一样迎来了人口暴涨期,城区曾一度超过30万人。1949年以后,大批军人、干部和知识分子来到贵阳安家落户,这是20世纪贵阳第二次人口剧增时期。但即便如此,比起江南的城市,贵阳仍称不上繁华。1950年代中期,贵阳城区加上贵筑县(贵阳市原附属县,1958年撤销)的城乡,共计人口46万人。贵阳的城墙在民国时期已经陆续拆掉,城市向旧城墙外延伸,但大多数人还住在老城区即原城墙之内,从西门步行到老东门也就2公里左右。1953年,位于

归来徐家良：贵州到上海有多远

大十字的贵阳百货大楼开业。1957年，贵阳第一家电影院——河滨影剧院竣工，成为城市的地标建筑之一。贵阳市中心原有长期主政贵州的军政大佬周西成①（1893—1929）的铜像，在1950年代初被拆除建成一座喷水池，成为贵阳最热闹的地点，每到"四月八"节时苗、汉群众在此载歌载舞。

徐家良不是个爱热闹的人，他对贵阳相比于上海、镇江在经济、文化方面的落后倒是不怎么在意。徐家良性格内敛、敏感、自尊，不好社交，尤不喜自矜自夸，特别是他在一个家风清白、家境殷实的大家庭长大，从小有祖父母、母亲的关爱以及叔叔、姑妈和长兄的帮助，长期生活在规则分明的上海，一下子独身来到袍哥味十足的西南重镇贵阳，从饮食到地理、文化等多方面都不适应。贵阳是个熟人社会，年轻人喜欢呼朋唤友出去游玩。然而，徐家良却像个局外人，他因行走不便根本无法跟上当地人的上岭下坡健步如飞，也适应不了贵阳饮食的酸辣风格——他在贵州生活多年也不吃辣，顽固地保护着一个江南人的胃。到贵阳时间不长，徐家良能听得懂贵阳话，但就是不愿意学习西南官话，一辈子说一口带有吴地腔调的普通话。下班后和节假日，徐家良很少和当地人打交道，要么待在宿舍看专业书，要么和同事打几盘乒乓球。因此，徐家良愈是如此，愈加融不进当地社会，愈加觉得孤独，他自己感觉就像漂流在大西南的浮萍一叶。夜深人静时，徐家良总是会想起祖父徐熙春、祖母董月娥等亲人，

---

① 周西成（1893—1929），贵州桐梓人，毕业于贵州讲武学堂。曾参加护国运动，1922年加入国民党。1926年6月，任贵州省督办、省长；12月，转任黔军后备军总司令。1927年4月，任贵州省政务委员会委员兼政府主席，并于同月任国民革命军第二十五军军长兼贵州省政府主席；7月，任贵州省政府政务委员会主任委员兼贵州省军事厅厅长，南京军事委员会委员。1928年2月，在国民党第四次中央执行委员会上被选为军事委员会委员；同年，任第十一集团军第二十五军军长。1929年5月22日，作战身亡。

第二章　壮岁苦熬在黔山

想起上海和青浦的热闹场景，于是心里有一个念头就越来越强烈：调回上海，如果进不了上海，回青浦也行。

1957年底，徐家良不惜花钱费时，回到上海过春节。那时候，徐家良回沪首先要坐汽车到都匀（1958年底黔桂线才修到贵阳），然后坐火车到桂林，再转火车北上，经过湖南衡阳，绕了一个"V"字弯到株洲，走浙赣线往东到杭州，再北上走沪杭线抵达上海，历时三天三夜。在徐家良看来，只要能回到上海见到亲人，漫长路途的颠簸劳累算不了什么。

这次回沪，徐家良主要的目的是想运作调回家乡。经人介绍，徐家良拜访了上海几家医院的人事部门，有的医院口头答应愿意接收——这或许是碍于人情的虚与委蛇，亦或许是当时这种科班出身的儿科医生在上海亦属稀缺，可前提一定是贵阳那边愿意放人。

休完探亲假，徐家良返回贵阳上班，便立马寄了一包衣服和一封信给祖父徐熙春，恳请祖父为他的调动之事再多费一些心力。徐熙春回信道：

启元孙儿知：

连日接你来信及衣服一包，已收到，无错，望勿念。你五孃孃（引者注：指徐传珍）三月二十六日到沪，住在南市，大约出月要产生小孩，昨日已约广慈医院挂号，约（过）四日去检查，现在身体强壮。此次来申还有陈妈保姆、二个小囡。元鑫（引者注：指徐家善）结婚的事，对方已下乡，眼前尚未谈起。你说卫生局已肯放你他调，是否有确实准许？前次你在上海已于医院联系过，我想再与上海卫生局联系，则不必多此一举。还自你将贵阳人事科允他调之事写信与去年联系的医院主任接洽一下，或由他出信与上级联系。余去冬以来，身体时常不舒齐，胃出血虽未复发，但饮食起居年不如年，仍未复原。一候政府退休章程之后，决计回青。余言后述。此复。

祖熙字付

58.3.30

对远在贵阳的孙儿徐家良，祖父徐熙春十分牵挂。在徐家良入职后第一年，徐熙春知道黔地秋冬阴冷，特意买了一件丝绵大衣寄给孙儿，而这件大衣徐家良穿了几十年，一直保存到今天，仍然完好无损。但对孙儿调动的事，徐熙春爱莫能助，这已经超过他当时的能力范围。在大上海打拼一辈子的徐熙春，洞察政治局势，深谙人情世故，他看到了走向社会不久的徐家良的天真，新时期人员流动远不是以前那样自由——只要有下家愿意接收即可。所以，徐熙春在信中特别指出，"你说卫生局已肯放你他调，是否有确切准许？"此疑问应当是徐熙春预料贵阳市卫生局的人对徐家良只是口头敷衍。徐熙春进而告知调动的关键点是：必须由贵阳市卫生局人事科公函告知上海的医院愿意放人，否则再去找上海市卫生局乃多此一举，上海市卫生局无权决定贵阳市卫生局是否放人。

徐家良这次运作调动失败了，贵阳市卫生局必然不会放走这么一个业务精湛的年轻医生。其实，这是毫无意外的结果，也是由当时的大形势和徐家人的小命运决定的。

经过1957年的"反右"，组织对包括专业技术人员在内的知识分子的管理和使用更加严格，一名医生或教师想自己跑门路调动，尤其是从欠发达的西部贵州调回发达的东部大城市上海，那难度不亚于登天。还有一个更大的时代背景，当时身在其中的大多数人未必意识到其影响深远，即

1958年1月颁布实施的《中华人民共和国户口登记条例》标志着在中国城乡实施严格的户籍管理制度，不仅"农业人口"和"非农业人口"之间存在着天堑式的鸿沟，即使同是"非农业人口"，从欠发达城市将户口迁往北京、上海这类大城市，远非某一个专业部门就能决定的，户口已经和粮油供给、用工紧紧地捆绑在一起。换句话说，当时即使贵阳市卫生局和上海的某医院不是敷衍徐家良，一方愿意放人，另一方愿意接收，单凭卫生系统亦无法决定一名医生能否调回上海。可以说，在1956年的秋天，徐家良那两位同学在赴西南地区报到的途中擅自回校要求重新分配，抓住了最后的机会。

徐家也因为时代巨变的原因，开始走"背运"。一个最明显的表现是，大家庭的财务状况已江河日下。此时，祖父徐熙春到了人生的暮年，他的经营才能在新时代已无用武之地，支撑全家经济来源的主要产业美新印刷材料股份公司在公私合营后，他和次子徐渭江成了领薪水的成员。在青浦县城，徐熙春曾有四套住宅，其中两套原用于出租，后来被充公分给其他居民；另一处住宅早就捐给了其创办的青浦红十字会医院，只留下福泉路的老宅。在上海市区，徐熙春除大东门附近的房子自住外，在宝山路有一套房子因为战争被损坏而无法整修。在1940年代末，徐熙春曾斥资购买了一些外国公司或香港企业的股票，也由于时局的巨变，或因企业变更所有权，或因中国和境外资本交易的渠道切断，这些股票无法变现而成了废纸。至今，徐家后人还保存着1947年8月购买的Central Properties Limited（香港公司，1946年8月创办）1000股和1948年1月购买的China Realty Company（1949年前上海最重要的房地产公司，美国资本控股）1000股的股票，而今成了文物。

在一场接一场的运动中，徐家的不少成员受到冲击，遭遇厄运。徐熙春在信中告诉徐家良其五姑妈徐传珍从北京回到上海娘家生小孩，不便提及徐传珍小家庭所遭受的灾难。徐传珍的先生金敏求，本是国家建材部的一名干部，1957年被划成"右派"、停发工资，发配至京外的农场进行劳动教养。当时，徐传珍夫妻俩已有两个女孩，而第三个孩子就要分娩，全家只能靠徐传珍一人的工资维持生计。在万般困难前，徐传珍不得不带着孩子南下投靠父母，毕竟父母的家是漂泊在外的孩子永远的港湾。随徐传珍南下的保姆陈妈也是上海郊区人，这是徐传珍第一个孩子即将出生时请父母在老家乡村帮其物色去北京的，陈妈和她一家相处融洽，就一直在金家待了很多年。

在贵阳孤寂的生活中，徐家良深深地理解了"家书抵万金"这句诗的深意，他也很勤快地给祖父母、母亲和父亲写信，但父亲徐传贤的回信日渐稀少。当时，徐家良并没有太在意，只是以为父亲组建了新家庭，又生了两个小弟弟，工作很忙，没时间给他回信。直到1959年协和医院承办建国十周年医疗成就展，徐家良和另一位同事被选为代表进京参观，他顺道去西直门外邮电部家属院探望父亲，但父亲不在家，这才从其邻居那里得知父亲被划成了"右派"。那一刻，徐家良的心被重重地锤击了，他总算明白为何近一年多的时间父亲写给他的信那么稀少，而父亲成为"右派分子"后该承受多大的压力，两位同父异母的弟弟还年幼，作为成年儿子的他在父亲艰难的时刻却无法给予一丝安慰。当然，这一次徐家良没有去找组织询问父亲身在何处——想必是正在组织要求下交代、学习，而他本人也是由单位派来北京学习且公务在身，如果非得去探视戴着"右派"帽子的父亲一面，对父子两人都不是好事。徐家良心想，若父亲回家后听邻居转述其次子从贵阳过来探望自己，也许能让其感觉到一点暖意。

至于一向谨言慎行的徐传贤如何被划成"右派"，因为他本人的档案至今未向外开放，无法得出确凿的答案，但根据他的履历和社会关系，大致可以分析出主要原因当是受器重他的老同事、邮电部部长朱学范的"池鱼之殃"。1953年，徐传贤加入民革，并被选为民革邮电部支部组织委员，而朱学范是民革主要创始人之一。在1957年的"反右"斗争中，有人提出要把邮电部的党外领导人（朱学范）划为"右派"，因为高层认为他是在共和国成立前的关键时刻同共产党合作的有功人士，遂得以免祸。[①]长期追随朱学范的民革邮电部支部书记周颖（1909—1991，聂绀弩夫人）和徐传贤则在劫难逃，而自身难保的朱学范对两位老部属也爱莫能助。不过，比起妹夫金敏求，徐传贤的运气要好得多，他属于"右派"分子中最轻微的一类，工资不降，留在邮电部机关接收干部群众的监督与改造。三年后，改造完成，徐传贤被摘掉了"右派"帽子，调入北京邮电学院（今北京邮电大学）担任教师。

徐家良的大哥徐家善1950年底从同济医学院毕业，分配至上海劳工医院。恰逢上海抽调各医疗单位组成"抗美援朝志愿医疗手术队"赴战场进行救治，徐家善报名参加，被编入第二大队。时任大队长为黄家驷（1906—1984，后担任上海医疗手术总队队长），副大队长为钱悳（1906—2006）、林春业。1951年1月25日，这支321人的医疗队伍从上海人民公园出发，接受市民欢送后于上海北站乘火车北上。此后数年间，徐家善一直在"上海医疗手术总队"驻地工作，从未回沪探亲。徐家善因精通英文且

[①] 缪慈潮、顾铭主编：《范式人传》，中共党史出版社，2002年，第214页。

办事认真,深得总队长黄家驷赏识,并成为其事实上的行政助理。大约在1956年时,徐家善作为上海医疗手术总队最后一批返沪人员,进入广慈医院(今上海交通大学附属瑞金医院)工作。

徐家良的三弟徐家达较之两位兄长更是命运多舛。徐家达虽然只比二哥徐家良小1岁多,可其开蒙读书却晚得多。据其三子徐成岗介绍,徐家达1952年从青浦初级中学毕业考入松江一中。当时,青浦县属于苏南行政区的松江专区,管辖松江、上海、川沙、南汇、奉贤、金山、青浦、嘉定、宝山和嵊泗(1953年划归浙江省)十县(1952年11月苏南行政区撤销,和苏北行政区、南京直辖市一起合并为江苏省)。松江一中是一所历史悠久的高级中学,招收的是这十县最优秀的初中毕业生。按照徐家达的年龄计算,他在10岁才读小学一年级(以他的优异学习成绩,中途留级的可能性很小),即1943年才入学。那么,只有一种解释,日本的全面侵华推迟了徐家达的入学时间。前文已述,由于日本侵略者在青浦县的残暴行为和施行奴化教育,徐熙春为了孙儿的安全将长孙徐家善、次孙徐家良接到上海租界上学,

▲1957年2月,三弟徐家达(右一)与父亲徐传贤(右二)、继母章一涵(右三)、幼弟章卫平(前)在北京北海公园留影

学费很贵，又加上长子徐传贤在越南和重庆为国民政府工作，徐家已很难再负担起徐家达来上海租界上学的费用。1943年已是抗战的后期，青浦等上海远郊县的社会秩序相对平静，名义上是由南京汪精卫的伪政府治理，因此徐家达才得以在青浦县城上小学。

松江一中的校风好，升学率很高，徐家达在松江一中学习很努力，他和大多数同学都考上了大学。然而，因为被查出肺结核，徐家达没能入学，只能留在老家青浦治病。到1956年徐家达肺结核治愈时，已经22岁的他不愿意再参加高考，大约在1957年初来到北京投奔父亲徐传贤。那时候，像松江一中这种名校的高中毕业生算文化程度较高者，找工作并不难。当然，或许还有一个原因，徐传贤当时还未打成"右派"，在中央部委工作有信息优势，人脉较广。1957年8月，中国农业科学院土壤肥料研究所（今中国农业科学院农业自然资源和农业区划研究所）成立，招收有相当文化水准的青年员工，于是徐家达通过考试进入该所工作，一生便与农业科技结缘。

徐家达在北京生活、工作的时间不长，但这段时间对他来说是温馨而快乐的。从徐家达四五岁时，父亲徐传贤就离家在外奔忙，后来就再没有回到原来的家庭，"父爱"对他而言，模糊而遥远。来到北京后，徐家达和父亲的新夫人章一涵以及两位幼弟相处得不错。多年后，最小的弟弟章永平尚能回忆起他还是儿童时，父亲带着他去动物园附近的研究所看三哥徐家达，而且一家人也常常一起去北海、天安门等地游玩。可惜，这样的幸福时光太短暂了！在父亲徐传贤戴上"右派"帽子后，徐家达的人生道路失去了最重要的庇护。徐家达的具体工作是到全国各地调查土壤的肥力，1961年他正在兰州出差期间，接到命令调其去新疆生产建设兵团，不许回京，而是要他直接由兰州西行去报到。徐家达的进疆旅程，可谓九死一生。据其三子徐成岗讲述："当时的兰新铁路尚未开通，他们坐着解放牌卡车从兰州出发前往新疆，需要通过简易公路穿过整个河西走廊。从兰州到阿克苏地区有2700多公里，当时都是土路，汽车要开半个月。在通过星星峡进入新疆哈密的一段盘山公路时，车辆翻下山谷，父亲同行的9人中有几人（好像是3人）摔死或压死。父亲也受了重伤，右手臂骨折，腰椎受伤，火速被送往当地驻军医疗队紧急手术才抢救过来，后来在团场里就落下'老病号'的称谓。"

徐家达伤愈后被分配到新疆建设兵团农一师十团。当时，新疆特别是南疆地区条件十分艰苦，徐家达和他的兵团同事们在地窝子（就是在荒地里挖一个一人多高的坑，上面搭上木框架铺上树枝芦苇秆覆盖）里住了多年，所在地是成片以梧桐树为主的原始森林，需要将树木砍伐后开荒种地。兵团战士沿着塔里木河在北岸开垦出许多土地，但新垦地肥力较低，且盐碱化严重。作为从北京的中国农业科学院土壤肥料研究所下放的专业人士，徐家达受到团领导器重，团部派他去各生产连队改良盐碱地，增强土壤肥力，制定科学的耕种、施肥、浇水等管理规范。徐家达到团场后，先后担任连队的技术员、良繁站农艺师。

身为筑城一过客

1958年春天，徐家良从上海探亲回来后，其工作单位发生了变化。由于新组建的"贵阳市妇幼保健院"增设儿科，贵阳市卫生局将徐家良从贵阳市人民医院调至妇幼保健院参与儿科筹建。徐家良是贵阳市妇幼

第二章　壮岁苦熬在黔山 >>>

保健院开设儿科时第一位有大学本科学历的医生,当时该院医护人员和设备非常匮乏,先从产科新生儿室调来一位医生,又从院外调进一位中专学历的医生,护士则由产科抽调,几乎是白手起家,就这样因陋就简地很快对外门诊了。第二年,贵阳市卫生局将徐家良在贵阳市人民医院的上司、该院小儿科主任阮贤希医师(曾为他审阅过发表在《贵州卫生》的文章)调入妇幼保健院任儿科主任。第三年,贵阳医科大学毕业的刘德萱女士被分配到贵阳市妇幼保健院,该院儿科才有了第三名本科学历的医生。

贵阳妇幼保健院的前身贵阳产院,是一所诞生在抗日烽火中的专门医疗机构。1938年,国民政府中央卫生署的公共卫生人员训练署从南京迁到贵阳。看到黔地大多数产妇仍然采用传统方式分娩,母婴死亡率居高不下,中央卫生署、中国红十字会的妇产科专家杨崇瑞(1891—1983)博士倡首,在省立医院妇产科的基础上创立了贵阳产院,院址选在贵阳市威西门外鲤鱼村报国寺。当时,贵阳产院的主体建筑为茅草屋3栋,另有小草房1栋和木板房1栋作为办公室和职工宿舍。开设之初,全院仅有员工36名,简易妇产科病床15张、产床1张。1948年,贵阳市政府拨款将医院进行扩建,全部茅草屋改建为瓦房,建有门诊楼1栋、宿舍3栋,床位42张。由于医院创办人杨崇瑞当时在联合国担任妇幼卫生组副组长,在她的

▲杨崇瑞博士

斡旋下贵阳产院收到联合国善后救济总署卫生设备物资3吨，其中有人造血浆、新型输血器、婴儿床、产房设备、被服等物资，医院的设施和装备有了极大的改善。

创始人杨崇瑞是一位中国近现代医疗卫生史上值得大书特书的人物。她是著名的妇产科专家、医学教育家、中国助产教育的奠基者、中国近代妇幼卫生事业创始人，终身未婚，将一生全部献给了妇幼医疗事业。1891年，杨崇瑞出生于直隶通州（今北京通州区），1917年从协和医学院毕业，获得医学博士学位。1925年6月，杨崇瑞获得赴美国约翰斯·霍普金斯大学医学院进修的奖学金，专门进修一年的妇产科。1926年8月，杨崇瑞在约翰斯·霍普金斯大学毕业，被国际妇产科权威专家威廉教授视为她最好的两名学生之一，并再获奖学金。随后，杨崇瑞利用半年时间参观美国东北部及英国、德国、法国、丹麦、奥地利等国家的公共卫生和助产教育。参观和考察后，杨崇瑞回国选择了一条比在医疗机关当医生更有效保障国民健康的捷径——致力于发展公共卫生事业和医学教育。抗战胜利后，杨崇瑞来到贵阳，不仅创办了贵阳产院，也参与了贵阳医学院的创建。杨崇瑞培养了众多的医疗卫生界的骨干，包括林巧稚[①]（1901—1983）。中华人民共和国成立后，杨崇瑞担任卫生部妇幼卫生局（后改为司）第一任局长。

1950年，新的市政府以贵阳产院为基础，将原省人民医院、卫生学

[①] 林巧稚，福建厦门人，妇产科学家，中国妇产科学的主要开拓者、奠基人之一。1929年，毕业于北京协和医科大学。1931年，任北京协和医院妇产科助教。1937年，任北京协和医院妇产科副教授。1940年，任北京协和医院妇产科主任。1946年，兼任北京大学医学院妇产科系主任。1948年，重回北京协和医院。1955年，被任命为中国医学科学院副院长。1956年，担任北京妇产医院第一任院长。

第二章　壮岁苦熬在黔山 >>>

▶今日贵阳市妇幼保健院

校附属医院的妇产科人员及设备进行合并，医院更名为"贵阳市立产院"。1951年6月1日，医院由报国寺迁入中华北路六广门毛家公馆内（原省政府办公楼），医护人员达到110人，开设了妇产科手术、儿科病房。由于患者的增加，毛家公馆的办公楼已不敷使用，医院于1953年在大西门外卢家坟建设新院，1955年搬入使用至今，并改名为"贵阳市妇产医院"。直至1958年，医院与贵阳市儿童保健所合并，更名为"贵阳市妇幼保健院"并沿用至今。[1]

贵阳市妇幼保健院所迁入的卢家坟，颇值得多说几句。这块地原是贵州省近现代重要的军政人物卢焘（1882—1949）的私产。1882年，卢焘出

---

[1] 参见贵阳市妇幼保健院、贵阳市儿童医院编撰：《院史：1938—2021》（第三版），贵州，2021年，第23—25页。

生于广西思恩县明伦乡九伦村，后加入同盟会，进入云南讲武堂学习，是蔡锷（1882—1916）将军的学生和部下。卢焘参加了蔡锷领导的云南"重九起义"，并随蔡锷入川。此后，卢焘加入黔军，参加了反袁护法之役，曾做过贵州省省长和黔军司令员。1921年5月，孙中山在广东就任中华民国非常大总统，再度举起护法旗帜，卢焘通电拥护。孙中山电令卢焘为黔军总司令兼贵州省省长。在卢焘的领导下，贵州人心初安，政局渐稳。后来，卢焘虽然辞去了贵州省最高军政长官的职务，但长期寓居贵阳，对贵州省的军政局势影响甚大，历任主政黔省的政客、军人对其尊崇有加。1928年，卢焘的母亲在贵阳逝世，他便想护送母亲的灵柩回广西故里安葬，并在老家度过余生。当时，贵州的主政者周西成为挽留卢焘长住贵阳，借助其影响稳定黔省政局，便将贵阳大西门外金锁桥以南的一块地赠送给卢焘作为其母亲的安葬之地。卢焘在此为母亲修建墓地并命名为"慈母园"，而贵阳人则俗称为"卢家坟"。墓园的石门两边镌刻一副楹联——"春晖寸草夜郎道；明月梅花慈母园"，由黔籍大书法家严寅亮（1854—1933）书写。此地离城里很近，交通方便，又空旷荒凉，贵阳的半大小子们约架时总爱说："走，到卢家坟去！"[①]

1949年10月，中国人民解放军即将向贵州进军，中共地下党派人和卢焘接触。11月初，中共地下党和贵阳的民主人士酝酿成立贵阳市民众临时治安委员会，以保证城市的安全，并公推卢焘为主任。卢焘欣然接受，但这些行为却遭到了蒋介石的嫉恨。11月14日上午，国民革命军第八十九军

[①] 熊作华：《慈母园，西城赠地与卢焘葬母》，载《老城记》编辑组编《老贵阳》（微信读书版），中国文史出版社，2019年，第28页。

军长刘伯龙奉蒋氏密令，派人驱车将卢焘骗到贵阳市郊二桥转湾塘杀害。卢焘遇害当天，中国人民解放军进入贵阳。后来，贵州各界群众为卢焘举办了盛大的追悼仪式，并将其遗体也安葬在"慈母园"。1953年，因修建新的贵阳妇产医院，卢焘及其母的棺木迁葬于贵阳市西北10多公里的老阳关果木场内（今观山湖区下坝山路），并在此修建了"卢氏陵园"，现为贵阳市文物保护单位。——原来的"慈母园"，后来成为贵阳市妇幼保健院，真乃冥冥中的巧合。

新的贵阳市妇产医院依山而建，三层门诊楼在那时候显得很气派、很新潮，建好后即成为贵阳市的地标建筑之一。由于有限的经费几乎都用在建设业务楼和购置设备上，早些年医院没钱修建医护人员的集体宿舍和家属楼，医生、护士的生活设施能将就则将就。作为业务骨干的徐家良，医院给了他一间低矮的"兔子房"——原来用于饲养作动物标本之用的兔子，没有窗户，只开了几个通风的孔洞，夏天潮湿闷热，冬天则将孔洞堵住以防寒风灌入。"兔子房"室内整日昏暗阴冷，且建在门诊楼后面的山坡上，腿脚不便的徐家良每天去门诊楼、住院部和食堂，要来来回回地上坡下坡。

就在调入贵阳市妇幼保健院后半年左右，徐家良收到祖父徐熙春的一封求助信。生性要强且很难向儿孙开口的徐熙春这一回求助于孙子徐家良，问他能不能给家里寄点钱。此时，曾经在商海里游刃有余的徐熙春到晚年陷入了财政窘境：长子徐传贤因是"右派"工资锐减，北京还有两个年幼的儿子（徐家良的同父异母弟弟章卫平、章永平）要养育，给上海的女儿徐家敏的教育费和生活费都不能及时、足额提供；大女婿蔡德荫（字祖恭）被发配到青海劳动改造，大女儿徐珠英独自抚养三个孩子；三女婿金敏求也是"右派"且属于六类中的前三类"极右",被遣送到京外的农场劳动改造,三女儿徐传珍亦要养育三个年幼的儿女,其中儿子金万平还在襁褓之中。作为徐家大家长的徐熙春,他必须给三位落难的儿子和女儿予以资助,而到了这个时候徐家的收入除了工资,其他如房租收入、投资收入几乎归零。读完祖父徐熙春的这封信后,徐家良毫不犹豫地将自己几乎所有的存款共计500元取出,寄往上海家中。当时,500元算得上是一笔巨款,这对工作才两年的徐家良来说,是他全部工资的一小半。徐熙春收到这笔钱后是有喜有忧:喜的是孙儿如此懂事、孝顺,培养其成才有了收获;忧的是孙儿能攒下这么一笔钱,自奉当是过于俭朴。于是,徐熙春回信给徐家良说,孙儿寄的钱太多了,得自己攒些钱以备结婚成家之用。徐家良复信说他除了吃饭、穿衣和买书需要花费,没什么娱乐活动和交际活动,每月的工资能省下一半。

在1958—1961年期间,山多平地少、生产力水平低下的贵州省所受到的影响比全国其他地方更大。以前从未饿过饭的徐家良,从1960年开始日益感受到一种挠心的饥饿感。他正处在消耗量大的青壮年时期,每月的粮食定量根本不够,关键是没有油水,三顿饭下肚后很快就被消化掉了。但徐家良知道,作为省会城市的专业技术人员,自己比全省大多数城乡居民特别是村寨里的百姓要幸运得多,至少起码的口粮是有所保证的,单位食堂对他这类医生还有一些"特殊供应",而且他没有家室之累,工资不算低,每个月尚能拿出一些钱高价购得鸡蛋等奢侈品"改善"营养,于是那几年不算太艰苦地度过了。

在那几年里,徐家良的工作量却是异常繁重,且心情很是苦闷。儿科主任阮先生是民主党派人士、省人大代表,社会活动多,经常外出参加非医疗业务的会议，又加之其身体不好，住家在医院外面，因而出勤率低。这样，徐家良实际上成为儿科的常务负责人，日常工作皆交由他处理。除了本职工作，徐家良还要负责查房、带教、外院会诊、排班等工作。作为科室的第一骨干，徐家良的工作态度和专业能力得到领导、同事和患者家属的一致肯定与好评，毫不夸张地说儿科的业务靠他撑起了一半天地。然而，院领导对徐家良是只重用而不信任。1961年，院方给了徐家良一个"代理主治医师"的头衔。在今天看来，这个头衔在逻辑上说不通，行使管理职能的职务可以代理，比如大学里可以有代理院长、代理系主任，医院代理科主任亦是这个道理。但职称只能有"是"和"否"的区别，要么是助教要么是讲师，怎么能以"助教"来代理"讲师"呢？也就是说，院方不愿意让徐家良名正言顺地成为主治医师，只是让他干主治医师的活并负担相应的工作责任。这种不无歧视的对待，除了大环境和徐家良的个性原因——他出身不好，政治上不要求进步，又不愿意巴结领导、亲近同事，这在不少人看来是"白专"典型，还有一个原因是他一直在想办法调回上海，这在领导看来是不安心在贵州工作，如果让他成为正式的主治医师，那会增加他调动出黔的资本。

从一件事就能看出徐家良根本不打算扎根在贵州，就是他不恋不婚。徐家良在任代理主治医生时已来黔工作五年，年届而立。男大当婚，徐家良的工作单位以及工作表现，对女青年很有吸引力，也不乏热心人为他介绍对象，远在上海的祖父祖母和姑妈也多次来信敦促他应该考虑终身大事，毕竟其长兄徐家善结婚后已先后生育了一女一儿。但徐家良执拗地回绝好意，不谈恋爱，不想结婚。当时，徐家良认为，单身一个人要调回家乡相对容易一些，如果有了妻儿，那一家子想回沪是几乎不可能的事。与此同时，一向勤快的徐家良在调入贵阳市妇幼保健院的前七年，只于1962年在《中医杂志》发表过一篇几百字的短文《锡类散治疗小儿溃疡性口腔炎有效》[1]。可见，徐家良当时真的有些心灰意冷。

转眼到了1965年，即便是在偏远的西南地区，稍有判断力的知识分子也嗅到了"山雨欲来风满楼"的气味。徐家良因为家人的际遇，对这种感觉的敏感度更加强烈。当时，父亲徐传贤"右派"摘帽后从邮电部调到北京邮电学院当老师，变得更加胆小谨慎；三弟徐家达从北京的中国农业科学院土壤肥料研究所去了新疆建设兵团；祖父徐熙春已是风烛残年，疾病缠身。与此同时，上海一批又一批的专业技术人员、年轻人被组织动员"支边"去了大西北和大西南，而徐家良要想"逆行"回沪，几乎变得不可能了。于是，徐家良不得不接受现实，而眼前最为迫切的事是在贵阳找个对象成家，结束来黔后近十年的单身生涯。随后，同科室一位叫卢瑞英的护士闯入了徐家良的心扉。

卢瑞英生于1944年，比徐家良整整小一轮——12岁。卢瑞英出生在贵阳以东的平越县（今为黔南布依族苗族自治州代管的福泉市）牛场镇，卢氏是当地的大姓，其家庭本来较为富裕，但土改后被划为地主成分，田产被没收分给贫苦农民，家道就立即败落下去了。当时，卢瑞英的父亲在贵阳工作，在这个时候与其母亲离婚并组建了新家庭，其继母又生了两个弟妹，而其生母只得孤身离开卢家。其后，卢瑞英与姐姐、妹妹三人在老家与祖母一起生活。卢瑞英在牛场镇中心小学读完小学，成绩在班里的女生中名列前茅。1958年，卢瑞英参加升初中考试，但因为祖

---

[1] 徐家良：《锡类散治疗小儿溃疡性口腔炎有效》，《中医杂志》1962年第3期，第25页。

母是地主成分而受到牵连,学校不予录取。在老家已无事可做,祖母又已年迈,卢瑞英三姊妹于1958年12月由父亲接到贵阳,居住在贵阳市西北郊距离黔灵山不远的省粮食厅机械厂宿舍。1959年,卢瑞英在贵阳再次参加升初中考试。由于家里孩子多,家境困难,读普通中学几乎是一种奢侈,卢瑞英在报考中学时看到供填报的志愿里有贵阳卫生局护士培训班,免学杂费和伙食费,于是为了给家里减轻负担,填报了培训班并被录取。卢瑞英在培训班的学习只有短短的一年——半年上课、半年实习,然后被分配到贵阳市妇幼保健院儿科当护士,并认识了医院的业务骨干徐家良。

卢瑞英的性格没有受到童年时代苦难的不利影响,聪慧、开朗、热情、做事麻利,无论在上学时期还是工作时期,她都是老师、同学与领导、同事喜欢的一位女孩。徐家良喜欢上这位活泼、能干的小同事,向她表达了爱意。卢瑞英一开始有些惶惑、紧张,毕竟徐家良的文化程度、生长环境和生活习惯与她差别甚大,但经过一阵子犹豫后,她接受了徐家良,两人开始处朋友(谈恋爱)。

徐家良、卢瑞英两人相恋的消息公开后,在医院的同事里引起了不小的震动。卢瑞英的一位同事兼闺蜜对这事"打烂锣",认为自己的好友看上徐家良吃亏了。她对卢瑞英说:"徐医生比你年龄大得多,而且这人很怪,将来你们咋个在一起过日子哟?"——这位闺蜜所说的"怪",主要指徐家良内向,不合群,除了读书、工作,不愿意和同事打成一片,在旁人看来这人太清高。比徐家良晚两年进儿科的刘德萱大夫在2024年初时提及当年往事,还连连说:"没想到,没想到,小卢和徐医生成了一对。"但卢瑞英当时不为旁人的看法所左右,她看准了这个人。多年后,卢瑞英说起自己为什么选择徐家良，因为"徐医生是大学毕业生，业务能力强，深入接触后发现他对女性很尊重，能替对方考虑"，而且更现实的一点是——"徐家良的工资比自己高得多，找个丈夫这是必须考虑的"。

在徐、卢两人相恋后，徐家良尚未决定什么时候成婚，但随后发生的一件大事促使了他的求婚。

徐家良的祖父徐熙春在晚年一直被胃出血所折磨。到了1965年初，徐熙春的胃出血已到了医生束手无策的地步。这年3月18日凌晨，一生致力于慈善事业、对儿女和孙辈关爱有加的徐熙春在上海广慈医院（今瑞金医院）逝世，终年80岁。徐家良得知噩耗后悲恸异常，他立刻向单位请假回沪奔丧。由于父亲徐传贤长年在外为公事奔波，母亲盛希珍是位不识字的家庭妇女，徐家良兄弟是由祖父祖母一手抚养成人的，尤其祖父徐熙春十分疼爱他，对他的成长影响很大。当徐家良和叔叔、姑妈及长兄徐家善将祖父葬于上海息焉公墓后，他不得不思考自己的未来，因为他从小依赖的大家长——祖父徐熙春离世了，他知道自己与上海最重要的纽带没了，调回上海的最后一点希望就此破灭了。于是，徐家良下决心尽快成家，以告慰祖父在天之灵。

从上海返回贵阳时，徐家良给卢瑞英带了三件礼物——一条"光荣牌"羊毛围巾和两双尼龙袜，皆为上海生产，并正式提出结婚的请求，而卢瑞英爽快地答应了。大约在1965年的国庆节（10月1日）前，虚岁34岁的徐家良和22岁的卢瑞英领了结婚证。当时，在北京邮电学院工作的父亲徐传贤状况很不好，徐家良很少和父亲联系，包括解决了终身大事亦没有写信向父亲徐传贤禀告，自然没能够收到来自父亲的祝福，而他们也没有将喜讯告知上海的亲人。

当然，那个年代大多数年轻人结婚，也不可能有什么隆重的仪式。领证后，徐家良、卢瑞英两位原是同事的新婚夫妇将床上用品拼在一起，接着卢瑞英跟着住进了徐家良原来的单身宿舍——"兔子

▲1965年10月1日，徐家良和卢瑞英结婚

房"。当时，得知消息的领导和同事在两人的房子前面装了一盏点缀喜庆气氛的灯，卢瑞英买来一些糖果、花生、瓜子招待前来道喜的同事，就算是结婚了。当时，卢家家境贫寒，卢瑞英的父亲送给女儿、女婿一条缎子被面已是竭其所能了，这也是他俩收到来自双方家人唯一的一份新婚礼物。

有了家庭后，徐家良的生活比起单身汉时更为充实和有规律。大概是因为爱情和婚姻的滋养，徐家良于1965年在《中级医刊》（今《中国医刊》）发表了两篇论文，分别是《间日疟并发性血小板减少性紫癜一例》[1]和《几种引起小儿惊厥的常见病》[2]。此后，直到1978年改革开放前，徐家良在其间漫长的十二年内没有发表过论文，原因无须赘述。

转眼到了1966年，这是一个在中国现当代史上非常重要的年份。自"五一六"通知发布后，红色狂飙突进开始，神州大地风云震荡，偏处

---

[1] 徐家良：《间日疟并发性血小板减少性紫癜一例》，《中级医刊》1965年第3期，第192页。

[2] 徐家良：《几种引起小儿惊厥的常见病》，《中级医刊》1965年第10期，第634—635页。

大西南的贵州亦不例外。这年的8月,徐家良、卢瑞英两人的长子出生了。看到粉嘟嘟的儿子,见过了太多婴儿的资深医生徐家良的心还是融化了。来到贵州十载,徐家良一直有漂泊的感觉,有了儿子后血脉就在黔地延续,上海的高楼大厦和黄浦江的汽笛渐渐地从梦中消失,好好地在贵州生活下去、养育儿子便成了他全新的信念。于是,徐家良摒弃了徐氏家族取名的传统字辈规则——认为带有"封建色彩",而为儿子取单名为"徐闯"——带有浓浓的时代特色,也表达出他在那个狂热年代对儿子的期望,希望儿子将来能一改自己凡事瞻前顾后、胆小谨慎的做事风格。多年后,这个儿子已经开始读中学,他不喜欢"徐闯"这个略带草莽气的名字,遂自己改名为"建新"——倒是暗合中国古代男子成年后取表字多用来解释其名的传统,敢闯敢干之目的乃是要建立一个新世界。

儿子徐建新的降生给这个小家庭带来了欢乐和温馨,但也带来了生活的压力。首先是一间宿舍对一家三口来说已经显得异常狭小,蜂窝煤炉子只能摆在户外的屋檐下,做饭、炒菜全在外面,一旦遇到刮风下雨,那滋味实在是难受。在儿子徐建新1岁多的时候,单位又给了徐家良一间房,却与原来的住处并不相连而隔了十几米,做饭的厨房及餐厅和主卧室分开,好在都处于同一个院子,初为父母的徐家良、卢瑞英两人并不觉得太麻烦。不过,徐家良、卢瑞英夫妇俩最为头痛的是,由于两人的工作性质都要上夜班,而且常常一起值班,如此尚在襁褓之中的徐建新就无人照顾。卢瑞英先是雇了一位70多岁的老妇人帮助照料儿子,但一位同事知道后批评卢瑞英这事办得懵懂,说"这么大年龄的妇女,看起来可能身体还可以,但精力、体力毕竟趋向衰竭,万一在看管婴孩的过程中不支,将会给孩子带来巨大的风险,且孩子父母要负担老人的治病或料理丧事的费用，可能是扯不清的麻烦"。卢瑞英觉得很有道理，惭愧"自己太年轻，没能考虑到这一层"。于是，卢瑞英好说歹说加上补偿一笔钱，才将那位老妇人辞退。不得已，卢瑞英只得求助于与父亲离婚后再嫁的母亲，请同母异父的妹妹——一位刚刚懂事、能做家务的少女来照顾儿子徐建新，直到他能进医院所办的托儿所。

在那个时候的城镇双职工家庭，父母都要上班，小孩的照料是个大问题，因为大多数家庭请不起保姆，也没有几十年后才活跃的家政市场。例如，和徐建新同一年出生的著名导演王小帅，在出生后几个月时随父母迁到了贵阳郊区的一家新建的军工厂，而在3岁之前他都被寄养在一户老乡家中。王小帅回忆道：

> 父母因为是双职工，需要给我找一个托养的地方。我被放在一对无儿无女的中年夫妇家里，父母叫他们少伯少妈，他们是寨子里的农民，除了干农活之外，少伯也是个马夫。他们慈眉善目，少伯一直光着膀子穿一件白布搭衫，抽长长的烟斗。那时留下的印象最深的画面是他们小屋的地，泥地，已经被磨得油光发亮的黑黑的泥地，我想这是我从有生命开始的第一个记忆，并且很显然，我还只能趴在地上玩。[1]

徐建新的幼年时期和王小帅几乎一样。在那个年月，贵阳妇幼保健院也和社会上一样分成两股势力，互相攻讦，整个医院安静、有序的环境受到一定的影响。该医院的《院史》如此概括那十年：

---

[1] 王小帅：《薄薄的故乡》，中信出版社，2019年，第20页。

从1966年5月16日起，文化大革命开始。在"文革"运动中，医院医护工作遭到极大冲击。尽管如此，绝大多数医护人员仍坚持上班、坚持诊治病人。毛主席"把医疗卫生工作的重点放到农村去"的指示下达后，医院分期分批派医护人员到贵州罗甸县、盘县、仁怀县下乡巡回医疗，对于改善农村缺医少药的状况起到一定作用。在此期间，由田秀兰同志任医院党支部书记、霍蕴新同志任院长、贺克明同志任副院长。

（一）组织结构

1967年3月，成立院革委会。1969年12月，原党支部书记田秀兰同志恢复工作。

（二）业务建设

设床位125张，其中妇科40张、产科50张、儿科35张。

（三）教学科研

因全部正常医护秩序打乱，无法开展科研。[①]

徐家良在如火如荼的运动狂潮中自觉地靠边站，充当"逍遥派"，看运动积极分子你方唱罢我登场。但这场要触及每个人灵魂的运动不可能放过徐家良，作为"白专典型"的他在高级知识分子凤毛麟角的贵阳妇幼保健院里，升格为"资产阶级反动学术权威"，被要求在大会小会上检讨，受革命群众的批判。——这也是在那十载徐家良不敢写论文的原因。不过，哪怕是"反动学术权威"，在医疗卫生的第一线还是可以"控制使用"，毕

---

① 参见贵阳市妇幼保健院、贵阳市儿童医院编：《院史：1938—2021》（第三版），贵州，2021年，第28页。

第二章 壮岁苦熬在黔山

竟治病救人是第一大事，一位医护人员的专业技术水准并不会因"革命高调"唱得好而突飞猛进。徐家良和其他"白专典型"一样，积极响应号召下乡巡回诊疗，这是一种表示将功赎过、要求进步的姿态。徐家良在成家后每年都会多次被抽调下乡，有时在外一待就是一两个月，家中全部交给卢瑞英照料。由于徐家良业务上的表现，他在"文革"中倒没有受什么皮肉之苦。徐家良长年累月地离开省会贵阳赴基层巡诊，使他那条不给力的腿承受了很大的考验，也使他对黔地的山水和民情有了更深入的了解。贵州各地交通之不便，百姓之穷苦和纯朴，是徐家良在上海时很难想象的。

留在上海的长兄徐家善，尽管有参加"抗美援朝志愿医疗手术队"的光荣经历，但因为家庭出身的原因，日子也不好过。

远在新疆的三弟徐家达可能因为是建设兵团基层连队的农业技术员，受到政治运动的冲击较之两位胞兄小得多——只要能把庄稼种好，在领导和战友心目中就是顶呱呱的。徐家达结婚时的年龄比二哥徐家良还要大，因为在兵团那个地方本来就男多女少，性别严重失衡，而他又因为车祸受重伤留下后遗症，谈对象（找女朋友）就更难了。很幸运的是，徐家达遇到了一位同样来自上海的女青年吴秀菊。吴秀菊生长在上海的老城南市区，1964年响应沿海大中城市青年"支边"的号召来到新疆，1966年被分配到徐家达所在的农一师三连。同为上海人，徐家达、吴秀菊两人自然而然

▲1968年，徐家达和吴秀菊

地亲近起来。吴秀菊看到徐家达是一个大龄单身汉，又是病号，觉得怪可怜的，就时不时地去帮他收拾房间。徐家达长得高大帅气，文化程度高，又是连队里的技术能手，且心灵手巧，久而久之就征服了吴秀菊的芳心，两人便好了起来（指谈恋爱），并于1968年底结婚。结婚之前，徐家达、吴秀菊两人回过上海一次，探望和拜见双方的家长。

吴秀菊参加上海知识青年"支边"来到新疆，是上海人除了大中专毕业分配、支援"三线"建设、知青插队等方式之外另一种大规模的人口外迁，从1950年代就开始了。大规模入疆支援农业垦荒则始于1960年代，"1964年根据中央、农垦部的指示和上海市委的决定，上海动员去新疆建设兵团的任务为3.5万人，其中社会青年1.8万人，应届初中、高中毕业生1.7万人。上海动员知识青年到新疆建设兵团的工作也达到高潮。当年上海知识青年报名支援新疆农业建设的4.5万人，最终获得批准入疆者2万人"[1]。据统计，1963—1965年新疆建设兵团安置上海青年总数为64 295人，其中徐家达所在的农一师为40 104人，超过其他7个师的总和。[2]这也是徐家达能够在西北边陲与同乡吴秀菊相识、结婚的时代大背景。

1969年，徐家良和卢瑞英的次子徐锋出生，家庭的负担也就进一步加重。1970年秋天，徐家良、卢瑞英夫妻请了探亲假，带着两个年幼的儿子去上海探亲。那时候，湘黔铁路尚未通车，从贵阳去沪、杭仍然需要先走黔桂线到桂林转车，徐家良一家四口辗转三天三夜才回到上海。母亲盛希珍看到次子徐家良不但成家了，而且给她生了两个孙子，高兴得合不拢

---

[1] 谢忠强：《反哺与责任：解放以来上海支援全国研究》，中国社会科学出版社，2017年，第122页。

[2] 同上书，第123页。

嘴。四姑妈徐毓英对第一次回家的侄儿媳卢瑞英赞不绝口，只是叹息两人结婚后如果能马上回沪，那时祖母董月娥还在世，看到钟爱的孙儿娶了这么一个能干、漂亮的孙媳妇，那该是多么高兴啊。祖母董月娥在祖父徐熙春去世后，精神受到了强烈的刺激，时常出现幻觉。有一天，董月娥在一面立式大镜子中看到自己的模样，误以为是已经去世的徐熙春重来人间相会，便急匆匆地冲向镜面，将自己撞了个鼻青脸肿。此后，董月娥的身体每况愈下，终于在1967年追随丈夫而去，享年79岁。

因为三线建设，全家再迁凯里

在一片红海洋的狂潮中，徐家良的日子越来越不好过。以前，徐家良在儿科虽然不是负责人，但好歹是业务骨干，还是有着相当的话语权，领导和同事对其相当倚重。但从1966年以后，"白专典型"的紧箍咒越来越紧，儿科乃至医院的实权由一些积极分子把持。不过，两个儿子的相继诞生让徐家良在苦闷中感受到生活的希望和乐趣，尤其是大儿子徐建新从2岁开始入全托幼儿园，不但聪明乖巧，是个人见人爱的小胖子，而且他和小伙伴们玩得好，常常能主动帮助阿姨布置饭桌和给小床铺被子。

然而，徐家良一家在贵阳苟且偷安的日子被威力巨大却无形的权力之手打破了。当徐家良全家从上海探亲回来后，他们接到组织的通知：徐家良和卢瑞英夫妻被挑选去支援"三线建设"，全家必须立即迁往黔东南苗族侗族自治州州府所驻的凯里县。

这里有必要用一些篇幅来简要介绍一下什么是"三线"，以及"三线建设"和贵州、黔东南以及凯里的关系。

自朝鲜战争停战后，冷战阵营开始形成，中国和美国成为敌对国，美国支持的国民党政权对东南沿海地区造成安全威胁。1950年代末，中苏关系破裂，东北、华北、西北边疆面临着苏联军事威胁的巨大压力。中印自卫反击战后，中印两国的边境冲突有所升级，而唯美国马首是瞻的日本、韩国对中国也采取敌视态度。可以说，当时中国的安全环境很差，沿海及周边的国防压力非常大。当时，中国的经济发展相对落后，军事实力与美、苏两个超级大国相比有相当的差距。同时，中国的工业和防务布局不平衡，抗打击能力脆弱：全国的重工业基地东北全域，几乎都在苏军轰炸机一小时航程和中短程导弹射程之内；而以上海为中心的华东工业区则曝于美国航空母舰的火力范围之内。鉴于当时地缘环境恶劣，安全形势十分严峻，国家决策层根据所处的地理位置，将全国划分为"一线"、"二线"和"三线"。大致而言，"一线"指所有沿海及边疆省份；"三线"则指华北山西雁门关以南、甘肃乌鞘岭以东、京广线以西、广东韶关以北的内陆地区；"一线"和"三线"之间为"二线"地区。事实上，三类地区之间并没有很严格的行政界线，大"三线"地区包括哪些地区存在争议，其中一种广义的说法认为包括四川（含今重庆）、贵州、云南、陕西、青海、甘肃、宁夏全境以及山西、河北、河南、湖南、湖北、广西等省区的腹地部分，共涉及13个省区。一般而言，西南地区的云、贵、川俗称为"大三线"，一、二线地区的腹地俗称"小三线"。[1]《三线建设在贵州》一书的"引言"如是说：

---

[1] 参见金碚：《中国工业化的道路：奋进与包容》（微信读书版），中国社会科学出版社，2017年，第574—575页。

第二章 壮岁苦熬在黔山

"为了防备敌人突然袭击",1964年6月8日,毛泽东在中央工作书记处会议上提出要准备打仗的战略思想,提出要积极、主动、全面地进行战略工作。三线建设把国家的安全问题放在第一位,以"备战备荒"为指导思想,将国防军工以及配套建设全面铺开。动员全党、全军和全国人民在思想上和工作上要准备应付最严重的局面,并以此备战思想作为指导编写经济社会发展的第三个五年计划(以下简称"三五"计划)。

1964年8月召开的中共中央书记处会议决定:首先集中力量建设内地,在人力、物力、财力上给予保证;新建项目都要摆在内地,并立即进行勘探设计,不要耽误时间;沿海地区能够搬迁的项目要搬迁。

这次会议后,为了落实三线建设的重大决策,中共中央、国务院在具体安排上采取了一系列重大措施:一是"三五"计划的建设方针从1964年初提出的"解决吃穿用,加强基础工业,兼顾国防和突破尖端"转变为"积极备战,把国防建设放在第一位,加快三线建设,逐步改变工业布局"。二是从1964年下半年开始,全国进入备战状态,国家计划、行政命令和精神动员同步进行。在中共中央和国务院直接部署下,建立了从国务院,中共中央西南局、西北局到三线各省区的指挥系统。中央各部门的领导亲自带队,到三线地区选择新建项目的厂址,同时利用三线地区原有的小厂或调整时期停缓建的工程,迅速开展搬迁工作。几百万名建设大军浩浩荡荡地向三线转移,一大批工厂企业、高等院校和科研机构及时内迁,一批批建设物资源源不断地调往三线。三是要求各省、自治区、直辖市在重点建设全国大三线的同时，也要自力更生，尽快把自己的战略后方（小三线）建设起来，形成各地区的轻兵器工业生产基地，并鼓励各省、自治区、直辖市要相应地积极建设钢铁厂、煤矿、电站、机械厂、化肥厂等，以增强各自为战的能力。三线建设成为中国历史上规模最大、时间最长、影响最深远的国防建设。从1964年到1980年，三线建设共投入2050余亿元资金（占全国基本建设投资40%）和几百万名人力，安排了2000余个建设工程项目（包括小三线和解放军建设项目），是新中国成立后规模空前的一次重大的经济战略调整。[1]

整个大三线建设主要包括西南、西北和中南部分地区，其中西南地区所占的份额最多。用在三线建设的投资占全国比例，西南地区为208.3亿元，占24.5%；西北地区约105.3亿元，占12.4%；湘鄂西地区18.05亿元，占2.3%。[2]贵州地处西南腹地，其多山的地形又符合三线建设选址"靠山、隐蔽、分散"的要求，且能源、矿产资源丰富，故而成为大西南三线建设的重点地区。贵州三线建设的布局，以贵阳为中心，以六盘水、遵义、安顺、都匀、凯里为重点地区，沿着川黔、湘黔、贵昆、黔贵四条铁路辐射状展开。三线建设时期，除了贵阳的航空、电子、精密仪器、机械制造业外，国家在贵州部署和建成了四大基地，即六盘水能源基地、061航天工业基地（遵义）、011航空工业基地（安顺）、083电子工业基地（都匀、凯里）。

1965年1月，国家第四机械工业部（简称"四机部"）根据中央三线建

---

[1] 覃爱华主编：《三线建设在贵州》，社会科学文献出版社，2020年，第3—4页。
[2] 据贵州"都匀三线建设博物馆"展厅介绍。

设的规划，成立贵州地区基本建设筹备处，4月命名为083筹备处。经过实地考察和多方调研，最终确定将083基地建在都匀和凯里两地，基地总部设在都匀的龙潭口。其中，在凯里地区建成了新云器材厂（代号4326，信箱代码210）、永光电工厂（代号873，信箱代码214）、宇光电工厂（代号771，信箱代码212）、华联无线电器材厂（代号851，信箱代码202）、红云器材厂（代号4325，信箱代码242）、新安机械厂（代号4252）、长征无线电厂（代号4262，信箱代码262）、南丰机械厂（代号830，信箱代码200）、凯旋机械厂（代号4292，信箱代码204）、永华无线电仪器厂（代号4540，信箱代码206），以及为了服务三线企业而设立的818医院和贵州无线电技工学校。[1]对这十家企业，国家一共投入建设资金1043万元，到1971年全部建成投产，总建筑面积达34.83万平方米，固定资产原产值8265.92万元，工业总产值达3887.7万元，工程技术人员757人，工人8590人。[2]

818医院全称为"第四机械工业部第八一八职工医院"，是为服务在凯里的十大三线电子企业设立的，兼向社会开放。1966年，国务院三线建设指挥部从761矿抽调干部，组建筹建领导小组。这一年年底，凯里县革委会在市郊圈地106亩作为818医院原址。1967年，这所规划为500张床位、职工700人的综合性医院上马开建，年底初期规模为200张床位、职工240人的职工医院初步建成。据上级批复的文件显示，"八一八职工医院，除为部属凯里地区各单位（包括各企、事业单位）职工及家属就医外，并适

---

[1] 据贵州"都匀三线建设博物馆"展厅介绍。
[2] 覃爱华主编：《三线建设在贵州》，社会科学文献出版社，2020年，第184页。

▲今日前身为818医院的贵州医科大学第二附属医院

当考虑了附近贫下中农疑难病症的诊疗","八一八医院的建设水平原则上可略高于州级医院水平"。① 从1967年至1971年间,由北京酒仙桥职工医院(401医院,今为清华大学第一附属医院)抽调骨干,以及北京、上海、安徽、成都、贵阳等地的医学院校毕业生和大批复转军人先后加入818医院职工队伍中。1970年7月,这所当时行政级别为副厅级的部属职工医院正式挂牌开诊,设置有门诊部和住院部,科室有内科、外科、妇产科、儿科、放射科、检验科等。1971年8月,上海杨浦区儿童医院全体医护人员全部迁往凯里,并入818医院。从此,上海再没有杨浦区儿童医院这一医疗机构。该院此次迁黔彻底到什么程度呢?所有的人员、所有的设备全部迁,不用说那些医疗设备全部搬走,即使是办公桌椅、档案柜乃至住院部提供给病人的尿罐都全部打包装车运至凯里。直到1990年代末,这些办公设备还在818医院使用。如此完整地将企业和教

---

① 《重磅!黔东南成立第二人民医院了?》,"澎湃新闻"2020年8月13日,https://m.thepaper.cn/baijiahao_8726124。

第二章　壮岁苦熬在黔山

学、医疗机构搬迁到三线地区，在当时并不罕见。例如，大连医学院整建制地搬迁到贵州成立遵义医学院，连操场上的篮球架也都拆卸运到遵义再组装。1984年9月，818医院改名为电子工业部418医院。

818医院设立后，由于儿科大夫紧缺，便到处求援要求调配人员。作为贵州省儿科力量最强的贵阳市妇幼保健院，奉命抽调业务强、有经验的大夫，组织便相中了徐家良。

当时，有两句响彻全国的口号："备战备荒为人民""好人好马上三线"。无数的工人、军人、知识分子响应号召，从北京、上海、东北及沿海经济发达、交通便利地区，奔赴条件艰苦的大西南、大西北的深山和荒漠中，投身于三线建设。"好人好马上三线"当然蕴含着挑选参加三线建设的人员标准，但更多的是一种政治动员口号，它给予了被动员去三线的职工一种荣耀标签或者语言加冕，使他们以政治荣光来对冲生活、工作环境变得恶劣的现实。在具体实施过程中，何谓"好人好马"，因地因时因人是很不一样的。当时，确实有许多政治素质、业务能力出众的人自愿报名或被选上去了三线，但更多的人是由于种种个人原因而不得不去三线，如为解决配偶的城镇户口问题，为避免成年或快成年的子女去农村插队，或者在原单位境况欠佳希望换个环境……

作为贵阳市妇幼保健院儿科的顶梁柱，徐家良无疑属于"好人好马"，当中央单位要求省属单位支援时，他是很合适的人选。还有一个原因，决策者选择已经成家的职工去三线时会考虑动员难度相对较小、综合效益更高，如果夫妻俩是同一个单位或同一个行业且皆属于三线地区急需的人才，那一定是最佳动员对象。如此，徐家良、卢瑞英夫妇一位是儿科医生，一位是资深护士，对刚刚开张的818医院来说，简直再划算不过。

卢瑞英回忆说，派他们去凯里818医院是组织先做了决定，并没有事先和他们商量，且带有排挤的意味。当时，科室主任自己不出马，派了一位积极分子小医生——也是主任的红人——找徐家良谈话，其实只是通知一声，徐家良没有说"不"的权利。那位主任红人代表组织说，为鼓励徐家良顾全大局、支援三线建设，他身为"代理主治医师"的"代理"二字在去凯里前会被去掉。就这样，徐家良夫妇和孩子成为贵阳市妇幼保健院唯一离开省会参与三线建设的家庭，也就是说徐、卢两人替全院完成了政治任务。到了凯里后，徐家良发现自己被哄骗了，"代理"二字尚在，等到第二年在818医院他才被明确为"主治医师"。

对于去凯里，卢瑞英一百个不乐意。贵阳虽然只是个中等城市，但毕竟是省会且有自己的父亲和兄弟姊妹，她几乎所有的社会关系都在贵阳，而深处苗疆的凯里还不如自己的老家福泉县。可是，当时的环境容不得徐家良、卢瑞英夫妇讨价还价，他们必须离开贵阳去凯里。当时，刚刚4岁的徐建新，哪里懂得人世间的愁滋味，只听父母说全家要搬去凯里，天真无邪的他还和同院的小伙伴不无炫耀地说"我家要去凯里啦"，似乎是赴一场其他小朋友无缘的旅行，仿佛旅行的目的地凯里是一个美丽的新世界。

今日从贵阳去凯里，坐高铁半个小时左右即可抵达，自驾汽车走高速公路不过170公里，费时两个半小时而已。然而，那时候湘黔铁路尚未修成通车，从贵阳去凯里走320国道，大约200公里左右，但那是一段被许多司机视为畏途的公路。320国道东起上海，西至云南瑞丽，在铁路未能全线贯通沪昆时，这条路是中国南部腹地的东西动脉。早在抗战时期，这条路就承担着运送军需物资抗击日本侵略者的重任。例如，长沙保卫战、滇西抗战和对日最后一战雪峰山会战，这条公路都发挥了重要的作用。但这条路从湖南中部的雪峰山开始，向西经过的大部分地区，其地形地貌十分复杂，山势险峻，沟壑纵横，河流湍急，更是多处要穿过喀斯特地貌，遍地岩石、溶洞，雨水密集导致山体滑坡时常发生。1970年代，国家经济发展落后，对这条路的维护亦难以使人满意，因此敢开车走320国道贵州段的多是经验丰富、胆大心细的老司机。

1970年12月初的一个清晨，徐家良一家离开了贵阳。贵阳市妇幼保健院派了一位老司机开着一辆解放牌卡车送徐家良一家去凯里，虽然那个年代多数家庭没有什么大件家具，但还是满满当当地装了一车。卢瑞英抱着才1岁多的小儿子徐锋坐在驾驶室里司机的右边，大儿子徐建新则挤在母亲的右边紧靠车门，而徐家良和卢瑞英的哥哥则坐在货车车斗里押着行李。

回忆起那一次全家从贵阳迁往凯里的旅途，卢瑞英至今心有余悸。

从贵阳到凯里，要翻越苗岭的一座又一座山峰。当时，这一段320国道还是砂石路，好几位支援三线建设的司机殉职在这条路上。公路崎岖陡峭，尽是盘山道，对面的山峦看着就在眼前，可一圈圈盘到谷底，再一圈圈绕上山梁，一个小时就过去了。贵州山区的气温已经很低，一些山区的路面因为有冻雨而形成了"桐油凌"，容易打滑，司机得倍加小心。好在司机开惯了这种山路浑然不当回事，他载着一车货和人，忽高忽低、忽快忽慢地驰骋在苗岭上。卢瑞英看着窗外险峻的山峦，感受着路面的颠簸，十足地提心吊胆。当时，徐建新还不懂得害怕，当车行进在一个山腰上，不知什么原因他紧挨着的车门突然打开了。那时，货车也没什么安全带，眼看着儿子就要被甩下车，卢瑞英眼疾手快地一把拉住了徐建新，司机也停住了车。好险，车窗外面就是悬崖，而那一刻车上所有的成年人都被吓得魂飞魄散。

从一大早出发，直到下午4点多钟，车才开到凯里的818医院，全车的人早就饥肠辘辘。在200多公里的国道上，那个时候两边除了偶尔看到苗寨的吊脚楼外，连一家小饭馆也没有，有钱和粮票也找不到地方吃饭。当时，凯里县城还只是一个小镇，818医院建在一个叫"尾巴寨"的地方，虽距离城中心大十字不过1000多米，却还是一片田野风光。下车后，徐家良一家人随便找了个地方填饱肚子，便安顿下来度过了来凯里的第一夜。对于凯里，卢瑞英最深的印象是，这里是典型的乡下，晚上看户外，万籁俱静，是伸手不见五指的黑，连一盏路灯都没有，令她不由得怀念起贵阳的繁华与喧闹。第二天，护送卢瑞英一家来凯里的哥哥随司机回贵阳，而她全家将在这个陌生的小城扎根下去。

当时，凯里成为黔东南地区政治、经济、文化中心的时间并不长，但它是一个很古老的城镇。"凯里"为苗语音译，意为开垦田地。早在元代，朝廷在此置"凯黎等处长官司"。明朝，洪武年间（1368—1398）置清平卫和长官司，卫、司同城；成化年间（1465—1487），置安宁宣抚司；弘治年间（1488—1505），废清平长官司改为清平县，隶都匀府；嘉靖年间（1522—1566），改安宁宣抚司为凯里宣抚司（后降为长官司）。自此，在清平县辖境，县衙与土司府并存、分置。明清易代后，清代对凯里地区的治理基本延续明代制度，清康熙十一年（1672）恢复清平县，县治在今凯里市炉山镇，而凯里城则一直为杨氏土司治理的中心。康熙四十五年（1706），清廷以"杨国兴大恶案"为由，废除了凯里长官司，结束了杨氏土司对凯里地区二百多年的统治。雍正年间（1723—1735），清廷在西南少数民族地区大规模推行"改土归流",添设清平县丞一员分驻凯里,称凯里县丞。在清代,清平县由镇远府管辖。1913年,民国政府将清平县改为炉山县(因辖区内有香炉山而得名)。但由于凯里城长期是土司所在地,直到民国时期炉山县县域一直存在着"双中心",凯里城是县城之外的另一个中心。中华人民共和国成立后,推行民族区域自治,于1956年成立黔东南苗族侗族自治州,其辖境大致相当于清代的镇远府、黎平府以及都匀府部分县,州人民政府驻凯里镇。缘于此,凯里由炉山县一个小城镇一跃成为黔东南地区十六县的中枢。1958年,炉山县与其他县合并(后又分置)改称为凯里县。1983年,撤销凯里县,设凯里市(县级)。

徐家良、卢瑞英到达凯里时,818医院已经挂牌接诊,部分建筑完工交付使用,而另一部分楼房正在修建,整个医院就是一个大工地。徐家良立刻到儿科(报到后不久儿科从内科分出)上班,成为该科的骨干医师。医院本来分配卢瑞英做老本行——去妇产科当护士,但其反映家庭的客观困难:两个儿子年幼,如果她当护士,那肯定会和徐家良一样上夜班,当夫妇俩同时上夜班,孩子无人照料。因此,卢瑞英被安排在医院基建办工作了两年后,才再重操旧业做护士。

作为一家部属综合医院,818医院整体的设备条件、医护人员水平在黔东南州首屈一指,即使在贵州全省亦属佼佼者。从成立之初,818医院就科室齐全,包括内科、外科、妇产科、儿科、五官科、口腔科和传染科。据卢瑞英说,当时贵州全省仅有两台B超机,其中一台就在818医院。当然,徐家的住宿条件也得到了极大的改善,全家到凯里后就给分配了一套新建的楼房——那是典型的第二代三线单位宿舍(第一代为"干打垒"),红砖砌成,每层有一个公共走廊,每户进门是一个小厨房,过了厨房就是

▲卢瑞英（后排右四）与凯里818医院同事合影

两大间相通的卧室。这套房子虽然中间那间卧室没有明窗、光线暗淡，每一层的人家合用公共厕所和洗衣间，但比起在贵阳市妇幼保健院居住的"兔子房"，已是很大的飞跃了。对于这一点，徐家良、卢瑞英夫妇颇为满意。

几乎每一位被从外地调配到818医院的干部职工，对抵达凯里的旅程都终生难忘。例如，杜宁和的父亲是一位军官，转业到北京酒仙桥职工医院担任党总支副书记。在杜宁和10岁那年，父亲奉调到凯里筹建818医院，全家随迁。改革开放后，杜宁和的父母和未成年的弟弟妹妹调到了西安，已经成年的杜宁和则留在凯里入职818医院，并在退休前担任过院老干办主任。今时，当初来到小城的"小杜"已经熬成了"老杜"，只是杜宁和的一口京腔未变。退休前是医院护理部主任的江峰，永远记得到达凯里的日子——1969年6月25日。江峰是黑龙江省牡丹江人，从老家的卫校毕业后和几名同学响应建设三线的号召，被分配到离家数千公里的818医院。当时，江峰一行人从几乎是中国版图的最东北端坐上火车，一路摇摇晃晃往大西南走。经过数次换车，风餐露宿，最后被一辆大卡车运送到尚未有铁路的凯里，费时半个多月。而今，江峰完全适应了凯里的气候和饮食，只是一口东北腔未变，偶尔回想起老家的山水已然恍恍惚惚的。

小城的平缓岁月

凯里在三线建设之初，有人如是说："这里还只有一条街道，如果没有中国'四机部'083基地的建设，凯里也许永远只是苗侗人家赶集的一个市场而已。"[1]由于三线建设，凯里有了十大工厂和一所医院、一所学校，职工有1万人左右，加上家属差不多有两三万人。这些人在短短的几年内涌入城镇化程度极低的凯里，对当地的文化和风俗产生了巨大而持久的影响，而最初的影响则是在粮油副食全要凭票供应的年代，给当地的后勤供应带来了巨大的压力。粮油可以由政府统一由外面运进来，而蔬菜、肉食、禽蛋就无法做到充分供给了。卢瑞英回忆说："到了凯里，每天总归三餐要做出来的，到市场去买菜，少数民族讲的话，我们也听不懂。他们那边人呢，蔬菜种得很少很少，基本上很难买到。所以呢，后来医院派车到广

---

[1] 孙晓筠：《17年大移民——三线调查报告》，载倪同正主编《三线风云》，四川人民出版社，2013年，第236页。

西那边去买蔬菜，有时候还买点荤菜带过来。全院的职工每家每户分，所以全员职工呢，基本上吃的蔬菜、荤菜都是统一安排。"在凯里的每个三线单位，几乎都有这种专门外出为职工采购生活必需品的机构以及车队，而在商品交易很不活跃的计划经济时代，运行成本之高，可想而知。还有，在凯里818医院里徐家良一家所住的楼房前，有一条深2米、宽1米的排水沟，那是敞开的明沟，只是搭了几块水泥板做桥梁供人通过，建设者根本不考虑小孩和老人的安全。因此，卢瑞英总是一次次叮嘱儿子要远离那条水沟，不要在旁边玩，一旦掉进去就没命了！

王小帅在《薄薄的故乡》中写到小时候在贵阳新添寨（他母亲供职的三线工厂所在地）看到的情形：

> 对寨子的另一个印象是赶集。每到赶集的时候，工厂里的工人都会去到寨子上。当时的工人在待遇上比周边的农人要好出很多，所以农人们觉得工人来了那就是有钱人来了，有时候不用钱，用各种票证也能换来许多东西。上海来的工人又被人形容为小气，所以沿寨子摆开的各种小地摊周围会出现各种讨价还价的声音，混杂着贵阳话、上海话和上海腔的贵阳话。街上走的有牛、马、狗，还有当地的汉人农民，穿着少数民族服装的苗人和来自上海、北京的工人，热热闹闹的。[1]

凯里三线单位众多来自外地的职工在集市上的见闻和遭遇，和王小帅家所遇到的庶几相近，只是新添寨毕竟在贵阳郊区，比起闭塞的凯里，那

---

[1] 王小帅：《薄薄的故乡》，中信出版社，2019年，第21页。

里的苗族同胞见识更广,还能和外地人讨价还价。在凯里的集市上,多数售卖农产品的苗族妇人几乎不会说汉语,无法与外地人交流。

凯里乃至整个黔东南地区,在1970年代经济水平总体上不发达的中国,亦属于十分落后的地区,其社会各项事业如教育、医疗亦是如此。凭借强大高效、无远弗届的行政权力,北京、上海、武汉以及东北等发达地区的科教人员、工人、医生带着先进设备来到凯里,建设当时在全国范围内都属于先进的工厂、学校、医院。但这"先进"和"落后"之间落差太大,只是地理上处于同一个空间,二者很难在短时期发生有机的融合,就如卢瑞英在集市上买菜都难以与售卖者交谈一样。三线单位的生产、生活运行是独立存在的,和当地社会几乎是共享同一场域的平行世界。换言之,可以理解为一个个三线企业是中央部委在中西部广袤的乡村、城镇中间的"飞地",他们生产的整个流程从原料、能源供应,到产品制造、销售给客户,都是在上级——中央部委的安排下完成,不必考虑所在地的市场(当时也没有真正的市场),他们招工、医疗保障、子弟受教育、住房保障乃至食品供应亦有自己的体系,不受制于当地。因此,整个三线单位形成自己独立的社会,不必和当地社会发生关系。这有点类似明朝时期朝廷在贵州等地建立的"屯堡",只是屯堡主要是军事和政治功能,而三线企业主要是经济功能(也带有部分军、政功能)。三线单位形成的"小社会"在工资收入、生活待遇、整体文教水平上明显高于当地社会,也使三线人在当地人面前有明显的"优越感"。正因为如此,这些背井离乡从繁华之地来到贫瘠的西部山区的职工和他们的家属,在当地人看来却是"人上人"。著名学者葛兆光教授在1950年代初随父母从北京下放到凯里,他回忆道:

归来徐家良：贵州到上海有多远

四十多年前，我所在的贵州小县城凯里周围，迁来十几个隶属于第四机械部083系统的"中央厂矿"，好像雨天后林子里的蘑菇一样，散布在四周的山旮旯里。接着，在每周例行的"赶场"时，原本熙熙攘攘总是晃动着靛蓝土布衣、苗家百褶裙的街市，突然也从四面八方涌进好多劳动布工装，他们不太讲价的采购，崭新的一色穿着，和掺杂着地方方音的普通话，让这个小镇，变得有些异样。

老街上的本地人——我们叫他们"凯老街"——当然有些自惭形秽，毕竟人家是拿工薪的，就连1956年建立自治州以后逐渐迁来的那些地方干部子弟——我们叫他们"州委子弟"——也觉得有些望尘莫及，因为他们一开口的那些"北京话"，不管说什么，总觉得是见过大世面的人才能说的调调儿，尽管有的北京话已经糅了很地方的方言，但远来的和尚好念经，这话真的是千真万确，他们俨然成了这里人的时尚象征，凡是沾了他们的边儿，甭管是衣服、语言还是走路的姿势，就挺着胸脯很荣耀。不过，他们对本地人的傲慢神情，也使得本地土鳖对他们有些羡妒交加，这种情感常常惹起事端，在我的记忆里，为了不知什么事儿就大打出手造成流血事件的就有十几起。[1]

徐家良从上海到贵阳工作，然后又从贵阳迁徙到凯里，对他而言不无贬谪的意味，但比起当地的职工甚至干部，所受的待遇之优厚还是很明显的。——这也是中央对调配到偏僻地区的三线建设者一种补偿性的政策。

---

[1] 葛兆光：《非青非红》，公众号"北京大学中国古代史研究中心"2016年9月7日，https://mp.weixin.qq.com/s/XgZrJf-7OtdJk_3655Y4xw。

徐家良来到818医院的次年，即1971年就解决了悬置多年的主治医师职称。到了1972年，徐家良的月薪由在贵阳的65.5元调到78元，卢瑞英的月薪由29元调到40.5元，其薪资水平超过当地大多数双职工工薪家庭。

当时818医院的医护、管理、后勤的人员以及房屋、设备等硬件的配置，在卢瑞英看来强于贵阳市妇幼保健院。医院建成运行后不久，军管会撤出，党总支书记由北京酒仙桥医院调来的老杜（杜宁和的父亲）担任，上海杨浦区儿童医院调来的林斌医生担任院长。不知是巧合还是有意为之，这个安排很有意思，北京来的掌管党政事务，上海来的主管业务。818医院儿科全部医护人员不到20人，医生七八个，护士八九个，总共3个主治医师——徐家良为其一，没有副主任医师和主任医师。这样的儿科团队，在整个黔东南乃至贵州除省会之外的其他地州的医院儿科，也都是首屈一指。

与杨浦区儿童医院调来的同事交往，对徐家良来说可以聊解思乡之情，他终于可以用久违的上海话交谈了，一直顽固地不吃辣椒只爱清淡饮食的他在这回也有了同调。——2024年初，徐家良的儿子徐建新（徐闯）到原818医院看望父母当年的老同事，一位80多岁的阿姨抱着他用上海话喊他"小闯"，并问候其父母。

徐家良一家定居凯里后，那场延续十年的运动已经进入下半场，参与者普遍失去了运动之初的激情，正常的生产、生活秩序有了很大的恢复。作为部属医院，818医院不受当地党政机关管理，政治运动对其干扰比地方其他单位要小，故而更看重业务能力。徐家良在贵阳时"反动学术权威"的紧箍咒在这里基本上解脱了，他的专业水平获得了同事广泛的佩服和尊重。不过，当时毕竟还是政治挂帅的年代，完全超脱是不可能的。每个工作日，徐家良、卢瑞英夫妇白天上完班，卢瑞英回家先做好饭，一家人吃完晚餐，然后带着两个儿子去会议室，接着政治学习。

和其他的三线工厂、学校相比，818医院与当地群众的接触更多，因为这家医院虽然主要为在凯里的三线企业服务，但地方的老百姓前来就诊也必须接纳。在徐家良一家定居凯里的1970年代，正是中国历史上婴儿出生的最高峰，每家医院的妇产科和儿科接诊压力都巨大，而818医院也不例外。当时，徐家良常对同事说的一句话是："医务人员要有耐心，在儿科尤其要这样。因为婴幼儿不能自己讲述病情，不会配合医生诊断，只会哭闹，没有耐心是做不好儿科大夫的。"

2024年，已逾古稀之年、曾是818医院儿科护士的孙蕙萍回忆起徐家良当年如何对待病人，仍然感动不已。孙蕙萍说："徐大夫每天到医院门诊室总是夹着一本书，没有病人的时候就自个儿看书，不和别人闲聊。那时候的冬天，凯里还很冷，门诊室里生着一个炉子，总是记得徐大夫在炉子边看书的情形。有一天，一位苗族老奶奶抱着一个发高烧的娃娃前来就诊。那时候苗族老乡不怎么讲究卫生，很少洗澡，小孩也是如此。那个娃娃按照苗族的习俗用布一层层包裹起来。徐大夫帮着奶奶将娃娃从包裹中一层层解开，真是臭气熏天。徐大夫毫不在意，用双手把这个娃娃从头顶开始轻轻地抚摸，摸到淋巴、肚皮、手臂、腿、脚板，全身不遗留一处，然后用听诊器检查，再做诊断。他对所有来就诊的小娃娃都是如此程序，从未有过厌烦的神情。"

当我问及在818医院治病救人的往事，徐家良老人总认为没有什么特别可说的，救治患者是医生的天职，对所有的病人都应该一视同仁，每一个病例都要认真对待。不过，卢瑞英对徐家良诊治的几个病例倒是印象深刻：

1972年的一个晚上，徐家良在急诊室值班。凯里汞矿送来一位孕妇，这位孕妇怀胎已经足月，在矿上的医务室分娩时抽筋，医务室的医生没有办法，便马上送到了818医院。徐家良诊断为"产前子痫"，情况危急，马上送到妇产科紧急处理。后来，母子平安，妇产科的大夫称赞说"徐大夫的水平蛮高呀"——因为他只是个儿科大夫。但在徐家良看来，产科和儿科关联性极强，二者难分彼此。因此，不具备必要的产科知识的儿科大夫，是不合格的。

还有一件事大约发生在1973年，有一个颅内出血的新生儿，先在818医院妇产科住院，后来转到儿科，由徐家良主持救治。最后，小朋友的生命给抢救回来了，后来的智力没有受到什么影响，还考上了大学，现在在贵阳工作。

当过818医院党委书记、常务副院长的韩贞普是知名的心血管疾病专家，他1970年从贵阳医学院毕业后即分配到818医院，比徐家良调来医院早几个月。韩贞普在818医院（后来的418医院）工作了一辈子，退休后依然返聘服务了多年。提及徐家良，韩贞普印象最深的是，"徐大夫有老知识分子的范儿，爱学习新知识"。韩贞普还说到一件事，有一次送来一个早产儿，情况危急，全院组织大夫会诊，就是诊断不出什么病。徐家良根据症状，通过分析，判断为"新生儿特发性呼吸窘迫综合征"（IRDS），病理名称为新生儿肺透明膜病。当时，这个病有记载的信息很少，大多数内科和儿科大夫都没有听说过。不过，徐家良读过相关的资料，了解这个病的发病症状以及救治办法。于是，按照徐家良的提议对症医治，新生儿的病被治好，后来健健康康地长大了。徐家良随后据此写了一篇论文《新生儿特发性呼吸窘迫综合征》，发表在《中级医刊》上。[1]卢瑞英还记得这名婴儿的家长是830厂（南丰机械厂）的职工，由于之前几个孩子因为这个病都夭折了，这个孩子能被救活真是欣喜异常，于是家长对医院和徐家良千恩万谢。后来，两家人成为好朋友，一直到现在还保持着联系。

083基地在凯里的各家工厂很分散，如学者葛兆光所言"散布在四周的山旮角里"，各厂的医务室在业务上接受818医院的指导。因此，徐家良时不时要拖着那条羸弱的腿，奔走到各家工厂巡回诊疗。

作为中央部委在黔东南地区开办的水平最高的一家医疗机构，818医院的医生不仅要去083基地所属的企业巡诊，而且为了搞好和地方的关系还需要时不时地被抽调去村镇为老乡们诊疗。卢瑞英就亲身经历过这样一件事：在1974年，她参加下乡医疗队，正好碰到一位苗族妇女要分娩，因为她是妇产科的护士，便派她去出诊。她到了以后一检查，发现胎儿是横位，肯定不能自然分娩。她马上联系上818医院，当地用车把那位孕妇送到医院的手术室进行剖腹产。为此，妇产科的大夫赞扬卢瑞英作为一名护士水平真不错，能诊断出胎位是横位。——卢瑞英听后很高兴，她做事认真，又当了多年的护士，很有经验，何况在一个资深的儿科大夫身边耳濡目染那么多年，这点业务水平还是有的。

总体而言，在1970年代那十年，虽然整个中国的政治气候常阴晴不定，时常有暴风骤雨，但偏居一隅又生活在和地方关系不紧密的三线"飞地"，徐家良一家在凯里度过的日子是平缓而宁静的，算得上家庭美满，夫妇俩业务水平高，受人尊重。

---

[1] 徐家良：《新生儿特发性呼吸窘迫综合征》，《中级医刊》1981年第11期，第2页。

不过，在这平缓的岁月里，有两件事令徐家良尤为伤心。

一件事是父亲徐传贤含冤去世。

徐传贤1957年底在国家邮电部被划成第六类"右派分子"——这是最轻的一档，工资待遇不受什么影响，仍留在原单位由群众监督改造。三年后思想改造成功，徐传贤摘去了"右派"帽子。但这种身份在政治上已被视为另类，徐传贤不可能再留在部机关工作，便被组织安置到北京邮电学院，担任国际通信教研室副主任。徐传贤很热爱这份工作，其为人和业务能力深受同事们的好评。如今，徐传贤故去五十多年后，他当时很年轻的同事已经是耄耋之年，说起徐传贤来的深刻印象是——"水平高，不愧是从部里下来的。谈吐文雅，穿着讲究"。

1966年以后，徐传贤和许多知识分子一样，厄运当头，进了人间"炼狱"。1969年底，徐传贤和诸多同事被下放到北京邮电学院在河南省确山县兴办的"五七干校"。由于徐传贤和一位当了十七年邮电部部长的著名民主党派老领导关系亲近，徐传贤被卷入清查"莫须有"的"朱、谷特务集团"大案中，并被专案组押回北京审查。回到北京后不知被审查了多久，1972年5月中旬，徐传贤的妻子章一涵接到军宣队的通知——"徐传贤病重，住进了邮电总医院"。这月20日，徐传贤便与世长辞。

徐传贤去世几个月后，徐家良从大哥徐传善的信中才得知这一噩耗。此时，徐家良怎么也不愿意相信才64岁的父亲已经离开这个世界，毕竟徐氏家族是有长寿基因的，祖父徐熙春、祖母董月娥都活了80岁。尽管徐家良和父亲相处的时间不多——1938年父亲奉命离沪去越南海防时，他还只是个没上学的儿童；当抗战胜利后一年，父亲从美国归来，随即和母亲盛希珍离婚，和别人组成新的家庭——但他知道父亲一直是疼爱、器重他这个儿子的，为了医治他的腿伤找到了全国最好的骨科大夫叶衍庆为他做手术，调到北京后也把他带到身边读高中，报考大学时鼓励他学医。可从大学毕业后，徐家良再也没能见到父亲一面，特别是未能让父亲看到自己的两个儿子，享受片刻的天伦之乐。——这已是永远无法弥补的人生遗憾了。

当几年后父亲徐传贤被落实政策、恢复名誉时，徐家良从同父异母的幼弟章永平那里得知父亲去世时的情形，心中更是难以名状的伤痛。1972年5月22日，章永平和请假回京奔丧的哥哥章卫平，陪同母亲章一涵去医院接徐传贤的遗体到八宝山殡仪馆火化。

另一件事是次子徐锋的病。

徐锋生于1969年，降生后就体质很弱，经常发烧。后来，经过多方面检查确定为泥沙样肾结石，右肾萎缩无功能。1978年，徐家良带着徐锋回上海，在徐家善供职的瑞金医院进行右肾切除手术。然而，这个病当时在上海顶级医院里也无法根治，时不时就发作。于是，一些同事说这个孩子康复无望，劝他们夫妻放弃治疗，但徐家良、卢瑞英夫妇看着乖巧懂事的儿子，怎么舍得放弃呢？只要有一线希望，就要想办法治疗。那些年，徐锋的病是压在徐家良、卢瑞英夫妻俩心头上的一块大石头，儿子的治疗成为整个家族的大事。

和所有三线单位的上海人家一样，回沪探亲必定是一趟购物之旅。卢瑞英回忆，每次探亲前，众多同事会找过来开列让他们帮忙在上海采购商品的单子，穿的、吃的、用的什么都有，总归不能拒绝人家。他们每次返回凯里，都是大包小包如搬家一样捎带回为同事购买的上海货。不过，即使有为同事购物之累，又要花路费耗时费力颠簸在路途中，徐家良仍然一有探亲假就不吝惜钱财地尽可能回沪，因为他实在是太想上海了。

对于徐家良来说，1972年10月湘黔铁路的全线贯通是件大事，他们一家回上海也因此终于结束了绕道广西的折腾。横贯湖南和贵州的湘黔线早在民国时期就已经开工修建，但由于日寇的入侵，这项工程被迫停止，且为了不资敌，湖南东部的一些已修建的铁道也不得不破坏掉。中华人民共和国成立后，新政权在1950年代重启了这条铁路的修建，后来因为"大跃进"和接踵而至的"三年饥荒时期"，国家因为财力难以支撑湘黔铁路再度下马。到了1960年代末，这条铁路作为三线建设的重点项目第三次启动。1970年，国家建委成立"湘黔枝柳铁路会战总指挥部"。为此，铁道部共调集9万多人的专业施工队伍，同时湘、黔两省分别投入民兵45万人和34万人，还有众多的学生、知青、干部参与修建，如著名作家叶辛就是其中一员。湘黔铁路从湘中雪峰山开始，往西经过湘西和贵州省，地形复杂，修建难度很大，要凿出一条条隧道才能穿越一座座大山，而且当时缺乏大型设备，架桥、钻山的技术落后，大部分的工程全靠人力完成。为了修建这条铁路，湘、黔两省人民做出了巨大的贡献和牺牲，仅贵州省玉屏县，就牺牲了126名干部职工和民兵。[1]1972年10月13日，铁路在贵州黔东南州施秉县全线铁轨通车；1975年，湘黔铁路全线交付运营。[2]1974年，凯里火车站竣工，成为这座小城的地标性建筑。当时，有一首传唱全国的歌曲《铁路修到苗家寨》就诞生在凯里，抒发的是湘黔铁路开通后当地各族百姓的欣喜之情。

---

[1] 杜彦之：《贵州历史上的今天 | 耗时35年 百万民兵浴血湘黔铁路》，公众号"也闲说贵州"2024年8月1日，https://mp.weixin.qq.com/s/fgb-RXOp2sm8xAQfsvcwQQ。

[2] 贵州交通运输厅：《"爷爷！火车来啦！"|那年今日，湘黔铁路正式通车》，公众号"贵州交通"2023年10月13日，https://mp.weixin.qq.com/s/-JmtxcxEv40A6JSCjysmdA。

湘黔铁路通车，极大地改善了黔东南的交通条件，提升了凯里的区位优势。在铁路修建过程中，818医院积极参与受伤施工人员的救治。曾担任过该院护理部主任的江峰回忆，有一天晚上值夜班，因为儿子年幼在家无人照看，她将其带到医院值班处。深夜时，从湘黔铁路的工地上送来了一位受伤者，被立即推进手术室进行开颅手术，而待在过道上的儿子看着大人们忙里忙外，浑然不知道发生了什么。

徐家良第一次带着两个儿子走湘黔铁路回上海探亲是1976年7月，正是放暑假的时候，妻子卢瑞英则留在凯里上班。那次回上海，徐建新已经10岁，至今仍记忆犹新：上海市面繁华，马路上人山人海，有一次上街东瞧西望，差点被摩托车轧了脚，当时觉得国际饭店的楼好高呀，他和弟弟数了一遍又一遍楼层。这些新奇的观感在凯里从未有过，对徐建新幼小的心灵冲击很大。

就在徐家父子在上海度假时，发生了唐山大地震。由于上海离震区很远，远在凯里的卢瑞英倒是不担心父子三人的安全。当时，徐建新所在的子弟学校的一位女老师和徐家父子几乎是同时回沪度假，然后其未婚夫去唐山探亲，很不幸正好赶上了大地震而罹难。人生之无常如此，每每提及此事，卢瑞英仍是声声惋惜。

那一年9月秋季开学前，徐家良领着两个儿子返回凯里，徐建新升小学四年级，徐锋开蒙读小学一年级。开学没几天，举国上下惊闻噩耗，9月9日毛泽东主席去世。凯里和全国其他城镇一样，每个单位设灵堂，成人和在校学生皆戴黑纱追悼伟大领袖。当时，对世事似懂非懂的徐建新和大多数同学一样，不敢相信这是真的，觉得天好像就要塌下来似的。

当然，作为父亲的徐家良没有想到，时代的齿轮在那一刻开始变轨，他的小家庭和整个国家的命运即将迎来巨大的改变。

儿子的学校

083基地在凯里的十几家企业和事业单位中，818医院和长征无线电厂（代号4262，专用信箱号262）所处的地理位置最好，就在凯里城的边上，离州府很近，因此两个单位建成后那一片地区也就成了市区的一部分。——现在，那里已是凯里的闹市区。

262厂最初叫国营长征机械厂，于1970年筹建，1975年正式投产，由武汉733厂援建。1981年4月，国营西南机械厂（4252厂）与整体迁入的262厂合并，企业改名为国营长征无线电厂，主要生产电报电话机。该厂生产的中文电传打字机是室内专用通信设备，可直接打出中文字符，不需要人工译电，还可以加密并与计算机接口。这个产品获得过电子工业部科学技术二等奖、国防工业重大技术成果三等奖，曾配备给全军师以上的单位。

262厂位于今天凯里市宁波路以北和清平南路两边，和818医院相邻，两家单位的家属区连成一片，几乎不分彼此。一位叫李志祥的老职工回忆：

> 最初建厂的时候，从武汉733厂那边分过来两批支援三线建设的专业技术人员，1970年第一批，1971年又来了一批，总共有200多人。后来还招收了一批复转军人和上海知青，我就是其中一个，我们这些人算是厂里的元老级人物了。那时候毛主席说要"深挖洞，广积粮""三线建设要抓紧"，这话一直激励着我们年轻人。一来到厂里我

们连休息调整都顾不上就投入厂区的建设中，每天天一亮就开始劳动，常常干活到太阳下山。厂里修房所需的砖和水泥都是从贵阳王武砖厂和都匀等地拉来的，到凯里的时间都不固定，有时候是凌晨才到，但是只要喇叭声一响，大家就自觉起床卸砖，即使是刚刚睡下都没有半句怨言。

才到凯里时262厂这一片全是坟地、荒山和苞谷地，一点生气都没有，都是我们这批人靠着肩挑背扛一点一滴把厂区修建起来的。整个厂区占地200多亩，东至五中，西到公汽公司，南到牛奶场，北到今天的418医院，可以想象一下当时的工程量是多么巨大。

那个时期中国大陆和台湾关系正是紧张的时候，为此我们厂里还挖了一个防空洞，里面大概有一个足球场那么大。现在都还在，只不过是居民建房把洞口给遮住了进不去了。[①]

由于两家单位挨在一起，818医院的职工数量相对较少，因此两家兄弟单位便以262厂为主合办了长征无线电子弟学校，为小学一年级至初中三年级的八年一贯制（当时小学只有五年，后改为九年一贯制），于1972年开始招生。学校占的是262厂的地盘，教师也由262厂派遣、管理，学生中两家单位的子弟大约是3∶1，818医院负担了一部分费用。262厂没有计较自家是否吃亏，毕竟都是083基地下属的单位，花的都是公帑。何况比起凯里其他远在山沟沟里的厂矿，262厂和一家高水平的医院毗邻，也是莫大的优势。

1973年9月，徐建新进长征无线电子弟学校读一年级。全年级只有一

---

① 覃爱华主编：《三线建设在贵州》，社会科学文献出版社，2020年，第295—296页。

个班，都是两个单位的孩子，由于家属区之间相通，818医院的职工经常到占地面积更广的262厂的澡堂洗澡、去其商店购物，在同一个班级读书的孩子更是不分彼此、互相串门。

在"读书无用论"肆虐的那十年，像星星一样散布在中西部的"屯堡"式的三线单位，倒是呈现出不一样的风气。或许是三线厂的知识分子和技术工人较多，他们见识广、眼光长远一些，更重视子女的教育，如王小帅所著《薄薄的故乡》就对这一点有大段的记载。三线单位的子弟学校比起地方的学校，对教学质量抓得更紧，学校的老师大多来自大城市且毕业于名校，师资水平亦超出大多数当地的学校。卢瑞英回忆说："小朋友读书以后呢，学校里面管得蛮好的。我呢，经常去跟老师联系，问他的情况，把家里的情况也跟老师反馈。我和学校的老师，都成朋友啦。"三线单位是个内循环的熟人社会，老师和学生家长是同事关系，住在同一片小区，哪个学生有点什么事，很快就会传到家长的耳朵中。徐建新从入学开始就读书很用心，成绩优良。卢瑞英自豪地回忆起长子徐建新的良好表现："老师们都喜欢他，把他当作掌上明珠。他是班长、少先队的大队长。"徐建新的小学同学、262厂子弟杨素萍回忆说："建新的学习成绩好，一直是班干部，是老师的好帮手，经常督促我这样学习不用功的同学尽快交作业。"徐建新在小学时的成绩还不是十分突出，升入初中后他的学习自觉性更强，每次考试在全班不是第一就是第二。作为1950年代的大学本科生，徐家良十分看重孩子的学习，令他欣慰的是，儿子徐建新的学习不用他操心。读初中时，徐建新每学期开学领回课本后，徐家良都要先看一遍，以后每逢儿子考试完毕，回家后他先问试题，再问儿子如何答题，几乎都能答对。看到儿子徐建新的学习能力很强，徐家良就基本不管他了，也无须花时间辅导儿子的学业。

徐建新读初中后，中国恢复了高考制度，知识分子开始吃香，不再是"臭老九"。三线单位的职工对这类变化更是敏感，"读书可以改变命运"很快成为共识。与此同时，地方上的学校也开始抓教学质量，尤其是一些历史悠久的名校，一旦重视起来则效果明显。凯里一中是一所初高中都有的完全中学，创办于1941年，一直是贵州省重点中学，也是黔东南十六县里最好的中学，学生是从全州掐尖。徐建新就读的长征子弟学校虽然硬件不错，师资也强于多数乡村中小学，但毕竟只能依托一厂一院，且办学时间不长，无法与凯里一中相比。在念初一时，徐建新就萌发了念头，想转学去凯里一中。徐建新回忆说："当时郭沫若发表了文章《科学的春天》，影响很大，大伙儿开始读书了。凯里一中是集全州师资力量办的一所省重点中学，恢复高考后的前几年高考成绩很好，有全省的文科状元和理科状元。它吸引了全州尖子生，我们这些中央厂矿的子弟也想过去，我认识的262厂、818医院的哥哥姐姐去了凯里一中，考上了好大学。这样的示范作用使我觉得要有一个更好的学习和竞争的平台，应该去凯里一中读书。"

徐建新回家给父母说了自己的想法，徐家良、卢瑞英夫妇自然是很支持儿子，但凯里一中岂是想进就进的？当时，卢瑞英工作的科室主任的亲戚是凯里一中校长，通过这层关系联系上了校长。那位校长说，你认为你家孩子在子弟学校是好学生，但想转学到我们这边来还得先考试，考试成绩如果满意的话那可以转学。结果，那位校长让老师出了语文、数学、外语三门功课的卷子给徐建新考试，几乎全得了满分，连附加题都做出来了。就这样，凯里一中的老师很高兴地收下了徐建新。初二转学进凯里一中后，第一次物理考试时徐建新得了全班第一名，全班同学为他鼓掌，男生更开心,因为此前男生从没有拿过第一名。徐建新在子弟学校读初一的班主任、语文老师叫黄泽华,是广东佛山人,也是支援三线建设来到凯里的262厂成为一名教师。黄泽华非常器重徐建新,当徐建新要转学去凯里一中时其很是沮丧,但人家孩子为了自己的前途去更好的学校,也不能强行阻止。后来,黄泽华当了多年长征子弟学校的校长,而徐建新每次回凯里都必定登门去看望黄老师。

转学到凯里一中后,徐建新没有给父母商量,自己做主改成了现在的名字。改此名的理由是,他不喜欢原来的名字"徐闯"的莽撞色彩,隐隐约约地觉得将迎来一个新的时代,年少的他前程远大,将参与建设美丽的新世界。

如果不是后来改革开放带来的变化,徐建新应该会在凯里一中高中毕业,考入某所大学,而徐家良、卢瑞英大概率会终老黔地。

第三章　半百归来犹未晚

第三章 半百归来犹未晚 〉〉〉

乘着东风回家乡

改革开放启动后,春风吹到了山高林密的黔地。主政贵州的省委第一书记池必卿①是一位思想开明、有胆有识的老革命,在经济落后的贵州省采取的改革和开放措施之力度不亚于沿海省份。例如,池必卿坚决把全省的工作重心转移到经济建设上来,组织制定了"富民强黔"的发展规划,调整经济结构,提高经济增长率和经济效益;尊重农民群众的要求和意愿,冲破重重阻力,在全省农村推广"包产到户""包干到户"的家庭联产承包责任制,把土地生产经营权交还给农民。

坚冰在一点点融化,贵州三线单位的职工和京沪及沿海、沿江大城市信息沟通尤为方便,对种种变化更是敏感。对世道的变化,整天在医院里忙于治病救人的徐家良其实十分留意,他在敏锐地观察、评估。以

---

① 池必卿(1917—2007),原名池长胜,山西省平定县上庄村人。高中时参加"一二·九"运动,1937年加入中国共产党。"七七"事变后,回到平定县组织游击队,开展抗日游击战。1949年后,曾任中共中央华北局书记处书记。1978年6月,调任贵州省委第二书记。1980年7月,任中共贵州省委第一书记。1985年,离休。曾当选为第八次、十一次、十二次、十三次、第十四次全国代表大会代表,以及第十一届、十二届中央委员会委员、中国共产党中央顾问委员会委员。

前只供有相当级别的干部阅读的《参考消息》，为了增加订数以提高经济效益也开始面向普通干部群众征订，徐家良第一时间自费订阅。下班后，徐家良认真地阅读《参考消息》，通过短波收音机收听外国电台的汉语和英语广播（他自己解释是为了学外语）了解世界大势特别是中国的变化。为此，徐家良判断，机会来了，心中沉睡多年"回上海"的梦想又被激活了。

1978年的暑假期间，卢瑞英带着小儿子徐锋回上海。瑞金医院医生为徐锋做了手术，切除萎缩而无功能的左肾，因此住了一个多月的院。当时，大哥徐家善已经是瑞金医院的科室主任，卢瑞英就住在大哥大嫂的家里。卢瑞英向来勤快、麻利，由于不用待在病房照顾徐锋，她就在哥嫂家里主动做家务，买菜、烧饭、洗衣服全包，哥嫂对这位贵州来的弟媳也很满意，大家相处得很融洽。其时，有一位叫老任的中年人经常来大哥徐家善家中闲聊，一看就知道和徐家善是很好的朋友，看那模样像是干部，但卢瑞英不知道他到底是多大的干部，也不好意思打听。

就在徐锋出院后卢瑞英母子即将回贵州之前，嫂子问卢瑞英："家良想不想调回来呀？"卢瑞英当即回答："他怎么不想回来？做梦都想。"嫂子又问卢瑞英："你是贵州人，你娘家人会同意吗？"卢瑞英说："我们娘家人无所谓的。本来我从小和家里基本分开，独立生活，都是自己管自己。"然后，嫂子再问卢瑞英："家良如果调回来，你愿意吗？"卢瑞英用了一个词——"奉陪到底"答之。回到凯里后，卢瑞英将这个情况告诉徐家良，徐家良乐开了怀，回沪的想法便更加强烈了。在上海那边，徐家善夫妇将徐家良调动的事托付给老任，老任承诺一起想办法。

后来，卢瑞英才知道，这位老任是上海市气象局书记，曾经在青浦县担任过领导。他因为生病到瑞金医院住院，与徐家善夫妇认识。后来，老任和徐家善成为好友，两家过从甚密。

转眼到了1979年5月，母亲盛希珍病重，也住进了瑞金医院。徐家良接到大哥徐家善的电报时，正碰上单位要调工资，颇为踌躇。卢瑞英催促徐家良说，"这么大的事，能不回上海吗？"遗憾的是，当徐家良请好假、把手头的工作交接好赶回上海时，母亲盛希珍已经去世，终年70岁。

母亲盛希珍的病故，让徐家良伤心而又内疚。

说起来，盛希珍真是一个苦命人。她生长在重男轻女的时代，虽家庭小康，然而没读什么书，长大后几乎不识字，故见识浅陋。成年后，她遵父母之命与徐传贤结婚，看上去嫁给了一个好夫婿。徐传贤帅气、聪明，受过良好的教育，又在有"铁饭碗"之称的邮局供职，薪水优厚，在职场业绩突出并深受上司器重。这种巨大的反差，使盛希珍不能不有一种危机感，担心丈夫在十里洋场的花花世界迷失，而其本人性格内向，又在操持家务方面不擅长，几个孩子的抚养与教育更多的是由公公婆婆代劳。徐传贤对这桩婚姻很不满意，与发妻盛希珍之间没什么共同语言，对其也无起码的尊重和怜爱，但这些并不妨碍两人生育了三子一女。徐传贤自1938年离沪外调，为公事辗转于越南海防、重庆和美国，夫妻俩分居八年多，风流倜傥的他有外遇一点也不奇怪。当徐传贤从美国归来要与盛希珍登报离婚（上海《大公报》1947年4月20日第6版），并与在重庆中华邮政总局供职时结识、相恋的章一涵结婚，这对盛希珍而言不啻晴天霹雳，她无法接受，也只能以一个传统家庭妇女的方式进行反抗。在徐传贤已供职于国家邮电部时，他在一份干部履历表"其他问题"一栏向组织交代其与盛希珍的关系如下：

⋘ 归来徐家良：贵州到上海有多远

> 幼时我在父母强制下，与一封建地主之女盛希珍订婚。婚后，始知对方受家庭娇纵，怠堕成性，虽曾入学读书，竟没有文化（据说是常年逃学）！只知依赖男人，常感供给不足，稍不称心，即啼哭咒骂，终宵不止，使我经常不得足够休息。亲友劝说，她总是坚持不改，反而扬言要离婚。1938年我离沪调越南，后又调重庆，她以不惯内地生活，留恋上海，不愿离开。1943年我曾请老家向其办理离婚（引者注：此句有阙字，应是请托老家亲友办理之意，当时徐传贤在重庆已与章一涵相恋）。1946年我回上海又直接向其提出，那时她却依靠当时的反动法律单方不能提出离婚的规定，曾索巨额离婚费。虽经亲友劝解，耗费甚巨，仍未能正式解决。我在痛恨封建婚姻和反动法律之下，终于不顾一切，采取欺骗手段与章一涵结婚。婚后，盛又托人前来要索数次。解放后，又以要索未遂，四处投函攻击，不得已通过人事司向上海法院声【申】请判决离婚。据法院调查，确系包办婚姻，感情不合【和】，应该离婚，但因对方落后顽固，尚未说服，至今尚悬未解决。①

此段文字反映了一段典型的旧时代婚姻所酿成的悲剧，徐传贤运用那个时代的政治语言为自己开脱，亦属人之常情。新政权成立后，以感情不和（多是男方提出）在法院申请离婚并获准的案例很多。徐传贤和盛希珍离婚后，一直履行向盛希珍提供生活费的赡养义务。从这段文字可看出，盛希珍一直坚持她和徐传贤的婚姻存续，以及她才是徐家的大儿媳。如此看来，徐传贤与盛希珍关系的恶化为其带来了不小的麻烦。

---

① 徐传贤人事档案影印件，原件于1950年1月填写，现藏于北京邮电大学档案馆。

第三章　半百归来犹未晚

为子女者，不便评论成为冤家的父母之间的是非曲直，但盛希珍无疑是那段包办婚姻的受害者。徐家良少年时就离家外出读书，在母亲盛希珍身边的日子很少。后来，徐家良又远在贵州工作，除了偶尔给母亲盛希珍寄信寄钱问安，在其晚年未尝一日侍候身旁，而1976年回沪探亲是徐建新、徐锋两个孙儿唯一一次见到祖母。幸而父亲徐传贤弃家后，有小妹徐家敏在母亲身边成为其安慰，母亲的晚年有哥嫂的照料。更令母亲盛希珍欣慰的是，她生育的几个子女都有出息，读书成绩好，工作能力突出，很给她长脸。

在母亲盛希珍去世的前一年（1978年），北京邮电学院对徐传贤予以平反，并做出历史问题的审查结论。很凑巧的是，徐家兄妹刚办完母亲盛希珍的丧事，北京传来消息说北京邮电学院决定在八宝山革命公墓为徐传贤举办追悼会并安葬骨灰，邀请其子女参加。徐家良特别想去一趟北京，参加父亲徐传贤追悼会之余，再看望通情达理的章一涵妈妈和两位小弟弟。可是，徐家良这次请假只是回沪葬母，经历过那个年代的他将组织奉为神明，不敢横生枝节、自作主张，只能由大哥大嫂去北京做代表，而他则带着遗憾回到了凯里。

在上海料理丧事期间，徐家良和哥嫂开始运作回沪事宜。徐家良拜见老任，谈了自己的心愿，介绍自己的职业能力，托他斡旋、关说。在徐家良幼年时，有一位远房的婶娘，丈夫早逝，无儿无女，曾经照顾过他一段时间。这位婶娘很喜欢徐家良，提出过继徐家良为儿子。徐家家境很好，当然不愿意把自己的子弟交给别人做养子，但言语上答应徐家良做她的儿子，事实上她从未承担过徐家良的抚养费和教育费用，更未履行过传统上宗族的过继程序。徐家良一直称那位婶娘为"陆家桥妈妈"——她住在青浦城厢的陆家桥。有了这个由头,徐家良便向组织上打报告说,留在上海的嗣母年事已高,孤苦伶仃,需要照顾,请求允许其回沪。

其实,从徐家良和卢瑞英当时的工作、生活状态来说,他们已进入职业的"舒适区"多年。改革开放后,知识分子受到了重视,像徐家良这样技术高明的医师在凯里很吃香,单位很看重他。1979年,818医院几栋新盖的"专家楼"竣工后,主治医师和医院中层正职才有资格分房,徐家良一家分得了一套三居新房,有抽水马桶,为了照顾他的腿脚不便将其新房安排在一楼。与此同时,徐家良的业务水平和科研热情也有了很大的提升,于1978年连续在医学刊物上发表了两篇论文——《硬脑膜下注射链霉素治疗流感杆菌脑膜炎合并硬脑膜下积液一例报道》[1]和《中医药治疗婴幼儿腹泻三十五例临床观察》[2],在818医院引起了轰动。

可是,徐家良一想到凭自己的业务水平还可以在更大的

▲徐家良一家离开818医院前所住的"专家楼"区(徐家在一楼最左侧单元)

---

[1] 徐家良:《硬脑膜下注射链霉素治疗流感杆菌脑膜炎合并硬脑膜下积液一例报道》,《医药资料》1978年第2期,第35—36页。

[2] 徐家良:《中医药治疗婴幼儿腹泻三十五例临床观察》,《医药资料》1978年第2期,第23—26页。

第三章 半百归来犹未晚

平台发挥作用,两个儿子回到上海成长的空间更大,特别是要治疗小儿子徐锋的病,上海有全国顶尖的医疗资源。在徐家良看来,为了这一切,哪怕重新开始,将来会遇到许多的困难,也要想办法回上海。

1980年,机会来了。上海市青浦县人民医院(后改为青浦区中心医院,今为复旦大学附属中山医院青浦分院,其前身是徐熙春创办的中国红十字会青浦分会医院)的儿科主任调到市区的华东医院,县人民医院急需高年资、有经验的儿科大夫,市人事局批准该院引进一名儿科医师。这个信息太宝贵了,徐家良立刻写信并附各种材料向青浦县人民医院自荐,再加上老任的助力,医院一看其无论学历、资历、职称还是业务能力都太符合要求了。当然,还有一个不容忽视的因素,那时候"极左"路线已经得到了纠正,徐熙春作为民族资本家、民间慈善家的善行仁心重新被官方和社会肯定,而徐家良是医院创始人的孙子,总得讲点香火之情吧。如此,上海这边为徐家良回沪大开绿灯,经过人事局同意,青浦县人民医院正式向818医院发出对徐家良的调令。

在办理调离818医院手续的过程中,徐家良又经历了一番波折。

徐家良这样经验丰富、业务精湛的儿科大夫要求调离,818医院自然不愿意放人。此时,改革开放已开启了两年,人事政策开始松动,社会上人才自由流动渐成趋势。此前中西部三线单位调往东南沿海地区非常困难,那等于是挖三线建设的墙脚,与"好人好马上三线"的最高指示背道而驰。例如,莫言的大哥管谟贤在华东师范大学中文系毕业后,于1970年分到三线企业——位于湖南常德的浦沅工程机械厂,而其妻子在江苏高邮工作,因此他想运作调到高邮担任一位中学教师以解决两地分居的问题。高邮当地教育部门对华东师范大学的高材生管谟贤很欢迎,但请示上峰后却遗憾地告诉他,"省革委会主任许司令(当时许世友兼江苏革委会主任)规定,江苏是沿海,一般不接受内地调入人员,从沿海调内地是可以的"①。于是,管谟贤只得让妻子从江苏高邮调到湖南常德的浦沅厂。可以说,那时三线单位的人才想调到江苏都难于登天,遑论调回上海了。到了1980年,三线单位的人才不能去沿海的"政治禁忌"被打破,而徐家良有嗣母需要奉养的人伦理由,上海的单位也愿意接收,818医院要公开阻止其调动于情于理说不过去,于是采取了较为阴损的一招——上海那边的调令来了后,医院将调令隐瞒,装着没有这回事。就这样,第一份调令石沉大海。

徐家良夫妇从上海那边已经了解到调令早已发出,但818医院院方毫无动静,他们知道被组织上给扣押在卷底难见天日,也没办法去查询。于是,他们又联系上海那边第二次发出调令,调令发出前对方告知徐家良要多加留心。卢瑞英找到了医院分管信函收发的传达室小吴,请求他如果看到上海发来给单位的公函,那很可能是他们家的信,请马上告诉她。果然,不久上海的信来了,小吴及时通知了卢瑞英。这是公函,他们不能拆阅,但一看信封就知道第二份调令来了。卢瑞英去问医院人事科是否收到调徐家良的信函,人事科否认——看来又要故伎重演。"机不可失,时不再来",看来得立刻行动起来,卢瑞英决定走一次"上层路线",直接去都匀找083基地的人事部门。

那天早晨,正好是卢瑞英下夜班,回家路上碰到了住在楼上的驾驶员赵师傅,赵师傅专门给083基地主任(注:也可能是副主任)老尤开小车。

---

① 管谟贤:《浦沅之忆》,载倪同正主编《三线风云:中国三线建设文选》,四川人民出版社,2013年,第174页。

第三章 半百归来犹未晚

083基地的总部在都匀,但有一半的下属单位位于凯里,总部领导两地跑是常态。寒暄几句得知,赵师傅要送尤主任夫妇回都匀。卢瑞英对赵师傅说,她家徐医生调动的事必须尽快赶到都匀,请求搭便车。那时候交通不便,公务用车很少,职工搭领导的便车很常见——搁到今天恐怕难以想象。于是,赵师傅答应捎上卢瑞英,但告诉她徐医生不要去,最好是卢一个人来搭车。——这个细节可以看出专车司机的世事洞明,夫妻俩搭领导的便车使空间拥挤,女士搭领导的便车比男士显得不那么唐突、冒失。卢瑞英自然应允,她已下了夜班,正好有时间。回到家中,卢瑞英看到徐家良正准备上白班,于是向丈夫告知了碰到赵师傅的情况,然后离开家去搭尤主任的便车。

卢瑞英坐上车后,看到尤主任和夫人已经在车上。尤主任问卢瑞英去都匀干什么,卢瑞英实话实说:"我家徐医生的调令来了,我们单位本来已经同意他的调动,现在却反悔了,不放他走。我想去083基地问一问,查一查。"尤夫人为人很和善,接下话茬说:"好的,好的。到了都匀后先到我家吃完中饭,然后我陪你去。"

好巧不巧的是,前一天晚上卢瑞英在妇产科值夜班时来了一位孕妇,胎心不稳。跟随的一位男青年显然是孕妇的丈夫,他到科室里给家里打电话。卢瑞英一看那态势估计是干部子弟,果然听他打电话的内容,判断出是尤主任的儿子。原来,尤主任的儿媳妇在818医院待产。于是,在车上闲聊时,卢瑞英假装无意地说出这件事,说昨晚医院来了一个待产的孕妇如何如何,科里的医生护士抢救了一夜,现在大人、孩子都平安。作为孩子的祖父母,尤主任夫妇听后蛮开心,对卢瑞英连忙表示感谢。到了都匀后,卢瑞英在尤家吃完中饭,稍事休息后在尤夫人陪同下去了083基地的人事劳资处。这件事有主任夫人的加持自然不一样，基地人事劳资处的人承认调令来了，并马上给818医院打电话。有了上级单位的督促，818医院的人事劳资科无法再隐瞒下去。随后，卢瑞英离开083基地总部，到调到都匀的老同事家中住了一夜。第二天，卢瑞英赶回凯里，催着丈夫徐家良紧锣密鼓地办调动手续。至此，818医院人事部门看到阻挡不住，便为徐家良办理了调离手续。对于徐家良来说，这次总算能离开贵州，将要回到朝思暮想的家乡了。但真要告别黔地山水，徐家良心中百感交集，庆幸中夹杂着一丝丝依依不舍。在这块土地上，徐家良遇到了贤惠能干的妻子，生育了两个活泼可爱的儿子，曾为那么多的病患孩子诊疗过，获得了他们父母的感激……

1981年6月，徐家良调入青浦县人民医院。此时，距离徐家良1956年大学毕业分配至贵州已整整二十五年。徐家良已虚岁50岁，半百之人回到阔别四分之一世纪的故乡，心情是欣喜而又惶恐，不知道自己在祖父徐熙春创建的医院里能否立住脚，而且夫人卢瑞英和两个儿子仍然还在凯里，得尽快结束两地分居的状态，想办法让全家在上海团聚。

正好是这一年夏天，徐建新从凯里一中初中毕业，升入高中。早前，徐家良的四姑妈徐毓英（徐建新兄弟们叫她四婆婆）和先生方宗坚在"文革"中受到冲击，被打成"走资派"。曾有造反派来凯里外调，找到徐家良逼迫加诱导，让按照他们的意思来提供攻击徐毓英的黑材料。徐家良顶住压力，客观地介绍他对四姑妈徐毓英的印象，让造反派悻悻而归。此时，徐毓英已落实政策，恢复工作，担任复旦大学附属中学的党总支书记。徐家良夫妇本来是希望徐建新和父亲一道回到上海就读复旦附中，但由于徐建新的户口实际在1982年才迁入上海，又未能参加1981年上海初中升高中的考试，想在高一时进复旦附中是不可能的，只得徐徐图之。徐建新在凯里一中读完高一后，在1982年秋季开学时插班进复旦附中读高二——这自然是四婆婆（徐毓英）鼎力相助才得以实现。

1984年，卢瑞英和小儿子徐锋的户口迁入上海，随后她进入新成立的青浦县中医医院干她的老本行——护士。

如今，徐建新常回忆起1982年暑假期间同母亲、弟弟一起乘坐湘黔线火车回上海时在路途中的一番遭遇。徐建新那次不再是探亲，而是回家乡和父亲徐家良会合。车到怀化站，发生了一件有惊无险的趣事。为了省钱，卢瑞英买了一张卧铺票和小儿子徐锋在一起，给大儿子徐建新买了一张硬座票——自然在另外的车厢。由于担心大儿子徐建新年少毛糙，卢瑞英将他的车票一起保管。快到怀化时，乘务员和乘警查票，硬说徐建新是无票乘车。徐建新无论如何解释票在母亲那里且母亲就在卧铺车厢，他可以去母亲那儿把票拿来给他们看，但乘警就是不相信，要驱赶他下车。徐建新不从，乘警拍拍腰间的手枪，才16岁的他自然被吓住了，在怀化站时被强行赶下了车。当时，绿皮火车在怀化这样的大站停留时间较长，机灵的徐建新在站台上溜达了一会儿，看到火车即将开动时便从另一节车厢门口和怀化站上车的乘客一起蜂拥而入——面对那种人流潮涌而来，门口的乘务员根本来不及一一验票，如此总算避免了流落怀化。顺着湘黔线往东行进，上海越来越近，而养育徐建新的那片黔地河山被远远地抛在身后。

抛在身后的那片河山

2024年元月，我陪同徐建新重返凯里，去看望其父母在原818医院的

▲今日凯里魁星阁

老同事。在一个阳光和煦的冬日上午，徐建新的高一同学老杨领着我们登上凯里城的制高点——大阁山。

大阁山因山顶有魁星阁而得名，此阁为一城文脉所系，也是凯里人青春记忆中的重要地标，对徐建新而言有着特殊的意义。站在大阁山山顶，可看见沅江的上游清水江绕城蜿蜒远去。在没有铁路和公路的古代，清水江是黔东南人外出的主要孔道。苗疆所产的最重要的两类物资——杉木和桐油，顺着清水江向东运输，在湖南洪江汇聚到一起，然后再顺沅江往北运，过洞庭，到长江，在长江沿岸甚至更远的北方换来白花花的银子。因此，黔东南地区一首排帮水手所唱的民歌道："咚咚锵，下洪江；赚银子，讨婆娘。"

老杨是州委大院长大的苗族汉子，在高一时和徐建新玩得最好，而徐建新当时的成绩在班上总是前三名。高二开学的时候，老杨（那时的小杨）发现最好的朋友徐建新不见了，他到哪里去了呢？辗转打听，老杨才知道徐建新已经回了上海。当两位老同学年过半百后再聚在一起，老杨仍然责怪徐建新当年不辞而别，提前都不说一声。徐建新说他无法提前告诉同学，因为他那年暑假回沪还不确定能否顺利地转学进复旦附中，高一下学期结束时他怎么能告诉同学他要走呢？万一没办成怎么办？

现在看来，在1984年前徐家良一家先后回到上海，选准了一个很好的时机。那时候，凯里等地的三线企业大部分才开业十几年，正处在兴旺时期，员工薪资和福利待遇优于当地人，比起上海、北京、天津等大都市也不差。因此，三线的员工还没有强烈的"逃离"意识。随着改革开放的深入，中国的最高决策层审时度势，判断和平与发展是世界大势，大规模的战争一时打不起来，发展经济、改善民生成为举国上下的共识，于是有了1984年百万大裁军。在以经济建设为中心的时代背景下，生产军需品为主的三线企业大部分转型生产民用产品，跟跟跄跄地进入市场经济体系。特别是像凯里、都匀那些电子企业，在大市场中与外资企业以及沿海一带的民营同类企业竞争，从成本控制、生产效率到产品质量、销售价格等诸要素都有相当的差距。从1980年代末、1990年代初开始，包括083基地在凯里的十几家电子企业普遍陷入亏损的境地，职工的待遇优于地方已成明日黄花，反而是不得不降薪、裁员。于是，一些技术过硬、消息灵通的科研人员和技术工人纷纷"孔雀东南飞"，要么回到自己的家乡上海、江浙一带，要么南下广东，而留下的是年龄较大、长期从事简单操作的工人，他们即使外出打工，也竞争不过供应量巨大的年轻农民工。其时，083基地改名为"振华集团"，所属企业在市场经济的大潮中呛水，也展开了艰难的自救。1988年，振华集团在深圳华强北成立了深圳电子有限公司，原083基地的一部分优秀人才来到特区闯荡，成绩斐然。至此，华强北成为中国乃至世界范围内电子产品和电子科技的聚集区。

据说为了解决三线企业"靠山、分散、隐蔽"的布局而带来的运输、信息沟通、职工生活保障成本高等诸多弊病，当时的电子工业部主要领导在考察凯里、都匀的所属工厂后，提出把所有的企业从山沟沟里搬出来，集中在都匀和凯里的城区或近郊选一块地把这些工厂建在一起，形成集约化效应——这就类似后来各地风行的"高科技产业园区"。当时，连地盘都看好了，但是黔南州和黔东南州的主要领导不愿意提供土地和配套相应政策，担心给地方政府增加负担，带来麻烦。于是，083基地二十多家企业和研究所只能往更远的地方搬迁。最早是位于都匀的38所搬到安徽合肥，现在对外称"华东电子工程研究所"，是中国电子科技集团的核心研究所，国内军事雷达电子的主要供货商——中国工程院院士王小谟在华东电子工程研究所工作多年，曾担任所长。大部分企业包括振华集团的总部搬迁到贵阳乌当区，建在同一个产业园区内，一部分企业政策性破产，留在原地的企业只剩下凯里的华联无线电器材厂（851厂，现名"贵州振华华联电子有限公司"），主要生产开关、连接器、配电盒等产品，经营状况尚可，算是凯里那段三线建设峥嵘岁月的硕果仅存。两家职工医院、两所中专（技校）和多所职工子弟学校移交给了地方，作为服务当地民众的医疗和教育单位，所受到的冲击不如生产型企业那么巨大，如今大多状况不错。徐建新的母校长征无线电厂子弟学校仍在原址，改名为"凯里市第十四小学"，旧校舍都已被拆除，修建了气派的新教学楼和运动场。

818医院是083基地还留在当地的原下属单位中效益最好、社会影响最佳者。1984年，818医院改名为"电子工业部418职工医院"，于2002年移交给贵州省，确定为省卫生厅直属单位，更名为"贵州省418医院"。2008年，该院正式成为贵州医科大学的附属医院，并于2011年通过评审晋升为三级甲等综合医院。该院现在的正式名称为"贵州医科大学第二附属医院",为黔东南两所三甲医院之一(另一所为州人民医院),当地人仍习惯性称其为"418医院"。该院现占地160亩,建筑总面积187 574.88平方米,职工1866人,其中主任医师(教授)58人,副主任医、药、技、护师(副教授)162人,硕士生导师3人,享受省政府津贴4人,州拔尖人才3人,博士生、硕士生102人,持有高校教师资格证教师210人。该院门诊楼高耸、气派,为凯里市城区地标建筑之一,体量甚大的住院与综合楼正在修建。至今,徐家良离开医院时所住的那栋红砖建成的"专家楼"尚在,在一片新楼中仍不落伍。

如何评价三线建设对凯里的影响,是当地三线老职工和民间研究人员颇为关注的一个话题。当地的官方评价有四大方面的积极影响:

> 第一,三线建设大大促进了凯里经济发展。由它所形成的"贵州三线建设经济",与以前在贵州形成的明朝时的"军屯经济"以及清朝时的"外来经济"等相比,更具有经济发展的潜力和动力,它带动了一大批凯里相关产业的发展。它不仅奠定了凯里的工业格局,而且进一步创建和完善了凯里的交通网络系统,为凯里日后与外地的联系铺平了道路。
>
> 第二,三线建设优化了凯里的人口结构和知识结构。在凯里建设的10个工厂,拥有一大批掌握现代高端科技的人才,拥有一大批掌握现代化生产技能的技术工人,这对于凯里市的人才储备、人口结构和知识结构,都起到了优化作用。尤其是"三线人"怀着建设祖国的革命理想,披荆斩棘、筑路架桥,用血汗和生命建成了三线地区强大的国防生产力,他们对人民、对祖国、对社会主义事业的忠诚精神,奉献

精神，吃苦耐劳、艰苦奋斗的拼搏精神，更是一笔宝贵的精神财富。

第三，三线建设推动了凯里经济社会的进步。全国各地支援贵州的人员相继南下，不仅给凯里带来了军事工业，也带动了凯里的科教文卫事业的发展。凯里在三线建设中所得到的科技援助和教育支持是长久的，这不仅更加有利于自身的机构建设，也为凯里科技教育创立发展打下最重要的基础。而群众素质的整体提高，也使得凯里的社会得到了整体的进步。

第四，三线建设直接推动了凯里地区的工业化进程。特别是一些军工企业、邮电行业、医疗卫生等在凯里地区不断地发展起来。这也为多民族地区群众的经济来源和群众的就业提供了机会。[1]

官方的这番定评总体而言是客观而适当的。数万名来自较为发达地区的职工和他们的家属，在一个落后的少数民族聚居地区胼手胝足奋斗了二十余年，对当地的经济、文化产生的影响更多的是润物无声。但是，在当地一些有识之士和三线建设的研究者看来，相比建设十家当时技术和工艺水平处在全国电子行业前列的企业所花费的巨大成本，给凯里带来的正效应还是太小。其中，九家搬离凯里或者破产，不能不说是一种历史性的遗憾——它们本应该对现在的凯里产业结构、综合竞争力产生更好的带头和促进作用。

今天，一个背包客如果来到凯里，出了南站（高铁站）首先映入眼帘的是西江千户苗寨的广告。走进凯里这座城市，人们会发现越来越多的文旅元素。坐车行进在金山大道上，会被道路两侧的侗家风雨桥吸引——这

---

[1] 覃爱华主编：《三线建设在贵州》，社会科学文献出版社，2020年，第185—186页。

第三章　半百归来犹未晚 〉〉〉

▲今日凯里的三线建设纪念广场

座双向的廊桥共长 1600 多米，于 2018 年建成使用；据说是中国最长的风雨桥，耗资上亿元。凯里的大街小巷，到处是大大小小的餐馆。老城之外，处处可见竣工或正在修建的楼盘，但据当地人介绍烂尾楼不少，而原 083 基地总部所在的都匀则烂尾楼更多。凯里市和黔南州下辖县有奇山异水，风景秀丽，苗族、侗族村寨有别样的风情，这些赋予了凯里市和黔南州丰富而多元的文旅资源，当地发展经济打旅游牌是因地制宜地选择。然而，除了旅游，凯里现在并无其他有实力的产业——特别是吸纳就业人员众多、能打通上下游产业的高附加值制造业，其三产主要围绕为当地体制内拿薪水的人群（公务员、教师、医生等）提供服务，体量很快就触及天花板陷入内卷，而没有雄厚的工业来吸引常住人口，以致大量房屋卖不出去而不得不空置。

外地游客如果不了解这座小城的历史——本地的年轻人也未尝不如此，以为凯里只是一个休闲的好去处，很难想象这里曾是一座在中国工业版图中占有相当地位的"电子城"，这里的企业曾有多项产品在全国处于领先地位。例如，南丰机械厂（830厂）是我国第一家电子计算机厂，于1966年研制生产了我国第一台大型电子计算机（DJS-121机），填补了我国计算机行业的空白。1974年4月，兰州大学用80万人民币于830厂购进了一套DJS-121计算机。前来凯里接机并接受培训的有该校计算机组的5位青年教师，他们后来都成为兰州大学计算机专业的领军人物。DJS-121计算机在兰州大学共运行十一年，受益最多的是物理系和力学系进行科学计算的教师们。陕西蒲城天文台运用DJS-121计算机计算出北京时间7点整，十分精确。西安电子科技大学力学研究所用DJS-121计算机计算大型雷达天线的结构。在《兰州大学五十年》一书中，称贵州凯里是中国的"硅谷"。[①]

说凯里是中国的"硅谷"，或许是过誉。不过，当地一些研究三线建设历史的人士喜欢将凯里与四川的绵阳比较。绵阳因为三线建设创建了一批以电子、航天为主的企业和科研院所，其在1980年代末、1990年代初遇到了和凯里的三线单位同样的困难，但地方政府给予大力支持，和企业同心协力走出困境，好几家企业成功地"军转民"并成为行业龙头。而今绵阳是工业强市、科技强市，其GDP长期居四川省第二位。当然，凯里没能成为贵州的"绵阳"因素很多，一味地批评当时的主政者眼光、气魄不够，或是

[①] 覃爱华主编：《三线建设在贵州》，社会科学文献出版社，2020年，第187—188、189页。

第三章 半百归来犹未晚 〉〉〉

▲今日083基地在凯里的三线厂旧址

苛责。

三线厂搬迁之后，留下的只有厂址。那些过于偏远、基础设施欠佳的成了工业废墟，生产区和生活区杂草丛生，寂静无人，以致古诗所咏的"兔从狗窦入，雉从梁上飞"（汉乐府《十五从军征》）一幕再现。那些距离城市不远或邻近交通干道的厂址，则卖给房地产商开发楼盘。

2024年10月，我来到小城凯里，应邀去一位朋友家做客，他那套房子在距离市中心约10公里的一处高档小区，四围青山耸立，风光甚佳。闲聊中得知，楼盘所在地是原新云厂旧址，著名演员李雪健曾在这里做过工人。如今，三线的痕迹在凯里越来越少，故而有一篇报告文学的标题是——"贵州凯里：三线消失无踪影"[①]。

今天，留在凯里的"三线人"都已渐渐老去，建厂之初职工的孩子也人到中年。由于三线单位的封闭性和自给自足，当时新员工很大一部分是本厂职工的子弟，"子承父业"是惯常的路径。徐建新在长征子弟学校的同学，没有考上高中或大学的，大部分先去都匀的基地技校学习几年，然后招工进厂。待到30多岁时，一旦工厂垮掉，他们就只能自谋生路。其中，与818医院骨肉相连的兄弟单位262厂的命运尤为典型。

徐建新的小学和初一同学杨素萍是一个幸运儿。杨素萍是辽宁人，随着父母支援三线先到都匀居住了几年，后随迁到凯里。杨素萍技校毕业后，以顶职的方式进了262厂检验科，工作了数年后嫁给了一位地质队的科技人员。后来广东大开发，杨素萍的丈夫被人才引进去了广东惠州，她随迁

[①] 孙晓筠：《17年大移民——三线调查报告》，载倪同正主编《三线风云：中国三线建设文选》，四川人民出版社，2013年，第236页。

过去进了一个机关成了公务员。前两年杨素萍才退休,如今每年在夏秋时节回到凯里居住——这里的气候比起广东更为宜人。提起262厂的衰败、破产,杨素萍至今心绪难平。杨素萍说,一开始只是每个工人每月的15元的绩效奖不能发放;过了没多久,每个月的固定工资难以及时、足额发放;到1997年时迎来了"下岗潮",不得不大批地裁减职工,发放可怜的一点生活费;到了2005年,企业破产倒闭。据当时的媒体报道:"昨日,在贵州国威拍卖有限公司举行的凯里262厂破产土地使用权拍卖会上,凯里262厂47 189.55平方米的土地使用权被公开拍卖,凯里鑫鼎房开公司以3200万元的起拍价竞得该标的。鑫鼎房开公司一负责人向记者透露,他们将在原厂址上修建一个高档的星级酒店,楼层至少在30层以上,预计三年内完成,该酒店建成后有望成为凯里标志性建筑。"[1]

像262厂这样的三线企业破产倒闭,给无数职工带来的伤痛是永久的。杭州人鲁江波1979年随父母来到凯里时才2岁,后来招工进了262厂,1995年和哥哥一起下岗。

曾经在技校学烹饪专业的鲁江波,一度很想在凯里开一家餐厅,可惜兄弟俩连个本钱都凑不出来:"买断工龄的收入,我们连养老保险都买不起。"与鲁江波一样在1995年被262厂买断工龄的工人,一般都只能拿到3万~4万元,1000多名工人必须接受如此命运:

> "我们这么多年为工厂付出的一切,我们所有的青春,被人以一年不到1500元的价格统一收购了。"鲁江波住在当年工厂分配给他的

---

[1] 周晓玲:《凯里262厂卖了3200万 原址将建星级酒店》,《贵州都市报》2005年12月24日。

房子里，红砖楼已经被凯里市城建局确定为危楼。住在这里的原262厂的工人们，很害怕政府来整治危房。"我现在庆幸的是，我父亲还有退休工资，虽然每个月就500多元钱，可是好歹还算是有最低的医保。"年近80岁的老父亲曾经向贵州省国资委特派来办理262厂破产事宜的领导问过一句话，"难道我们这一辈子为祖国三线建设做出的贡献，真的就算白贡献了？"没有人回答老人。这让来自江南的鲁师傅与破产办公室内外上百位退休老工人一起，流了几天几夜的眼泪。[1]

张勇自从1985年退伍安置进262厂后，就没有认真上过班。下岗后，张勇曾经与凯里083基地其他厂的工人一起找破产办、国资委等部门"闹待遇"：

> 虽然他连自己原来在工厂的哪个车间做什么工种都说不清楚，2005年工厂破产后变卖厂房的事情依然令他气愤不已："3500万连地皮带厂房全部卖了，卖给一个私人老板，人家买了就把厂房一口气全推完盖商品房，赚欢了。"张勇说，自己有很详细的档案，记着262厂的很多数据，不过他更清楚3.7万元的"买断工龄所得"要如何花才能支付一家人的开支。[2]

2024年深秋，我特意去凯里城区寻找262厂的旧址，这家当初风光的三线厂，果然"消失无踪影"。在宁波路和清平南路交会的一个三角地带

---

[1] 孙晓筠：《17年大移民——三线调查报告》，载倪同正主编《三线风云：中国三线建设文选》，四川人民出版社，2013年，第237页。

[2] 同上书，第238页。

第三章 半百归来犹未晚 〉〉〉

▲今日原818医院隔壁邻居262厂旧址

被整修出一片绿地，围墙上"262中心花园"几个大字算是给长征无线电厂留下一个街头符号。据262厂的老人介绍，这个街心花园原来是262厂大门的位置。花园后面是住宅区的几栋高楼，小区名为"惠邦学府世家"，原来是262厂厂区。

徐家良一家在三线企业还如日中天时离开凯里，算是告别三线最早的一批，比起杨素萍更为幸运。对于徐家良来说，贵州的二十五年，其中凯里十年，是他生命中的重要时期，但他并不特别留恋。但卢瑞英和丈夫徐家良的感受不一样，她虽然很快就适应了上海，能听懂沪语，但贵州毕竟是她的家乡。这些年贵州经济、交通、信息业发展迅猛，卢瑞英曾数次回贵阳和凯里探望朋友，对比上海潮湿炎热的夏天，她总会说一句："还是爽爽的贵州好呀。"

徐建新对贵州特别是凯里的感情尤为复杂。自从16岁回沪，徐建新已经在上海这座中国最大、最繁华的都市生活了四十多年，自己下海创业成了一位企业家。乍一看徐建新是典型的上海中年人的范儿——勤奋、敏捷、精致、看重契约，但他自己知道他在心底里一直给凯里留着重要的位置。为此，徐建新把王小帅导演的电影《青红》看了好几遍，而王小帅那本《薄薄的故乡》好像就是他自己的经历。王小帅是几个月时随父母从上海来到贵阳，而徐建新则降生在贵阳，4岁开始记事时来到凯里。徐建新的人生美好时代——无忧无虑的童年和青葱的少年在凯里度过，他在凯里结交了人生的第一批朋友。因此，徐建新关注凯里发生的一切，也常常思念凯里的朋友和凯里的山水——虽然他早已把那片山水抛到了身后。新婚时，徐建新特意带着在上海长大的夫人回到凯里度蜜月，寻访当年嬉闹、读书的地方。2012年，徐建新和夫人再一次回凯里，原262厂的生活区还是旧日模样，那些红砖屋、那些楼前的菜园以及和小朋友一起玩耍的运动场勾起了无限的回忆。几年后，徐建新又回到凯里，这一切已经消逝了，一如他自己的少年时光。

在对凯里的思念、怅惘之余，徐建新庆幸和感谢在他还没有成年时父亲徐家良使出洪荒之力，毅然带着他们回到了上海。

故园并非乐土

上海青浦虽然是徐家良的家乡，但等他归来时颇有物是人非之感。在刚回来的前几年，徐家良感到诸多的不适应，尽管对调回老家将面临的困难有心理准备，但所遇到的困难之多、之大还是超过此前的预想。

从高三去北京读书开始计算，徐家良离开上海已三十一年了。这三十一年间，上海——包括其郊县变化巨大。对徐家良而言，最大的变化是关爱他的家族长辈已一个个逝去——祖父、祖母、母亲，叔叔徐渭江和姑妈徐珠英、徐毓英从厄运中解脱没几年，当年和睦团结、颇具实力、能给子弟遮风避雨的大家族已几乎散架了。除亲戚之外，徐家良在上海并没有其他的社会资源。——暌违太久的故园，所有的社会关系需要一点点重新建立。

徐家良回沪后遭遇的困境还有一个大背景。此时，尽管上海仍然是中国经济实力最强的大都市，但已非徐家良少年记忆中那样充满活力和生机，能给市民提供的各种生活资源非常紧张，郊区县青浦亦是如此，甚于徐家良生活多年的凯里。经过几十年的改造，这座远东商业最为活跃的繁华都市，已成为计划经济最坚固的堡垒。由于上海这种特殊的地位，当广东沿海地区开始办特区、对外开放时，1980年代初的上海仍然八风不动。在持续三十来年的计划经济时代，曾有一个口号——"全国支援上海，上海支援全国"。"全国支援上海"，主要是安全保障和粮食农副产品供给——如果在商品充分流动的市场经济体系中，经济发达的大都市不用愁农副产品供应，有钱就能买到粮食和副食，作为购买方对供给方反而有持币选择的底气，要知道1950年前的上海除战争时期从未有缺粮食和副食之虞。"上海支援全国"，则是实打实地从上海搬迁企业、调配人才去全国各地，当然更包括向中央财政上缴利税。因此，上海就像一头原本健壮、产奶多的奶牛，长期被过度地挤奶，等到了改革开放初期已瘦骨嶙峋、羸弱不堪。

据研究者统计,"在整个计划经济时期,上海以全国1/1500的土地、1/100的人口,提供了全国1/6的财政收入,而地方财政支出仅占全国的1/60"①。从1950年代初开始一直延续到1980年代初,上海以大量的人力、财力、物力持续支援全国,正如一位研究者所言:

> 上海雄厚的经济实力对国家的工业化、全国的经济社会发展发挥了举足轻重的作用,成为20世纪50年代至70年代中国重要的商品、设备、技术、资金的来源地。"一五"计划时期,上海21万名职工支援内地建设;"二五"计划时期,上海40万名职工支援内地建设,上海调往各地的生产资料占全市生产总量的90%,生活资料占80%;"三五"计划时期,按照国家"三线建设"的方针,大量上海工厂连同职工迁往内地。上海支援"三线建设"历时20多年,到1971年,有300多个项目、400多家工厂,全部或部分地迁往西南、西北、中南、华北等地区,这些工厂涉及冶金、机电、仪表、化工、纺织、轻工等诸多行业门类,促进了中西部地区一大批新兴工业基地的形成,以至于很长一段时间许多外地的企业都比较客气地称呼上海同行为"老大哥"。在一波又一波的支援"三线建设"中,累计有约100万名上海人奔赴全国各地,在那里工作、生活,促进了当地的经济建设,促进了上海与全国各地的文化交流。②

单以徐家良参与其中的"大三线"建设为例,有研究者写道:

---

① 仲富兰:《上海六千年》(微信读书版),上海人民出版社,2018年,第974页。
② 赵刚印等:《改革开放成就上海》(微信读书版),上海人民出版社,2018年,第19—20页。

1964年秋，中共中央和国务院决定大规模建设后方基地用以备战，"要求上海搬迁军工、基础工业和短线产品342个项目，涉及458个工厂"，"这些工厂一分为二，内迁部分设备和人员，在后方组建新厂，老厂任务仍要完成"，"上海职工以大局为重，奔赴内地山区"，"从1964年秋至1966年文化大革命开始，先后共迁出工厂411个、设备2.6万多台，输送干部、工人9.2万名"。"负有搬迁任务的工厂都配了领导干部、技术人员和技术工人骨干，保证新建厂能顺利生产。如上海大中华轮胎厂抽调领导干部和各工种工人800多人，配套去贵阳包建贵州轮胎厂；上海电器工业公司组织华通开关厂、人民电器厂职工1000多人，去遵义帮助建设遵义电器开关厂。1970年，国务院在计划工作会议上要求狠抓战备，抓紧大三线建设。从1970年至1979年，上海又先后动员了14.24万名职工，去西南地区和云贵高原，支援三线工厂。"[①]

除了以上所提及的"大三线"建设，上海还承担了支援江西、安徽等地的"小三线"建设，亦耗资巨大。有研究者统计，"从上海内迁三线的304个项目、411家工厂的地理分布来说，迁建江西的有41个项目和53家工厂，迁建四川的有99个项目、130家工厂、24 000多名职工，迁建贵州的有50个项目、89家工厂、19 000多名职工，迁建湖北的有22个项目、48家工厂、4500多名职工，迁建山西的有21个项目、20家工厂和7000多

[①] 谢忠强：《反哺与责任：解放以来上海支援全国研究》，中国社会科学出版社，2017年，第132页。

名职工，迁建去向遍布13个省、自治区"[1]。

由于对全国各地支援奉献了海量的人、财、物，上海没有足够的资金进行城市建设和改善市民的生活环境，但三十多年来城市人口持续增加，基础设施建设欠账太多。就在徐家良回到上海的那个年代，不少上海人有一句口头禅——"上海搞不好的"。[2]1980年10月3日，上海市委的机关报《解放日报》在头版头条发表了一篇堪称代表这座大都市"叫苦喊累"的重磅文章《十个第一和五个倒数第一说明了什么？》。文章列举了上海经济的十个"第一"：

> 上海在经济上至少有十个全国"第一"：
>
> 一、工业总产值占全国八分之一强，产值之大，居全国各省市第一位；
>
> 二、出口总产值占全国四分之一强，其中本市产品占60%，创汇之多，居全国第一位；
>
> 三、财政收入占全国总收入的六分之一，上缴国家税利占中央财政支出三分之一，上缴之多，居全国第一位；
>
> 四、工业全员劳动生产率1979年为30 013元，高于全国各省市平均数1.5倍以上，居全国第一位；
>
> 五、工业每百元固定资产实现的利润，1979年全市平均63.73元，为全国平均数的四倍，居全国第一位；

---

[1] 孙怀仁：《上海社会主义经济建设发展简史（1949—1985）》，上海人民出版社，1990年，第470页。

[2] 吉方平：《邓小平打出"王牌"前，上海曾经历那样的艰难和苦楚……》，公众号"解放日报"2018年12月16日，https://mp.weixin.qq.com/s/Resl1IbQwVRkI7ql1oTAqQ。

六、工业资金周转率为69.5天，周转之快，为全国大城市的第一位；

七、按人口平均计算每人每年国民生产总值，1979年为1590美元，生产水平之高，居全国第一位；

八、能源有效利用率，1979年为33%，高于全国平均28%的水平，居全国第一位；

九、商品调拨量，上海商业部门调往各地的日用工业品占全国调拨量的45%，居全国第一位；

十、输送技术力量，解放以来上海迁往内地的工厂300多家，并通过其他各种途径，输送技术人员、技术工人100万人，居全国首位。

同时，上海有五个方面在全国是"倒数第一"：

一、市区平均每平方公里有4.1万人，城市人口密度之大，为全国之"最"；

二、建筑密度高达56%，按人口平均计算，每人拥有道路仅1.57平方米，绿化面积仅0.47平方米（像一张《解放日报》那么大）。建筑之密，厂房之挤，道路之狭，绿化之少，均为我国大城市之"最"；

三、上海市区按人口平均计算，每人居住面积为4.3平方米（包括棚户、简屋、阁楼在内），4平方米以下的缺房户有918 000多户（其中困难户、结婚户、特困户、外地调沪无房户共69 000多户），占全市户数50%左右，缺房户比重之大，为全国大城市之"最"；

四、上海平均每万辆车一年死亡人数为42.5人，车辆事故为全国大城市之"最"；

五、由于三废污染严重，上海市区癌症发病率之高为全国城市之"最"。

这"十个第一"和"五个倒数第一"对比强烈，分析原因主要是三个方面：一是"重生产，轻消费"；二是"重挖潜，轻改造"；三是"重速度，轻效果"。上海的群众埋怨这个最大的城市已"操劳过度"，"消耗殆尽"。"三十年中，国家给上海的基本建设投资约占上缴的7.38%，数量甚少，弥补不了生产消耗。在基本建设投资中，非生产性投资仅占上缴的1.23%。城市欠债越来越多，上海一直在老化。""上海在经济上是个'顶天立地'的巨人，在实力上却是个'健康欠佳'的病人。"[1]

这篇文章发表后，如一石激起千层浪，引起众多上海的干部和市民的共鸣。上海的未来会怎样？如何摆脱困境？一时间，这些问题成为当时热议的话题。徐家良回到老家青浦时，上海就如文中所评述的那样，处在最艰难的历史阶段。也在那几年，大量离沪的插队知青、支援内地的干部职工及他们的子女，亦如徐家良一家人那样回到了朝思暮想的上海。然而，资源被挖掘到极限的上海，诸多民生的欠账未还，又要容纳众多归来的游子，生存资源紧张的矛盾尤其突出。

对徐家良来说，大上海包括他生长的青浦，其实已成"陌生的故乡"，除人事生疏外，在生活诸多方面还要重新适应。其中，第一个不适应就是气候。徐家良调回青浦时正值酷暑，在贵州生活二十多年的他已很难忍受上海夏天的潮湿溽热。在凯里，夏天不但凉爽，而且几乎没有蚊子，无须挂蚊帐；但青浦河湖密布，又住在平房里，没有蚊帐的话每晚都不得安

---

[1] 沈峻坡：《十个第一和五个倒数第一说明了什么？》，《解放日报》1980年10月3日。

寝，可挂上蚊帐就如进了一个蒸笼。

在凯里818医院时，徐家良上班的科室和宿舍在一个大院，举步即到。刚回青浦的头一年，由于妻子卢瑞英和两个儿子还在贵州凯里，徐家良一人生活在青浦城厢，但一个人不方便开火做饭，他午餐在单位食堂吃，早、晚两餐到嗣母（指"陆家桥妈妈"）那儿寄食。

嗣母住在靠南门的一条街巷里。青浦县人民医院在徐熙春创办时设在城内的公堂街，1966年搬到了东门外的新址，其南面的一条路后命名为"医院路"，其西面隔着护城河和曲水园相望。徐家良每天早上起来洗漱后，从老城厢中部的福泉街出门，向南到嗣母那儿吃完早饭，然后向北再向东拐出东门到医院上班，等于每个工作日要穿行大半个青浦老城。由于少年时的腿伤，徐家良不能骑自行车，那时候这三个地点之间也没有公交车，他只能拖着一条不正常的腿缓缓地行走在青浦城中。这样，夏天忍受着酷暑，冬天冒着严寒，徐家良咬着牙坚持下去。与此同时，工作换了一个陌生的环境后，徐家良的压力远大于在凯里的818医院。最大的变化是，这家青浦全县最高水平的医院服务的人群比818医院庞大得多，当时整个儿科只有徐家良一名男性医生，每天的患者接连不断，难有半刻歇息，经常连上厕所的时间都没有，不能到点下班是家常便饭。徐家良在凯里时的月薪88元，还有4元附加工资，但到了青浦后这4元没有了，而且两地分居，家庭支出更多。在凯里时，徐家良只管上班，家里的事几乎全由妻子卢瑞英包了，现在他一个人待在青浦什么事都得自己操心。

回到了魂牵梦绕的家乡，但故园并非乐土。徐家良独处时，常常会想起许多童年、少年时的往事，回忆起大家族的热闹，和现在的形影相吊形成巨大的反差。1982年春节，徐家良回凯里休假，更能感受到一家人生活在一起的舒适、安宁，甚至怀疑费那么大的劲调回上海是不是一个错误的决定。当徐家良和妻儿商量时，他提出再从青浦县人民医院调回818医院——818医院当然欢迎这位口碑很好的大夫"吃回头草"。卢瑞英说，"这事由你决定。你要再回到凯里工作，我们支持你；你决定还是去青浦上班，我们欢送"。大儿子徐建新说，"我的前途不要你考虑，我自己奋斗，你考虑好自己的事就行"。经过一番权衡，徐家良打消了再调回818医院的念头：比起凯里而言，上海毕竟是发达地区——即便是郊区县城，而且青浦是自己的老家；在凯里虽然舒适，但自己终归是外乡人；生活在上海虽然眼下有好多困难煎熬着自己，但也隐隐约约地感觉到上海不会总是这样子的，会变得繁荣、舒适。因此，过完春节后，妻子卢瑞英和两个儿子到火车站为徐家良送行，他还是准时回到青浦的医院上班。卢瑞英回忆那一幕时开玩笑说，"他自己灰溜溜地一人又回上海了"。在返沪的列车上，徐家良只有一个念头——"要把妻儿尽快地调回上海，一家人团聚就好了"。

徐家良回到青浦后，最折磨他的一件事就是住房问题。此前，接收徐家良的青浦县人民医院有言在先，把他调回来可以，但不解决他的住房。因此，徐家良唯一可以栖身的地方是福泉街的老宅（邮政地址是城中南路80弄11号）。可是，经过几十年风雨苍黄之变，这幢老宅已非徐家子孙所有，早就是"鸠占鹊巢"。

祖父徐熙春1924年建好了这座宅子，当时在青浦县城算得上很风光的建筑。这是一座不甚规则的三进江南民居，一共12间房子，由8个天井连接起来，靠南面是大门和一排平房，平房的北面则是两层楼房。抗战时期，邻居徐姚氏（也是远房宗亲）及其女徐文英因家遭日本侵略者炸毁暂无住处，徐熙春怜悯徐姚氏母女俩，借出一间房供二人居住。当时，徐家大部分成员在上海市区或外埠读书或工作，偌大的院落空空荡荡。徐熙春和徐姚氏约定，她们母女俩为徐家看管房屋，不收她们两人的房租。1949年后，徐熙春在青浦的另外三处房产，两处被政府征用，一处已捐出办医院，所剩余的就只有这处老宅子。但是，当时整个上海包括郊区县城都住房紧张，房管所又开始打这处宅子的主意，多次找徐熙春商量要求出借住房，而徐熙春当然知道这肯定是"刘备借荆州"，便婉言拒绝了。不过，到底是顶不住压力，徐熙春最终只得同意房管所将前排东首平房一间及中排东首楼房一间借出。

在1965年和1967年徐熙春和妻子董月娥去世后，正值那场十年浩劫的高潮期，所谓私人产权概念已不复存在，整幢房屋被外人冲击占用，宅中全部财物被洗劫一空。多年后，沪上书画名家书写、挂在中堂的楹联"树静山幽不知年岁，国安人乐咸颂太平"（徐熙春的妻子董月娥曾有一张坐在青浦徐家老宅中堂的照片，其后的楹联正是这一副且清晰可见），被上海一家拍卖行挂出拍卖。——这一定是那个年月某人在徐家夺得的"战利品"。1978年十一届三中全会后，青浦和其他地区一样成立了"落实私改政策领导小组办公室"，对被强行占据的私人住房进行清理、落实产权。可是，房子被占了，要想让人还回来，是何等的艰难！直到1981年6月徐家良回到青浦时，徐家老宅所有的房子仍然全部被人占着，他不得不借住在同一条街上的母亲娘家（舅氏盛家）。为此，徐家人三番五次去房管所要求落实政策，见房主的嫡孙回来没地方住，房管所再推托也实在说不过去了。于是，在房管部门的协调下，先归还了客堂楼下楼上两大间，大约58平方米。徐家良这才算有了落脚之地，住进了老宅。

对这样的处理，徐家人不认可，请求政府归还整幢宅子，而房管所的答复是私改房屋将要出台新的政策,让他们等一段时间再说,因此徐家人就没有再坚持要求。其实,当时应该能想到,这只是政府房管部门的缓兵之计。在房管部门看来,归还你们徐家两间房可以对付过去了,让他们将强占或他们安插的租户全部清理出去,几乎是不可能的事。

1984年12月,四姑妈徐毓英代表整个家族致函青浦县人大常委会,详述整幢房屋被占用、分割的过程以及十一届三中全会后要求落实政策的艰辛经历:

> 福泉路房屋共12间,是我家一家人生长和居住的地方。抗战期间邻居徐姚氏母女住处无着,家父母请她们住进我家后楼一间(见图注12,现其女儿徐文英住着),为了互相照应,所以数十年不收房租。其他房屋解放后也经常有人要借,父亲未同意。后来房管部门多次商量,不得已出租前排平房一间(1)、中排东面楼房一间(9)。另外有一董姓妇女苦苦要求在楼上中间借一只床位(10),但楼上中间是去晒台过道,又为我家堆杂物之处,我家不肯出租。董妇言明决不影响我家使用晒台,故同意借

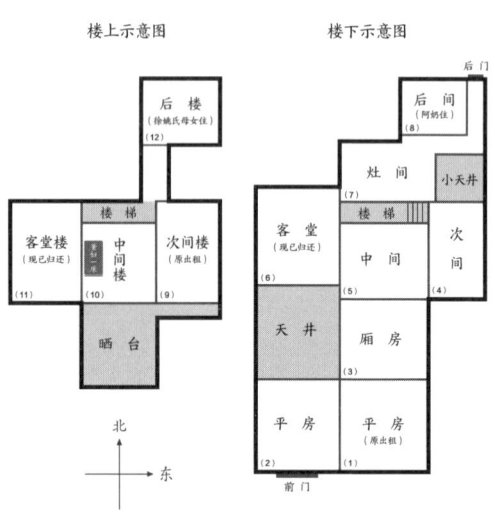

▲徐毓英信件所附老宅示意图(根据信件所附原件绘制)

她一只床位之地，根本没有隔成房间，仍然是过道而已。还有一位在我家帮过工的阿奶，曾住在我家后排底楼小间（8），也不收房租，此间与灶间相通，原未隔成一间。1964年底政府号召房屋申请私房改造，父亲也去登记。登记时，我家除了正式出租的三处外，其余房屋均为自用，各屋内均有我家家具杂物。父亲在登记时考虑到灶间（7）和墙门间（2）均为公用场所，而客堂上下（11、6）、中间上下（10、5）及东面底楼一间（4），这五间相连紧密可成一个整体，故申请自留用以上五间。父亲生前曾对家里人说过，要求至少自留用这五间。

1965年3月家父病逝，房屋由嫂嫂王之钦经管。"四清"时把嫂嫂王之钦错划为地主兼工商业成分（现已改正），接着而来是一系列厄运。嫂嫂受房客董妇百般欺凌，她积怨成疾于1966年11月去世。接着母亲于1967年1月在上海家中经过大规模抄家后极度刺激中（发）疯、病故，在北京的长兄徐传贤遭受"四人帮"迫害隔离审查，于1972年患癌病在隔离中去世（三中全会后平反安葬八宝山革命公墓）。十年浩劫，家破人亡，青浦房、物遭到毁灭性抄家，无一物幸存。

党的十一届三中全会后，私房政策落实到了我家，1982年初春正式归还了客堂及客堂楼上二间，而对其他房、物，虽多方反复请求，都未答复。问题的争议在我们要求按父亲生前在私改登记时申请留房为依据归还五间，而有关部门说我父亲在私改登记时对福泉路住房要求保留五间（即二楼二底加一个东面底楼房间），而街道意见自留三间，镇人民政府和县人民政府都只批示"同意私改"，没有提出具体意见。关于批准我家自留三间没有出示房屋私改的文件，也没有接到县人民政府的正式通知。照理说，这是不能强加于我们的，但是鉴于当时的历史条件我们可以暂且接受，其余容后再议。1981年元月12日青浦县房管地产管理所通知上写着"房屋三间于1968年查抄（上交）房管部门接管，按政府规定现经镇（公社）党委批准归还原房"。而实际上当时所谓三间，其中一间是挨在原邻居土地上的几个平方米的小灶间（现房管所已借出），我家没有接管这个小灶间。1981年1月29日城厢房管组与我家协议书中明明写上了委托租金是三户，说明确实归还了三个大间（附上以上两个证明）。

自从归还了客堂和客堂楼后，不论书面或家里人多次到有关部门询问，都没有下文。不是说要调查，就是说已归还了三间，把原客堂被隔成两部分当作二间，总之，就是不想为我们解决这个问题。调查到现在已四五年了，不知还要多少时间才能调查清楚，很显然不是真的调查研究，而是敷衍了事，愚弄百姓罢了。我们全家对此非常气愤。

最近我们知道了私改时登记的情况后，就提出希望暂且尊重私改时的意见应归还三间，即还应把东面底楼一间归还我们。理由是此房原是我父母亲住的房间，父亲1965年3月病逝后，房屋由嫂嫂王之钦经管，母亲是1967年1月去世。母亲健在二嫂决不会把母亲的房间出租，父母亲房间放着许多家具：床、橱、写字台、方台以及其他杂物。听邻居说抄家时不少东西是从此房间搬出去的。我们家里人离开时经常只有客堂楼（嫂嫂住房）以及母亲住房是上锁的，其余房屋都是不上锁，有时也供其他住户使用。因此，母亲房间是"文革"中的冲击房屋，这一点是无疑的。我们要求暂先归还此间是完全合情合理的，没有一点过分。我请求县领导重视、关心这个拖了几年未解决的问题。另外，如果让"文革"中抢占人民房屋的人仍安之若素，好像理所当然，这与彻底否定文化大革命也是不相称的。无论怎么说，我们不能容忍此事长期不解决。

我是相信党的政策，相信青浦县的领导的，故再一次上书请求，请领导在百忙中关心一下，我们等着领导赐予回复。谢谢。

此致

敬礼

徐毓英

84.12.26

徐毓英信中提到的"四清"运动，即1963年至1966年5月在中国农村和少数城市基层开展的社会主义教育运动，又称"城乡社教运动"。当时，在少数城市工矿企业、学校等单位，开展的是"清政治、清经济、清组织、清思想"运动；在农村中，最初是"清账目、清仓库、清财物、清工分"。在运动中，人为地制造了不少阶级斗争不断激化的事件，影响了社会的稳定。划分阶级成分本来在1950年代初"土改"中已经完成了，但随着"四清"运动从教育性质转向阶级斗争，打击面扩大，一些人又被追加了"地主""富农""资本家"之类的"贱民"标签。其中，徐熙春次子徐渭江之妻王之钦即属于这种情况。王之钦能干而贤惠，徐熙春夫妇晚年主要由这位儿媳妇照顾。当时，有位董妇无处容身，乞求徐家借给她在二楼过道里一只床位，可当房东王之钦被补划成"地主兼工商业"成分后成了阶级敌人，她立刻露出狰狞面目欺凌王之钦。——这是现实版的"东郭先生和狼"的故事。

徐毓英信中所指的董妇，她是夫家姓董，本人姓氏已不可考。董妇之贪婪、凶狠，远不止欺凌王之钦。1967年董月娥去世后，正是造反派蜂起之时，上海等地出现"群众"抢占房屋之风。董妇先是完全占据了徐家二楼过道，隔出一间房，阻断了徐家人去晒台。然后，董妇带领她年轻力壮的儿子董某某，撬开了中排东面底楼原由徐熙春、董月娥夫妇居住的那间房屋的锁，将这间房及其楼上一间房占据，一家人大摇大摆地搬了进来——加上董妇原来的那间，一共占了徐家三间房。据徐建新回忆，他1982年回到青浦时，董某某一家还住在这儿，不过对徐家人已态度和善。究其原因，应该是那时世道又变了，不再是"阶级斗争为纲"，徐熙春的子女也落实了政策，还健在者恢复了公职，孙辈多有出息。——中国社会的许多老百姓，"看风使舵"是基本的生存技能。

当时，徐毓英是复旦大学附中的领导，算得上是有社会影响的人士。因此，徐毓英这封信起了作用，后来房管部门将中排东面底楼的那间房还给了徐家，面积约25平方米。

到了1990年代，随着改革开放的深入，私有财产应该得到保护的常识开始被更多的人认可。上海启动了浦东开发，进入全面改革开放的快车道。徐家人想借此东风将整幢宅子要回来，徐渭江、章一涵、徐珠英、徐毓英、徐传珍和徐家良代表徐熙春的后人致信"青浦县落实私改政策领导小组办公室"：

> 目前整幢房屋格局与过去比发生了极大变化。原来的前门已被堵住不能出入，二门已被拆除，天井已割去一段，原来的门窗大部分已不存在，天井西墙（原高墙）已被拆掉（归还客堂后已砌了矮墙），

楼上当中间被隔成了房间，因此楼上的晒台我们也不能使用。整幢房屋已被切割分散，面目全非。先父生前精心保养、维护的完整房屋已不复存在了。

目前政府正在处理私房改造中的一些问题，我们恳切盼望我家住房按政策进一步落实归还。我们子侄辈在祖国四面八方（包括在海外的）共约60人，能有一幢完整的故居也是我们最大的心愿。（附平面图）

但这次徐家人没能如愿，这座宅子仍然被多家占用，脏乱而破败。直到2024年，青浦老宅所在的片区已纳入老城改造，正在进行动迁，徐家拥有的仍然只是三间房子。

话说徐建新转学进复旦大学附中就读，除了他自己成绩优秀外，家族长辈的帮助也很重要。当时，青浦县城到复旦附中交通颇不方便，徐建新只能住校，而且周日也很少回青浦，多是在四婆婆徐毓英家打牙祭、改善伙食。刚从凯里一中转学到复旦附中，徐建新感受到很大的压力，在凯里一中他是优秀学生，到这里泯然众人矣。特别是英语，贵州的重点中学教学水平无法和上海的重点中学相比，徐建新的成绩和全班同学的平均水平有一定的差距。徐建新和他的父亲徐家良刚回青浦时一样也是努力咬牙坚持，一个学期后他的成绩在全班提升到中等偏上。

1984年高考，徐建新被上海第二医学院（今上海交通大学医学院）检验医学系录取。在填报志愿之前，伯父徐家善建议徐建新报考检验医学系，因为他自己就是做检验医学的，且作为上海第二医学院检验系主任以及瑞金医院检验科主任兼血库主任多年。徐建新原本还有些不愿意报考检验医学系，他可能觉得检验医学不像临床医学那样风光，但伯父徐家善作为过来人看得更深刻、更长远，他要为侄子的未来前途考虑——就业和职业发展，亦如当年祖父徐熙春为自己的前途考虑一样——"1949年，祖父徐熙春揣度法学将来用处不大，建议徐家善改学医学。于是，徐家善舍弃上海法学院已攻读三年的国际法专业，考入同济医学院两年制检验系"。最后，徐建新接受了伯父徐家善的建议，填报了上海第二医学院的检验医学系。后来，在学习和就业过程中，伯父徐家善对侄子徐建新仍然一如既往地给予鼓励、指导和帮助。其实，徐家善对兄弟姐妹和子侄辈一直都特别关心，确实有一种传统里作为长房长孙的责任感，这一点或许与徐氏家族的影响以及祖父徐熙春的言传身教有莫大的关系。

这一年，徐家良一家的运气爆棚。卢瑞英和小儿子徐锋的户口也迁到了上海，一家人总算在青浦县城福泉路的老宅里团圆。清代，青浦县曾析分出福泉县，两个县的衙门同城共处，后来福泉县又被撤销并入青浦县，原来的县衙所在的街道名"福泉街"得以留存下来。卢瑞英在贵州的福泉县长大，这个地名让她感到尤其亲切，冥冥中似有某种定数。

离开凯里时，卢瑞英相比丈夫徐家良和两位年少的儿子更是恋恋不舍，毕竟贵州是她的家乡，而且在凯里818医院十多年里她的人缘很好，结交了好些朋友。人到中年进了上海，卢瑞英的陌生感自然比徐家良远甚。当然，这次搬家可比当初从贵阳到凯里要艰难得多，过惯了精打细算穷日子的卢瑞英舍不得扔下任何东西，所有的家什全部运回，连生煤球炉的小劈柴也一根根打包带走，因为她知道到了人生地不熟的上海，这种柴是很难买到的。当时，818医院的十几位同事在下班后一起为卢瑞英打好包装，然后她与老同事依依惜别。

第三章 半百归来犹未晚

为卢瑞英的工作安排问题，徐家良去找青浦县卫生局管事的人沟通，希望能把妻子调回自己所在的县人民医院。卫生局一位姓陈的干事人很好，他说："徐医生，你的妻子没必要非得去人民医院，那里病人太多，工作量大。中医医院刚成立，很需要有经验的护士，不如让你妻子去这里。"就这样，卢瑞英进了青浦中医医院。当时，该医院只有一个病区，病人不多。卢瑞英先在门诊部注射室从护士做起，后来调到了病房，没多久做了病房的护士长。两年后，卢瑞英做到了中医医院护理部主任，直到退休。

徐家良、卢瑞英夫妻俩回到上海后，工作都和在凯里差不多。当然，上海的副食品供应比较丰富，徐家良一家吃得比在凯里好，但开销也大。特别是徐锋的病一直在治疗，医疗费支出在家庭收入中占比较大，因此回到上海后的前几年全家人的日子仍然是紧紧巴巴的，不敢多花一分钱。

长辈的关爱

为次子徐锋治病，这是徐家良执意要回沪的重要动力。徐锋从生下来后，他的两个肾的功能就都不健全。1978年，在上海瑞金医院手术切除左肾后，徐锋剩余的另一个肾脏独木难支。随着年岁渐长，徐锋的身高和体重增加，独肾的负担越来越重，感染也越来越频繁。徐家良刚在青浦县人民医院入职后，他就向上海、北京、天津等大城市的名医院和知名肾病专家去函咨询或登门请教，同时留心专业报刊和新闻媒体上一切关于这种病治疗的信息，希望随着医学的进步能使小儿子的病有救。

<<< 归来徐家良：贵州到上海有多远

1981年7月，徐家良致函中国权威的泌尿外科专家、时任协和医科大学校长和中国医学科学院院长吴阶平[1]，讲述小儿子徐锋的病情，并希望得到指导。吴阶平在医学界特别是肾脏病治疗领域，是业界人士所共知的泰山北斗。1962年，吴阶平受中国政府指派率领中国医疗组赴印度尼西亚为苏加诺总统治疗因肾结石导致机能阻障的左肾，经过4个月的努力，取得了十分满意的结果。这样一个大人物，他每天的专业和事务性工作的繁重可想而知。因此，作为医生的徐家良也是抱着"病急乱投医"的心态，给吴阶平写这封信试一试。没想到，吴阶平很快回信如下：

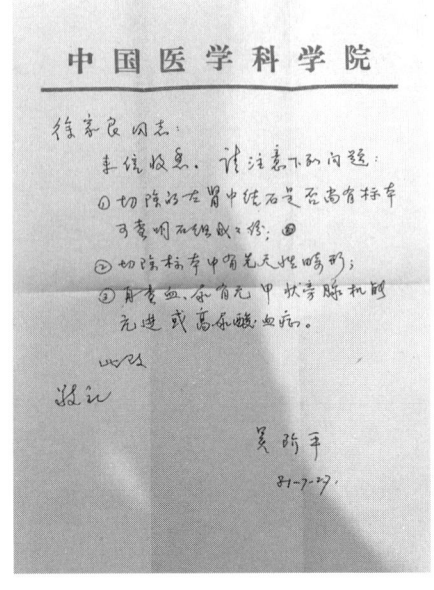

▲1981年，吴阶平给徐家良的回信

徐家良同志：

来信收悉。请注意下列问题：

①切除的左肾中结石是否尚有标本可查明组成成份【分】；

②切除标本中有先天性畸形；

---

[1] 吴阶平（1917—2011），名泰然，号阶平，江苏常州人，著名医学科学家、医学教育家、社会活动家、九三学社的杰出领导人，第八届、第九届全国人民代表大会常务委员会副委员长，九三学社第九届、十届中央委员会主席以及第十一届名誉主席，中国科协名誉主席，中国医学科学院名誉院长，中国科学院、中国工程院资深院士。

③再查血、尿有无甲状旁腺机能亢进或高尿酸血症。

此致

敬礼

吴阶平

1981-7-27

短短三条意见，凝结着一位医学界宗师的仁爱之心。接到回信后，徐家良感动之余，在心底里把吴阶平这样的大医作为自己终身效法的榜样。因此，此信被徐家一直珍藏。

徐家收藏的全国知名肾脏病专家的回信，还有第二军医大学附属医院的马永江[①]和廖履坦[②]亲笔所写的信。

马永江的两封回信如下：

徐家良同志：

您好！

来信悉。关于您小孩的病情我非常关切。从信中所述，现您小孩右肾情况目前感染已控制，而肾功能无明显好转，血肌酐为2mg%。按此情况，建议除继续注意防止感染外，可服用中药治疗。有鉴于此，

[①] 马永江（1914—2004），浙江杭州人。1936年毕业于燕京大学生物系，获医学博士学位。1946年，入美国密歇根州培琼医院进修。1948年回国，曾任上海同德医学院教授。1949年后，历任上海第二医学院教授，第二军医大学附属医院泌尿外科主任、外科学教研主任、教授，总后勤部卫生部医学科技委员会委员，中华医学会泌尿外科学会副主任委员。

[②] 廖履坦，著名肾脏病学家，曾先后担任中华医学会肾脏病学会常委兼透析移植学组组长、上海医学会肾脏病学会主任委员和名誉主任委员、上海医科大学肾脏研究中心副主任、国际肾脏病学会突发事件急性肾功能衰竭组织中国负责人等职务。在肾功能不全和血液净化疗法方面，廖履坦做出了卓越的临床和科研贡献，推动了我国临床肾脏病学的发展和普及。

可长时间应用六味地黄丸治疗。

　　上述意见，供您参考。

　　致

敬礼

马永江

1983-3-3

徐家良同志：

　　您好！

　　来信收悉。您的小孩从来信所叙，目前情况符合慢性肾功能不全。鉴于现小孩血压正常，精神食欲尚可，我建议是六味地黄丸10克～15克，每日2次，经常服用可能有所裨益。由于近来天气炎热，我院地处宝山县五角场，路途遥远，因此就勿必来院，不妨先服用一段时间中药后再作观察。

马永江

1983-7-28

廖履坦的回信如下：

徐医师：

　　您好！

　　我刚回国又到北京、广州开会，延了通信时间。您小孩现在腹透（引者注：指腹膜透析，英文缩写为PD）病情相对稳定，甚喜。希望能坚持腹膜透析（PD）。不知道你们如何做PD，是隔几个小时换一次透析液，每天做几次，每次几升？用EPO（引者注：指促红细胞生成素，英文缩写为EPO）多少？何HGB（引者注：指血红蛋白，英文缩写为HGB或Hb）才5.5g/dl？EPO用多少剂量？又何用法？均需了解。血压似乎偏高，是否水分过多，或吃太咸，有无用降压药。

如果用EPO已2个月以上，而HGB仍5.5g/dl，要适当加量（皮下注射），另外要加用铁剂量，及VitB（引者注：指维生素B）族及叶酸等。上述几点供参考，最好PD 1—2年后接受肾移植。

顺颂

秋祺

廖履坦

1992-12-2

徐锋从开始懂事时就知道自己是个病人，和哥哥及其他的小伙伴不一样。在家里，徐锋受到父母和哥哥的呵护，7周岁后到长征子弟学校读书，老师和同学都十分关照他。徐锋从小十分要强，自己的事能自己做决不让父母和哥哥代劳。同时，徐锋性格乖巧、善良，和朋友、同学相处总能替人着想，因而他到任何一个班集体的人缘都很好。徐锋在长征子弟学校读到初三，随母亲卢瑞英离开凯里，转学到位于青浦老城厢的青浦二中，并在初中毕业后升入本校的高中部。回到上海后，叔祖父徐渭江、四婆婆徐毓英、大伯徐家善夫妇等家族的长辈很疼爱徐锋，经常夸赞他懂事、勤劳，为他治病成了全家族的事。

随着徐锋的病情反复，徐家为他的医疗费用支出成为沉重的经济负担。早在1982年，徐家良得知天津市第一中心医院人工肾研究组研制出一种氧化淀粉附吸剂，对恢复肾功能有效果，便去信咨询购买、使用情况。该科研组回复：

> 此附吸剂每日口服两次，每次10克，每天药费6元。因我科研组人员有限，故不能代办邮寄，请同志们接信后不要寄钱，欢迎来人面谈，请谅。

在1980年代初，徐锋的治疗光这样一种"特效药"，每天的药费6元，一个月的花费超过了一般职工的月薪。到了1980年代末，徐锋的病已经恶化到不得不定期进行血液透析。当时，医保不健全，透析完全靠自费（过了几年，徐家良所在的医院负担了透析费用的一半）。

1992年初，徐锋的病情突然加重，导致全身浮肿，不仅徐家良夫妇心急如焚，整个家族都为他的病着急，想尽一切办法希望能帮上一把。姑妈徐家敏得知徐锋病情加重后，写信给徐家良、卢瑞英夫妇：

二哥二嫂：

> 初七与大哥（引者注：指徐家善）通电话时得知小锋身体不太好，心中很着急，路隔太远，不能回来看他，这俩天多次给二嫂打电话021-9711770，上午总打不通，下午就无人接，今天给建新的电话也打不通，无奈只得写信了，听大哥说小锋现在全身浮肿，病情比较严重。在治疗方面你们是最清楚的，不知照目前的状况，应作如何有效的治疗，我想你们会采取这种措施的，但愿这次发病是某种原因暴发性的，经针对性治疗后能恢复，另一方面一定要让小锋有坚强的信念，有勇气与疾病斗争，这是精神支柱！不知他情绪怎样？告诉他五

嬢嬢（引者注：指徐家敏，徐家小辈以大排行称之）急切盼望他早日康复，如暑假能来青岛避暑，他喜欢拍照，在青岛会找到许多好的镜头，留下好的印象，同时也望二哥二嫂不能过于忧急，尽人力，听天命，许多事是不尽如人意的。小锋自手术至今大概有十个年头了，十多年来作为父母不仅尽了责任，而且把所有的爱给了他，这一点我和迪颐（引者注：指徐家敏的丈夫周迪颐）是知道的，一二次的接触中留下了深刻的印象，你们该做的都做了，心理上完全可以平衡的。建新的信已收到，希望在今年一切都能如愿以偿。

遥祝小锋平安、康健！

妹家敏

于1992年2月13日

徐毓英在1992年3月1日致徐家良夫妇一封信中说：

启元、瑞英：

徐锋情况是否稳定，十分挂念。你们二人也真辛苦，望多保重。

这二天我正在打听第一人民医院情况，还未有眉目，曾听说复旦还有一名人民医院的医生，不知能否找到。

方针原来做过工作的公司曾投资一套透析设备给曲阳医院，他对曲院医生也有些熟悉，需要他联系也可以的，据他说一个疗程二周做五六次透析手术，回家去休息就好些，管用三四个月左右。他不是医生，也是因为帮助投资而听说一些。后来我去电问元鑫，元鑫说瑞金也有的，但看病人昏迷等情况严重可能不可透析，现在徐锋也未到此情况，你们商量商量。现在你们这样，给他吊针吃药也是积极治疗，对他生活也有照顾些,这些年你们事实上已长期做了。我看你们开支这样大,我要寄500元来补贴家用,不料复旦附近的邮局500元是不寄的,非要到五角场,我将抽时间去寄,杯水车薪,请勿挂心上。

祝好!

毓英

1992年3月1日

方针是徐毓英和方宗坚的儿子,即徐家良的表弟,元鑫即大哥徐家善。在写这封信的五天和十天后,徐毓英又先后两次写信给徐家良谈徐锋的治疗:

启元、瑞英:

关于曲阳医院血透事,方针谈了以下想法,他原来的公司是东方公司投资设备,所以一开始就谈降低价格好像是拆东方公司台,想去血透的话,先联系上再慢慢说明我们是自费,请他们略为降价,方针到时也会去说的。

目前价格每次340元,技术是可靠的,最好先去门诊一次看看情况,或是你们二人中一人来一次摸摸情况,最近该院托方针办一事,但还未完成还在联系之中,若能办成倒也好说一些。但是介绍去是毫无问题的。曲阳医院血透室负责人之一邹同志(可能称邹医生吧)和方针认识的。电话是5442772转血透室。是否先电话问问,可以说明是方针介绍来的。

人民医院那边还未有消息。

问徐锋好!

祝好！

毓英

1992年3月6日

启元、瑞英：

徐锋最近情况如何？十分想念。

关于打听谢桐①教授问题，我托了一位复旦老同志的女婿，该女婿是第一人民医院的整形外科的。经过他去了解后告诉我说，谢教授已多年不开专家门诊也不约见有关病人的疑难，他现在只参加一些培训同行的中青年医生以及对国际医学的交流，接待一些国外来的医学专家等纯搞些医学理论、手术的交流提高。该整形外科医生还是年轻人，他也不认识什么人。这样，这一方面就是得不到进展了。我把一份资料仍寄还给你们。我想若有其他机会我仍将抓住机会问问看。

祝健康

毓英

1992年3月11日

---

① 谢桐（1923—2000），江苏常州人。1950年，毕业于上海同济大学医学院，后到上海市第一人民医院工作。1953—1954年，参加抗美援朝医疗队入朝工作，后回到上海市第一人民医院工作。1960年，开始从事泌尿外科工作，取得丰硕成果。1963年，在国内率先开展了选择性肾动脉造影。1964年，在国内率先进行电刺激膀胱的研究。1970年代，谢桐和吴阶平院士一起研究了嗜铬细胞增生症并发表了论文，并和他的学生一起发现了乳糜尿的发病机制是腰淋巴管动力学的变化，还在国内外首创用喜树碱膀胱灌注防治膀胱肿瘤复发。1970年代初，在国内率先引进血液透析设备，并在临床上正式开展血液透析治疗工作，且身体力行地到全国各地讲学，开展技术交流，促进血液透析在国内逐步普及，参与研制国产血液透析设备，从而促进了我国透析专业的发展。与此同时，谢桐参与研制的小型人工肾机器和国产空心纤维透析器曾获全国科学大会奖。

谢桐教授是中国透析与肾脏移植奠基人之一，著名的移植与泌尿外科专家。其时，远在北京的五婆婆徐传珍，对徐锋的病情亦牵挂在心。1992年3月，徐传珍在一封给徐家良夫妇的信中说：

> 我们几次去青浦，都得到徐锋热心关照，这孩子聪敏，有礼貌，尊长爱幼，给我们有深刻的印象，我们都很关心他的身体健康。好在你们都是医生，能很好地护理他，但愿他吉人天相，在你们的精心调理下，很快得到康复。
>
> 前头汇去200元，请代为徐锋买些营养补品，杯水车薪，聊表心意，代向徐锋问候。

次月，徐传珍了解到一则儿童住院医保的信息，特意写信告知：

> 家良、瑞英：
>
> 你们好！
>
> 家良来信收到已多日。昨接四孃孃（引者注：指徐毓英）来信说徐锋病情好转，我们大家都为之高兴，希望他注意保养。家良信中问及孩子医疗保险问题，据了解，全国没有统一的规定，上海市可能已经有了，最近从报上看到一篇文章，说上海市有《儿童住院医疗保险方法》方案已宣告出台，详细情况不清，这里说是儿童，文章中提到青少年，徐锋是否可以加入，你们是否写封信给上海市卫生局医保处问问，现把文章附去你们看看。
>
> 你们工作忙，加之孩子有病需要照料，十分辛苦，望自己要多加保重，就此搁笔。

祝全家安好！

传珍

1992年4月17日

家人们明白徐锋的治疗靠血液透析只是权宜之计，如廖履坦教授所说的那样，肾移植是最合适的治疗办法。但做这样的手术谈何容易，肾源和适配性是最大的问题。早在1989年12月，与徐锋没有血缘关系的北京祖母章一涵写信给四婆婆徐毓英，提出自己要捐一个肾给徐锋：

四妹：

大大（引者注：上海青浦一带对父亲的称呼，指徐熙春）铜像揭幕礼我们未能参加，真是心中十分抱愧。回想今年一年真是诚心诚意想尽这一份心的，可是我收到请柬已经12月23日下午了，又和五妹（引者注：指在北京工作的徐传珍）约好去陪她（妹夫去香港、澳门出差），所以只能作罢。听五妹说已电话和书信告诉您，所以我也就没有再写信。

26日很热闹吧！上海去了多少人，你和小哥（引者按：指徐渭江）大概都去了，二嫂（引者注：指徐渭江的第二任妻子吴雯）身体欠安大概不能去吧！三妹（引者注：指徐珠英，徐熙春的大女儿）一家去了多少人？元鑫（引者注：指徐家善）一定去了，红岗（引者注：指徐家善的儿子徐红岗，徐熙春长曾孙）从深圳回来了吗？

徐锋肾病又犯，现在如何？我想把一个肾脏移植给他，请您和启元（引者注：指徐家良）、瑞英商量商量看，因为我的眼睛好（至今不戴眼镜，白天小字都能看见，晚上就累了），医院医生说眼睛好肾脏和肝脏一定良好。如果他们同意，明年春天我来上海时，就在瑞金医院检查后一周动手术好了。我本想直接给启元写信的，因一天无事忙，懒于写。徐锋这孩子很好，我七十二三岁的人了，能把一个器官让给一个年轻人，不要说是直接的亲属，就不是亲属我也是愿意的。

另外，如果揭幕礼那天摄有照片，希望寄一张给我。别的下信再谈。向您和妹夫及全家拜个早年。

顺祝

俪安

一涵

1989年12月27日

此信前半部分乃询问徐熙春塑像在青浦人民医院揭幕之事。徐毓英将这封信转交给徐家良夫妇阅读，两人大为感动，但对北京的继母章一涵的一片慈爱之意只能心领：70多岁的老人做这样的手术风险太大，何况是否能配型成功还是个大问题，做晚辈的于心不忍，只得婉拒了。

到了1992年，章一涵提出要借钱为徐锋治病。大哥徐家善对徐家良夫妇说："不管建议是否可行，老人的态度是认真的，也确实在千方百计地想办法。"1992年6月，也就是在徐锋刚从一次病危中挺过来时，徐家良夫妇给北京的继母章一涵写信，谢绝老人要举债帮助他们家的好意。章一涵回信说：

启元、瑞英：

你们6月1日来信收到，你们的心思我知道并理解。我只恨我自己竟没有力量能真正地帮助小锋解决一些实事，孩子太苦了。

章琪阿姨还住在南京，她的地址是：南京长江路廊东街828号，你们尽管去。章琪爱人也患肾病，前些时间刚出的医院，他患的是肾亏损，在鼓楼医院住院治疗的。说不定南京军区总医院他可能还有认识的人，平时他住在疗养院，星期六、日是回家的，我可以先给一封信托托他们。

时间过得真快，想不到启元也即将退休了。瑞英呢？你们有何具体打算？也可以来北京走走，我可以打听打听北京中西医院何处治肾病最有疗效。大哥（引者注：指徐家善）快要去美（国）了吧？卫平回京已接到调令，大概下月，他同他女儿先回来，全家都回来还得一些时候。家达也要退休了吧？他是否也要回青？别的今天不说了。祝家安。

一涵

1992年6月7日

章琪是章一涵的胞妹，比徐家良大不了几岁。1948年，徐家良在南京读高中时认识章琪，相处得很好。章一涵和徐传贤的大儿子章卫平1952年出生，后去吉林白山插队，在当地落户、成家。

徐锋1987年高中毕业后，由于所患的病无法升学，只得待在家里持续治疗。徐锋喜欢集邮和摄影，以打发治病之余的时间，而其摄影技术很不错，亲友相聚时总是由他担当摄影师角色，章一涵、徐毓英和徐家敏等长辈对他拍的照片多次夸奖。

1980年代，青浦当地政府对徐家落实政策，那个非常十年中被抄家的财物已被人劫夺一空无法追回，政府退赔了2000元。徐渭江作为家族辈分最高的人，主持这笔钱的分配、使用，他拍板从本息中拿出1500元给徐锋治病。为了透析方便，徐锋较长一段时间住在叔祖父徐渭江位于上海市区的家中，在身体状况好的时候他还主动做饭、烧菜和照料叔祖父、叔祖母。

徐家良以嗣母"陆家桥妈妈"孤身一人无人照顾的名义申请回沪，回到上海后他和卢瑞英确实尽到了赡养之责。嗣母在1991年病重后，徐家良、卢瑞英夫妇以及儿子徐建新、徐锋为老太太端茶送药，伺候在身旁。1994年春节，嗣母以高龄辞世。

徐锋的病情在1992年春天曾有短暂的好转，此后不久又出现恶化，终于回天乏术，于1994年11月去世，年仅25岁。徐锋已经毕业七年的在沪高中同学得知后，纷纷前来送别。徐家良夫妇和整个家族为徐锋的病可谓倾尽全力，但在伤心之余，作为一位资深医师的徐家良深知无论医学如何日新月异地发展，在许多疾病面前总是无能为力。

用工作成绩增进祖父的荣耀

刚调进青浦县人民医院时，徐家良感到一种无形的压力。医院领导和同事们知道徐家良是医院创始人的孙子，祖父的荫庇也可算能是他顺利回沪的因素之一，因此他生怕自己工作不努力、成绩不突出，给已逝去多年的祖父丢脸。所以，入职后的前一年，尽管工作强度远远大于在贵州凯里的818医院，妻儿又不在身边，但徐家良不敢叫苦叫累，任劳任怨地为患者看病。后来证明徐家良多虑了，他的工作态度、业务水平和部属职工医院里多年积累的经验，在上海的一个区县人民医院很快就获得院领导、同

第三章 半百归来犹未晚 〉〉〉

事和患者家属的一致好评。1981年11月和1982年3月,《中级医刊》分别刊载了徐家良在818医院时投稿的两篇论文——《新生儿特发性呼吸窘迫综合征》[1]和《金黄色葡萄球菌感染并发猩红热样综合征1例报告》[2],在青浦县人民医院引起了不小的反响。对此,医院领导说这位从贵州回来的医师还真有两把刷子,同事们也为其专业水准信服,这样徐家良很快就在新的单位立住脚了。

1981年底,徐家良进院才半年就被医院确定为儿科的负责人,到1982年则明确为儿科主任。由于担任了行政职务,当时也正是大力发展知识分子入党的时期,组织上找徐家良谈话,希望他能递交入党申请书。徐家良在贵州工作的二十五年里,由于家庭成分的因素,又当过一段"白专典型",他有自知之明,并不想获得给自己加分的"政治身份"。但现在时代不同了,徐家良对组织上的关心不能拒绝,于是写了入党申请书。1984年,徐家良加入中国共产党。为此,徐家良很有感慨地说:"上海地区是个海纳百川之地,对有用之才很重视。"比起人才缺乏的经济欠发达地区,人才荟萃

▲1982年,徐家良担任青浦县人民医院儿科主任

---

[1] 徐家良:《新生儿特发性呼吸窘迫综合征》,《中级医刊》1981年第11期,第2—5页。
[2] 徐家良:《金黄色葡萄球菌感染并发猩红热样综合征1例报告》,《中级医刊》1982年第2期,第33页。

的上海的竞争环境更加公平、开放，这是徐家良回到上海前几年最深刻的感受。

1980年代，各行业被停滞多年的职称评定得到了恢复，医药卫生界是较早步入正规化职称考评、聘任的领域。

自1949年后，中国的专业技术职称管理制度也随着政治、经济形势有过诸多波折。在1976年以前实行的是技术职务任命阶段，借鉴苏联的管理模式，将专业技术人士划归"国家干部"序列，其职称等同于行政级别，由上级任命。徐家良在贵阳市妇幼保健院被任命为"代理主治医师"和到818医院成为"主治医师"便是在此背景下产生的，职称完全由上级任命，很难客观公正地反映出一名专业技术人员的业务水平和工作业绩。1977年，中央开始探索技术职称评定制度。这一年，《中共中央关于召开全国科学技术大会的通知》提出："应该恢复技术职称，建立考核制度，实行技术岗位责任制。"其后，职称评定被作为"尊重知识、尊重人才"的一项重大举措。1978年，国务院实行了《关于高等学校教师职务名称及其确定与提升办法的暂行规定》。紧随其后，1979年卫生部颁发了《卫生技术人员职称及晋升条例（试行）》，由国务院批准。但此后数年，由于各行业、各地实行的标准不一，造成一定程度的混乱。到1983年，中央决定暂停职称评定工作，进行全面整改。1986年，中央决定改革职称评定，实行专业技术聘任制度。这年1月，中共中央、国务院转发了中央职称改革领导小组《关于改革职称评定、实行专业技术职务聘任制度的报告》；2月，国务院颁布了《关于专业技术职务聘任制度的规定》，以实施专业技术职务聘任制为核心的职称改革工作正式开启。经中央批准同意，1987年职称改革工作的安排是："上半年要基本完成高教、科研、卫生3个系统省、市和中央部委所属单位以及已批准的其他单位的聘任工作;在总结经验的基础上,下半年在21个系列分期分批地全面展开。"①——卫生系统成为专业技术职称评定的领头者。

对开展职称评定,徐家良和他的同事可谓久盼甘霖,望眼欲穿。徐家良来到青浦县人民医院(后改为青浦中心医院)后,主治医师这一中级职称的"帽子"已经戴了十多年。进院后不久,徐家良听说要在1984年恢复职称评定,他可以申请晋升副高职称,可到了1983年时得到的通知却是"职称评定暂停"。——这便是上文所述"全面整改"所致。到了1987年,徐家良终于可以参加中级晋升副高级职称的评定了,由上海市卫生局统一组织考评,有外语考试、专业考查和发表专业文章的各项指标,刚性且透明。徐家良轻松过关,获得了副主任医师的职称,而当时整个青浦县获评副高职称的一共4人。1990年,徐家良通过上海市卫生局的统一考评,被聘任为主任医师,而此次青浦县卫生系统仅有2人获评正高职称。

入职青浦县人民医院后,徐家良撰写、发表的第一篇学术文章是《腹泻、发热、便血、进行性腹胀》②,刊登于1983年6月的《基层医刊》(此前1981年、1982年所发表的两篇论文是在贵州凯里818医院时撰写、投稿的)。1985年,徐家良连续发表了三篇学术文章,分别是1月、6月发表在《中国农村医学》的《针挑"马牙"引起沙雷氏菌败血症1例报告》③和《外

---

① 《一九八七年职称改革工作安排业经中央批准同意》,《湖北档案》1987年第4期,第18页。

② 徐家良:《腹泻、发热、便血、进行性腹胀》,《基层医刊》1983年第3期,第47—48页。

③ 徐家良:《针挑"马牙"引起沙雷氏菌败血症1例报告》,《中国农村医学》1985年第1期,第28—29页。

用甲胺磷灭虱引起中毒2例》[1]，8月发表在《临床儿科杂志》的《急性肾炎并发心力衰竭心源性休克误诊为休克型肺炎1例报告》[2]。直至其退休，徐家良有30余篇文章刊登于国家级和省市级医学杂志，这个成绩在全院医务人员中首屈一指。

其中，《外用甲胺磷灭虱引起中毒2例》这篇文章不长，只有1000多字，但今天以非专业人士的角度来阅读也有其相当的历史价值。当时的背景是，在此前的集体经济时期（生产队）像化肥、农药等农资由集体购买、保管、使用，实行农村"包产到户"后单独的农户可以购买农药并自行使用，但一些农民因科学常识的缺乏而导致保管、使用不慎，造成不少人误用或中毒，其中小孩占相当的比例。徐家良文章中提到的两位患者一个9岁、一个7岁，都是因为家长用甲胺磷农药为其洗头发以灭虱子引起中毒，后治愈出院。徐家良这篇文章的结论是：

> 甲胺磷是近年来应用于农业杀虫的高效高毒有机磷农药，可因食入、吸入和皮肤吸收而中毒；亦可因灭虱、灭蚊、灭蚤等通过呼吸道和皮肤吸收而发生中毒。一般由皮肤吸收中毒者症状出现较迟较轻，治疗措施与口服中毒者相同，但不需洗胃。
>
> ……
>
> 甲胺磷是高毒有机磷农药。今后应在农村加强宣传，妥善保管。切勿外用作灭虱、灭蚤等杀虫剂，以防发生严重后果。[3]

---

[1] 徐家良：《外用甲胺磷灭虱引起中毒2例》，《中国农村医学》1985年第6期，第6页。
[2] 徐家良：《急性肾炎并发心力衰竭心源性休克误诊为休克型肺炎1例报告》，《临床儿科杂志》1985年第4期，第228页。
[3] 徐家良：《外用甲胺磷灭虱引起中毒2例》，《中国农村医学》1985年第6期，第6页。

回到上海后,增进新的专业知识、获取业界信息比在贵州方便得多。此时,已经50多岁的徐家良订阅了多种专业报刊,如饥似渴地学习,有一股"不知老之将至"的劲头。1985年和1986年,有两封刊登在医学杂志的读者来信可一窥徐家良当时对业务知识孜孜以求的状态。

其一是对某刊恢复一个英语学习栏目表示欢迎并提出建议:

中级医刊编辑部:

贵刊《医学英语学习园地》停办四年后最近又恢复,深受广大医务人员欢迎。《园地》原来介绍的英语阅读材料、英语基础知识、英语语法与医学会话等的内容较多,当然这对初学英语的读者来说是需要的。但现代医学与其他自然科学一样,发展迅速,又是息息相通的。

现在《园地》恢复这一栏目,并在原有基础上增加国外最新医学动态英语阅读材料的报道,这使广大读者既学到了英语基础语法知识,又了解了国外最新医学动态,因此有利于广大中级医务人员开阔视野、更新知识、提高业务技术水平,这样就扩大了读者面,也可以把专栏办得更活了,更能适应热爱本刊的广大基层医务人员需要。

此外,建议《园地》增加医护人员常用查房用语与怎样书写英语病历等内容,并定期进行测验,以结合临床实践提高广大医务人员的医学英语水平。

本刊特约通讯员 上海市青浦县人民医院 徐家良[①]

其二是希望某刊刊载具有指导意义的实用文章:

[①] 徐家良:《欢迎恢复〈医学英语学习园地〉专栏》,《中级医刊》1985年第10期。

编辑同志：

关于后囟穿刺术针头进入哪条静脉，国内近年来出版的书刊中的叙述及图解不甚一致。有的说是穿刺针头进入直窦，有的则认为进入上矢状窦，使读者不知哪一说法正确。

早在1957年，郎育三医师根据临床实践及死婴观察指出，后囟穿刺不能达到窦汇，而是进入上矢状窦后段。又谓窦汇不是正对后囟，而是在后囟下方约2cm处（本刊1957；8：73）。但此点可能未能引起某些儿科同道的充分注意。

最近贵刊发表的李昌萍等写的《后囟穿刺时针头进入哪条静脉》一文，再次论证了后囟穿刺时针头只能进入上矢状窦而不能进入窦汇或直窦，并有附图说明（本刊1984；22：383）。该文作者为了进一步弄清这一问题，进行了细致的临床实践，脑静脉窦造影X线检查及解剖学观察。他们这种认真探索的科学态度和求实精神，值得学习。我们基层医务人员很喜欢这类有指导意义的简短实用的文章。

为了不断提高书刊质量，希望今后出版的儿科书刊，对这一问题应有统一的确切的论述。

上海青浦县人民医院儿科　徐家良[①]

在青浦县人民医院（又名青浦区中心医院）工作的十余年里，徐家良治疗的病患实在太多，对他而言都是职责范围内的事，不愿多提及。不过，一位"长大后我就变成你"的小患者给徐家良和卢瑞英留下了深刻的印

---

① 徐家良：《希望多刊载具有指导意义的实用文章（读〈后囟穿刺时针头进入哪条静脉〉一文体会）》，《中华儿科杂志》1986年第24卷第3期，第152页。

象，至今难忘。

有一名女婴是7个月的早产儿，体重仅1.9千克。女婴出生在一个残疾人家庭，家里养育两个孩子很不容易。出生后，祖母对女婴相当疼爱。一开始，女婴住在医院的保温箱里，没多久就出院回家了。但由于体重轻、体质弱，又正好是冬天，女婴身体时常出现各种问题。当时，徐家良作为保健医师，卢瑞英则是保健护士，三天两头上这家为女婴治疗，几乎相当于这家的私人医生。这名女婴叫周晓丽，后来顺利长大成人，读了护理专业，毕业后分配到复旦大学附属中山医院青浦分院（原青浦县人民医院）。一开始，周晓丽在手术室做护士，后来调到了急诊科。

由于工作态度认真负责、工作业绩突出，徐家良被评为青浦县人民医院和县（区）先进工作者基本是常态，几乎是十年有九次。当人问及这些荣誉，徐家良却认为不值一提。

同样在沪上卫生系统任职的大哥徐家善也是如此，他不仅业务突出，早早地成了上海第二医学院附属瑞金医院检验科主任并创办了血库，而且他为人谦逊友善、心胸宽广，总是关照和提携年轻人，对年轻人在工作上犯的小错误总是给予理解和包容并帮

▲大哥徐家善在美国加州大学旧金山分校访学期间留影

助解决，同时他办事认真、精明强干、多才多艺，他因有三年国际法学的学习经历而熟悉国际法，还参与了1985年修建的瑞金医院门诊大楼的设计工作——其大楼代表了当年医院门诊大楼的最高水平。同时，徐家善精通英文、法文，在1980年代初美国麻省理工学院学者来上海第二医学院访问时，作为医学院检验系的创始人及系主任的他已经是知名教授且兼任上海献血中心副主任，他不仅全程接待来访的学者并担任翻译，而且以高度的专业学养和职业能力与之进行深度交流，对方对其十分满意并在返美后更常有书信往来。1986年，徐家善应邀赴美国加州大学旧金山分校（全称加利福尼亚大学旧金山分校 [University of California, San Francisco, UCSF]，世界著名的生命科学及医学研究教学中心）访学，受到校方及同学们的热情欢迎，当地华侨创办的中文报纸还曾做过相关报道。在血液研究方面，徐家善成绩显著，曾主持对白血病的病理验证且具有价值效果，从而促使中美在美国纽约联合成立研究室，合作研究白血病以提高医疗成果。

在青浦中医医院工作的卢瑞英，其工作业绩和她的丈夫徐家良一样突出。由于在贵州818医院有不少徐家良的上海同乡，卢瑞英刚调到青浦时听患者说当地话没问题（虽然青浦话和上海市区语言有一些差别），但她不会讲上海话，只能操一口带西南腔的普通话和患者交流。在工作上，卢瑞英态度热情、工作负责、操作麻利高效，很快受到患者的欢迎。卢瑞英感慨说："青浦人呢，是蛮大度、蛮宽容的。只要你对他好，他对你也会十分关怀、关心。我对每一个病人都一样的态度好，他们日后在马路上碰到我，老远就打招呼。我感觉到我做护士这一辈子，没有后悔。"

当时，一位男患者在卢瑞英工作的科室里住院，卢瑞英对他态度很好，他十分感激。那人的妻子是卖煤球的，此后卢瑞英买煤球就再也不用发愁了。每次来了质量好的煤球,那人就在卢瑞英下班时到医院门口通知她一句"煤球给你留好了",然后一道帮她把煤球送回家。这解决了徐家的大问题,以前由于不认识人,卢瑞英买的煤球质量都不好,每次生火半天燃烧不起来,真是特别恼火。

在青浦中医医院看过病的患者纷纷口口相传卢瑞英的故事,许多人都知道中医医院有个外地来的护士很好。卢瑞英刚进中医医院时,负责的病房所住病人以做痔疮手术的患者为主,多是男性。护理这种病人尤其不能怕脏和累,卢瑞英对每个病人都一样热情、细致。后来,几位患者写表扬信到青浦县政府,说住院时中医医院那位说普通话的护士态度最好。也是由于工作的态度和业绩,卢瑞英很快升为护士长,没多久又升了护理部主任。这样,40岁随夫回到上海的卢瑞英,也逐渐地从心理上、生活习惯上完成了从外地人向上海人的转变。

身为一名资深的医护人员,更由于是中国红十字会青浦分会的创始人徐熙春的孙子,徐家良在本职工作之余,十分热心地参与红十字会的各类公益活动。1984年9月3日,正值青浦红十字会成立六十周年,县红十字会当日在县政协会议室召开茶话会。该会负责人说:"青浦县红十字会是有着悠久的历史。从一九二四年成立起,在军阀混战、战火连绵的动乱年代,她为努力减轻受灾受难人民的痛苦竭尽全力。新中国成立后,在党和政府的领导下发扬救死扶伤、实行革命的人道主义精神,为社会主义建设、协助政府部门开展各项工作积极地做出了贡献。青浦县红十字会成立六十年来的光荣历程,是一部扶危济困、救灾救难的历史。"[①]徐家良的叔

[①]《青浦县红十字会办公室简报》(第23期),1984年9月6日。

祖父、曾协助祖父徐熙春管理青浦红十字会事务的徐正大在会上做了发言。徐家良受邀参加茶话会，在会上捐赠了家族珍藏几十年的中国红十字会青浦分会会旗和青浦红十字会医院成立时的照片。

1985年9月，经中国红十字会总会批准，上海市红十字会授予徐家良"中国红十字会荣誉会员"称号，并颁发荣誉证书和奖章。1990年，徐家良被收录于知识出版社（隶属中国大百科全书出版社）出版的《中国高级医师咨询辞典》。

徐家良一家人回到家乡青浦后，不仅适应了上海的生活，夫妇俩的工作更是蒸蒸日上。然而，有一件影响全家人生活的大事却迟迟不能解决，那就是住房问题。在1981年徐家良调入青浦县人民医院时，医院说过不能解决住房，他和后来回来的妻儿便住在福泉路老宅的两间房子里，且一住就是十年。这种老房子年久失修，生活很不舒服，没有现代的厨卫设施，需要倒马桶。更难受的是，由于其他房间都被外人占据，整座老宅成了"七十二家房客"挤在一起的大杂院；而且房管部门还给徐家的三间房是家族共有，产权无法分割，徐家良这个小家庭只算暂时落脚。徐家良眼看着所在的单位青浦县人民医院一次次分房，但都没有他的份，而以他的资历、职称和业绩早就应该分到单元楼房了。徐家良一向淡泊名利，不愿与人攘争，甚至其弟徐家达1991年给他的信中亦说，"关于二哥医院分房子还需常去提醒，太老实了，要受人欺的"。在向医院申请住房的过程中，卢瑞英再一次显示出她的社交能力和有胆有识的办事风格。为分房这件事，卢瑞英除了向医院数次申请、提醒外，还找到之前已退休、曾经主管文教卫的副县长老张。

徐家良夫妇和老张是老熟人，早在1983年卢瑞英联系回青浦的工作

第三章　半百归来犹未晚 〉〉〉

单位时就去老张家登门拜访过。卢瑞英得知老张有一位在青浦一中读高二的女儿，便携带一包复旦附中的试卷——自然是从担任该校负责人的四姑妈徐毓英那里获得的，来到张家说完正事就拿出复旦附中的卷子问需不需要。对这样的礼物，老张很高兴，欣然接受。第二年上半年，卢瑞英已在中医医院上班，老张作为主管的县领导来这所新办的医院看望医护工作者，见到卢瑞英就闲聊起自己的女儿即将高考以及填报什么志愿更合适的话来。卢瑞英热情地建议报上海第二医学院检验医学专业，说女孩子学这个专业很合适。张家女儿后来果然依其建议报志愿，顺利考入了上海第二医学院检验医学系，成了卢瑞英长子徐建新的同门师妹。

　　由此渊源，老张对为分房的事找到自己的卢瑞英很是热情。老张听完陈述，立刻拨通了现任分管副县长的电话。老张说，"徐家良医师一家现在住的房子是整个家族共有的，不是他的房子。即使这房是他的，也不能继续住下去，条件太差，住在里面太艰苦。作为一个快到退休年龄的主任医师，难道还没有资格分一套单位的房子吗？"——领导的过问还是很有作用的，徐家良终于分到了一套楼房。1992年，徐家良一家乔迁新居，这一年他已整整60岁了。这套房只有40多平方米，两间卧室，有个过道算是小餐厅，但有独立的厨房、卫生间，又在青浦县人民医院的旁边，上班下班很方便。对此，徐家良夫妇很知足了。

　　徐家良、卢瑞英工作的单位和后来居住的房子，离江南名园之一的曲水园只要走过一座东门桥就到了。在徐家良刚回青浦的1980年代初，曲水园和当时的上海乃至整个国家一样，百废待兴。曲水园的一些地块被蚕食，园里的一些古建筑被占用或损毁，而且1960年代末修人防工程时填平了放生祠。在这座"废园"之中徜徉时，徐家良总爱回忆儿时和兄弟们一起跟着祖父徐熙春来这儿游玩的场景——当时曲水园是徐熙春主持的青浦红十字会开展活动的重要场所。名园风采不再,与自家老宅一样破败,目睹此景的徐家良心中有着难言的感伤。幸好,青浦当地政府从1984年开始修缮曲水园,最先修复西园夕阳红半楼一区;1985年,修缮了中园的景点;1986年开始改造东园,重修清籁山房和佛谷亭,疏通了清泉溪,架设清泉桥,并建成了西大门、清泉廊、写意亭、五曲廊、接景廊、老人峰、绿波廊、豢鹤轩和儿童乐园。徐家良目睹了这座名园再次焕发生机的全过程,他庆幸自己能在快50岁时回到了家乡。徐家良在心中常常感激祖父徐熙春当年的善行对自己的荫庇,再想到领导、同事的夸赞和患者的信任,心想自己总算没有给祖父丢脸。

第四章　浦江晚霞尚满天

破碎的家族得到重新拼接

1965年，祖父徐熙春在大风暴前因病去世。弥留之际，徐熙春对身边的儿孙特别是二女儿徐毓英交代，"家族不能散，一定要保住老宅几间房子，这是家族的根"。

然而，在那个年代，徐熙春老人这点卑微的期望是很难实现的。徐熙春和夫人董月娥埋葬的"息焉公墓"被毁掉、推平，青浦老宅的房间全部被人占据，家族成员星散在全国各地，并因家庭身份这一"原罪"，大多数遭遇了被批斗、被管制和打入另册的厄运。为了避祸，叔侄、兄弟这类至亲之间也不敢随便通信。事实上，这个大家族已经被时代的巨浪给冲撞成碎片。

改革开放刚刚开启，随着祖父徐熙春和父亲徐传贤被恢复名誉，叔叔徐渭江被落实政策，姑妈徐毓英夫妇、徐传珍夫妇恢复公职，家族成员之间的通信和来往增多，破碎的家族被一点点重新拼接。在这一"工程"中，叔叔徐渭江作为徐熙春还在世的唯一儿子，理所当然地成为家族代表，然而真正拿大主意的是四姑妈徐毓英。——这不奇怪，毕竟徐毓英和她的先生方宗坚是1949年以前入党的干部，这一身份有时候很管用。

要回老宅的三间房，是重建家族拼盘的一大标志性事件。如前文所述，徐毓英在此事中起的作用最大。这三间房尽管只占整个宅院很小的一部分，但总算有了一个家族的旧巢，可以引领失散的孤雁飞回来。其中，徐熙春在沪外的子孙中，徐家良是回到"旧巢"的第一人。

青浦县人民医院院内竖立起徐熙春的铜像，是重建家族拼盘的又一标志性事件。青浦县红十字会鉴于创始人徐熙春对当地医疗和公益事业所做出的重大贡献，倡议在该会成立六十五周年之际在其所创建的医院院内为徐熙春公立像，县人民医院院方表示同意，而其后人自然是十分赞成。立像一共花费8000元，一半由红十字会支出，另一半由徐熙春的子女辈筹集。其中，青浦老宅被抄家所赔偿的2000元的利息756元，子女辈徐渭江2010元、章一涵200元、徐珠英200元、徐传珍400元，徐毓英承担其余的434元。孙辈徐家善和徐家良亦表示要出一部分钱，但资金已足够，故长辈决定不让第三代承担。1989年12月26日，徐熙春的铜像落成典礼在青浦县人民医院举行，徐珠英、徐毓英以及徐家良、徐建新父子等徐熙春的后人参加典礼，长孙徐家善代表家属致辞。铜像基座上镌刻的碑文曰：

> 徐公熙春名正章（公元一八八五——一九六五年），青浦县城厢镇人，青年经商上海，从事印刷业。一九二四年任中国红十字会青浦分会副会长，一九二五年任会长，一九五一年改选后仍任会长。
>
> 徐公自奉俭约，急公好义。一九二四年军阀内战，大批难胞逃青，徐公邀集同仁组织中国红十字会青浦分会收容。此后在一九二七

第四章 浦江晚霞尚满天 〉〉〉

▶1989年12月26日，徐熙春塑像在青浦县人民医院落成

▲今复旦大学附属中山医院青浦分院内的徐熙春塑像

《《《 归来徐家良：贵州到上海有多远

▲1989年,徐家良(左前)、卢瑞英(右一)夫妇与大哥徐家善(左二)、三弟徐家达(左一)在祖父徐熙春塑像前留影

▲1990年,徐家良(左)与青浦县人民医院同事周士俊在祖父徐熙春塑像前留影

年北伐战争、一九三二年"一·二八"战争、一九三七年抗日战争中,青浦分会在徐公领导下,发扬人道主义精神,先后安置遣返难胞一万八千多人次,组织救护伤员无数,掩埋军民尸体八百六十六具。战后募款购种子援灾民,疏河道、建桥梁。一九四八年徐公解囊出资创办中国红十字会青浦分会医院,造福桑梓。

徐公扶危济困,助人为乐,高风亮节,令人敬仰。

青浦县红十字会
青浦县红十字会医院
一九八九年十二月

在此有必要简单地回顾一下徐家良的叔叔徐渭江的人生,他从生到死在上海生活了九十年,尽管历尽坎坷、饱受凌辱,但他以上海爷叔的智慧和豁达熬了过去,并悄悄地守护着家族的根脉。

徐渭江出生于1910年,是徐熙春的次子,比长兄徐传贤小差不多3岁。徐渭江的一生可以概括为:早年是"小开",中年成"贱民",晚年为"老克勒"。徐渭江年轻时风流倜傥,一表人才,但读书没有其兄那样聪慧、勤奋。徐传贤16岁考入上海邮政局端上"铁饭碗",从此职场顺遂,而徐渭江成人后一直在徐熙春身边帮助父亲做生意,是美新公司的少东家。徐渭江做人很"四海",喜欢广交朋友,喜欢听音乐和跳舞,这爱好和其兄徐传贤倒是很一致。据徐建新回忆,他这位叔祖父直到晚年睡觉前必放着四喇叭录音机,然后在音乐声中入眠。——唱片机和黑胶唱片,早在那个岁月里被没收或销毁了。徐渭江早年是"百乐门"的常客,常常去跳舞,人长得帅,出手又大方,深得舞女喜欢。徐渭江还喜欢围棋,而且棋艺不

《《《 归来徐家良：贵州到上海有多远

▲1939年，徐渭江（前排中）与友人合影。原相册照片左侧有钱梦渭（中华职教社社员）题词："民国二十八年国历十二月二十一日，时值冬令，天朗气清，适逢徐渭江先生卅秩诞辰。同人等平时常相叙一处意志融洽，是日正午会于云南路大餐室，逸兴遄飞，觉此景此情不易多得，乃于餐后相集摄印，以资留念。"

▲1940年代，徐渭江（后排中）与美新公司同事合影

低，经常请沪上的大国手如过惕生[①]、顾水如[②]等人下指导棋，大约一到两盘支付报酬一个银元，价格不菲。

1950年代，徐家的产业美新印刷材料股份公司被公私合营后，徐渭江一度被吸引进管理班子担任协理（副厂长）。到了1960年代，徐家的日子不好过了，定息停发，徐渭江也被安排到中间，曾经做过锅炉工。但徐渭江心胸开阔，生活态度乐观，从"小开"沦落到底层不以为苦，而是认认真真地烧好锅炉。由于徐渭江为人通达、活泛，他最终熬过了那些苦难的日子。尤其难得的是，在那段"以阶级斗争为纲"的岁月里，徐渭江将父亲徐熙春的许多珍贵资料，如中国红十字会青浦分会成立后历年的征信录、账册以及1950年代美新公司的工作笔记，冒着风险完好地保存了起来。1980年代，这些资料重见天日，中国红十字会青浦分会的征信录和账册捐给了青浦县红十字会，原件现藏于青浦区档案馆。其中，美新公司工作笔记记录了在"三反""五反"和公私合营过程中许多细节，兹摘

▲1956年左右的徐渭江

[①] 过惕生（1907—1989），中国现代围棋元老，安徽歙县人，著名古代棋手过百龄后裔。早年在上海教棋，后定居北京，与刘棣怀（1897—1979）并称为"南刘北过"。1949年后，任北京棋院副院长，于1957年、1962年两次获得全国冠军。聂卫平等著名国手是其弟子。

[②] 顾水如（1892—1971），名思浩，小名继龙，浙江嘉善枫泾镇人（今属上海金山区）。近代著名围棋大师。

录一二如下:

1952年4月10日,同业公会评定、工会通过为基本守法户。

美新该户半工半商,出品偷工减料甚少,偷漏方面折放部分,但(有)劳资纠纷。送友人四百美元另案处理,自报基本守法户,同业小组一致评定。

1952年4月19日起至5月4日,行政与工商户在南京饭店学习15天后,评定基本守法户。

(参加人员:)南京袜厂徐国安、润昌纸号徐安兰、恒兴春阮元龄、义昌恒林洪涛、源利周文瑞、世界印刷余志生、品珍珠宝店董叔瑜、万亨和吴雁峰、裕兴隆瞿松涛、益群王德全、怡成张颉青、大业张雪父,苏州华成纸厂曹丽逊、诸葆良、徐祖赓。

7月3日,"增产节约委员会"发给058039基本守法户处理。

同业公会,会员由上级监督出席评定:

万亨和吴、振华、富阳王鸿海、胡嘉记、位泰昌谢暮发、新和沈祝三、申新巴孟芸、怡成张颉青、集成林、美新徐熙春。

南京学习期间,上午8时至12时,下午2时至6时,晚上8时至10时。

405房间大组第三小组,正组长林洪涛,副(组长)沈国梁。

决心书:勤恳、严肃,接受"五反"运动学习,决心坦白。此证。

学习纪律:参加"五反"学员必须严格各项纪律,不得迟到、早退,如其迟到、早退、请假,小组同意,大组审查,上级批准方可。

▲1950年代，徐熙春记录的美新公司工作笔记

学习态度老实彻底，不得互相包庇，要接受他人之启发、批评，不得违抗政策，凡违犯上项纪律，一经查处，分别处理。

"三反""五反"运动，是1951年底至1952年10月中共中央在党政机关工作人员中开展的"反贪污、反浪费、反官僚主义"和在私营工商业者中开展的"反行贿、反偷税漏税、反盗骗国家财产、反偷工减料、反盗窃国家经济情报"的斗争的统称。

在1951年10月开始的"增产节约"运动中，揭发出大量的贪污浪费现象。中共中央于12月1日和12月8日，分别发出重要文件。至此，"三反"

运动在全国展开。在"三反"运动中,又揭发出资产阶级不法分子同国家机关中的贪污分子密切勾结、从事犯罪活动的严重情况。

1952年2月上旬,"五反"运动首先在各大城市开始,并且很快形成高潮。1952年3月5日,中共中央规定对违法资本主义工商户处理的基本原则:过去从宽,今后从严;多数从宽,少数从严;坦白从宽,抗拒从严;工业从宽,商业从严;普通商业从宽,投机商业从严。

1952年10月,"三反""五反"运动结束。

"三反"是针对党政机关里的干部职工,而"五反"的对象主要是各地的私营企业主。当时,上海是开展"五反"运动的重点地区。1952年3月11日,"政务院批准公布了北京市人民政府《在'五反'运动中关于工商户分类处理的标准和方法》,把私营工商户分为守法户、基本守法户、半守法半违法户、严重违法户、完全违法户5类进行定案处理。定案处理的结果是:守法户占总户数的10%~15%;基本守法户占50%~60%;半守法半违法户占20%~30%;严重违法户约占4%;完全违法户约占1%"[1]。从徐熙春的记载来看,在"五反"运动中,工商户必须人人参加学习、评定,不留死角。"基本守法户"占大多数,徐熙春的美新公司即属于这一类,算是让其凑合过关。

1956年,上海等城市开始进入"公私合营"的高潮。徐熙春记录了有关部门传达的5月13日《新闻报》的一篇报道,具体如下:

> 曹荻秋市(委)副书记说,清产核资工作初步的估价,并要

---

[1]《【党史故事㊴】"三反"、"五反"运动的成果》,公众号"安徽检察"2021年5月19日,https://mp.weixin.qq.com/s/lVgOF9c0RoxSfp7H3IeXwQ。

求在五月份把清产核资工作告一结束,如有偏高偏低的现象,要进行复查。接着又布置下一阶段的定息人事安排和经济改组工作,要求在五月底或六月半做好定息准备工作,六月份要审查批准。又谈到人事安排工作时,必须把原有私营工商业的一切资方在职人员包下来,根据量才使用辅以必要照顾的原则,给以适当工作,使工商业者能够从工作和学习中逐步地改造成为自食其力的劳动(者)。

关于经济改组工作,在5月底凡未按产品性质划分,以中心厂、半附属厂的要求加以调整,同时为加强管理,改造和适应国家需要,中心厂的户数要适当增加,同时要调查摸底,并在反复讨论研究中商讨出经济改组的方案,不要随意裁并合作。

这一年8月,美新公司的合营方案确定,被定为中心厂。9月21日,上海市文教用品工业公司向徐熙春、徐渭江转来上海一轻局"关于批准各厂行政人员职务的通知"(56沪一轻局人字〔1006〕),任命了通文油墨社等企业行政负责人员。具体如下:

> 兹经局批准,任命通文油墨社系统行政负责人员名单如下:
> 通文油墨社:厂长项毓元,副厂长瞿龙生
> 益华:厂长詹雨田
> 恒升:厂长诸少斋
> 美新:经理徐熙春,副厂长徐渭江
> 大华:经理何其昌,副厂长何祖泽
> 以上批准行政负责人员,希望遵照公布执行。

大华公司应该和美新公司情况一样，原来的老板和少东家都结合进管理层。1956年10月，徐熙春和徐渭江父子签署了十份保证书——"本人服从国家政策和计划，管理企业，搞好生产"。

徐渭江有三段婚姻，其中结发妻子王之钦1966年在备受欺辱中去世，第二任妻子吴雯能干贤惠，第三任妻子是老来伴。徐渭江与前两任妻子没有生育儿女，其一位堂兄弟30多岁因患伤寒病逝，留下两个女儿徐婉仪、徐婉珍由徐渭江和妻子抚养成人。后来，徐婉珍在广州工作、成家。1990年10月吴雯病重，徐婉珍到上海探望养母回广州后，曾致信卢瑞英对其一家照顾病重的吴雯表示感谢：

嫂嫂：

您好！启元哥好！

此次妈妈得病，多亏您放弃工作、家务，悉心护理照料。妈妈如有知觉，她必然十二分感谢您。我也对您十分感激，这些事照例由我承担，现在都落在您和建新的身上，甚感不安！并向您和启元哥表示感谢，感谢您辛勤的劳动，也感谢启元哥对您的支持！

我于十九日上午十时五十分到达广州，梅生在机场等我，由于车辆拥挤中午一时才返家，飞机上的时间才一个小时五十分钟，可前后却花去了五个小时实在离谱。第二天我已上班，人是十分劳累，这二天休息一下才有恢复。

您太辛苦了，望多保重身体！妈妈是否20日出院，未知情况如何，甚为挂念！暂此搁笔。

代我和梅生问候启元哥，向徐锋问好。

第四章 浦江晚霞尚满天 〉〉〉

▶1930年代的徐渭江

▲徐渭江与第一任妻子王之钦

▲徐渭江与第二任妻子吴雯

祝快乐

婉珍

1990年10月22日

徐婉珍回到广州后不久，吴雯即病逝，徐家良夫妇及儿子为婶母送终。徐婉珍奔丧回广州后，再次写信给卢瑞英表示感谢：

嫂嫂：

您好！启元哥好！

收到大姐来信讲您在青浦路上摔断手骨，听后我万分不安。

您为妈妈的病和去世的事操尽了心，您太辛苦了，太累了！如果我还在上海，您就不至于这么劳累，都是我连累了您，在此我向您表示深深的不安并表示衷心的感谢！

感谢您和启元哥、建新、徐锋在妈妈病重期和过世后的全力照顾，虽说我们都是自己人，但你们操的心实在太多了。嫂嫂（受伤）的手是左还是右，现在情况如何，这样一来启元哥要辛苦了，但愿早日痊愈，相信妈妈会保佑的。

平时望你们保重身体。

妈妈的追悼会很隆重，感谢周围亲人如此关心。最最遗憾的是我连妈妈最后一面也见不上，深感不安，终生遗憾。

我要纪念她老人家，她突然离开，可她永远活在我的心中，我永远也忘不了她。她老人家将我和婉仪都抚养长大，在她最需要我们时我们都没能尽到责任，却要你们付出辛勤的劳动。我也同样忘不了你们，今后嫂嫂将是我心中最好的朋友。

祝：嫂早日痊愈，启元哥健康。

婉珍

1990年11月23日

徐家良年少时，祖父徐熙春曾说过让他承嗣没有子女的徐渭江（中国传统长子不出嗣，所以长子徐家善不可能过继出去）。但是，这也只是和说过继给"陆家桥妈妈"那样只是说说而已，何况大家庭没分家，徐家良并不需要由徐渭江夫妇抚养。到了1950年代徐家良读大学后，徐家更不可能搞已被批臭的"封建传统"那一套，举行什么过继仪式。不过，不知是否由于这个原因，徐渭江对徐家良这个侄儿尤为亲近。徐建新大学毕业后在沪工作的前几年，住在叔祖父徐渭江家中，工作之余常陪着叔祖父下围棋，从一开始徐渭江让侄孙四子，到逐渐变成让一子，到最后不让子而与徐建新对弈输多赢少。那时候，徐渭江已退休，但他是个闲不住、爱热闹的人，平时无事时跑到静安区工商联去帮助料理一些杂事。

大约在1987年底，徐渭江提出要把他在青浦老宅要回来的三间房的份额在他去世后赠给徐家良。这三间房的产权由徐熙春的五位子女共同拥有，即在世的第一顺位继承人：长子徐传贤的妻子章一涵、次子徐渭江、大女儿徐珠英、二女儿徐毓英、小女儿徐传珍。当时，这三间房中的两间由徐家良一家居住，另一间作为家族的"机动房"。从实际价值而言，徐渭江这一转赠似乎用处不大，但对徐家良来说其对使用的"合法性"则增加不少。此前，作为长房的次子，徐家良对青浦老宅所占的份额很小，而叔叔徐渭江那一份完全转赠给他后则权重剧增，居住在此处也就更理直气壮了。照理说，徐渭江完全有权处置自己的份额，但徐家良是一个自尊心强、

《《《 归来徐家良：贵州到上海有多远

▲1980年代末左右，徐家人在徐渭江家（万航渡路327号）留影（左起依次为徐传珍、徐珠英、徐渭江、吴雯、方宗坚、徐毓英）

骨子里有些清高的人，他担心家族的其他成员不高兴。这事又由四姑妈徐毓英出面斡旋，劝说二哥徐渭江趁早立下字据。徐毓英在1991年10月28日写给徐家良的信中说：

> 叔叔（引者注：指徐渭江）昨日写了一张遗赠青浦房产权的立据，我想再由我及元鑫（引者注：指徐家善）见证一下，今后二代人都可以说说话。这件事基本上就这样了，等我完全搞好复印后，再分存几处。遗赠是在叔叔百年后产权转给家良，因此不影响目前房产权。此事由方姑父（引者注：徐毓英的先生方宗坚）与律师事务所多次联系，想经过一个法律手续，只是叔叔不想经外面的人手，因此搞了很长时

间，反反复复，最后只得让叔叔亲笔立据了。方姑父昨日又去叔叔家，昨日才定下来。

为了避免将来出现麻烦，徐毓英和方宗坚为徐渭江的产权转赠尽量在法律层面考虑周全，在徐渭江立字据后又于11月写信给徐家良夫妇：

启元、瑞英：

我于本月廿二日给你们去一信，谅已收到。

今有一事相商，前几月我曾在一本法律手册上看到有关遗赠的一些必备手续。后来把该书借给叔叔（引者注：指徐渭江）去看了，最近我取回来重新看其中有一段这样写：继承法第二十五条第二款规定，受遗赠人应当在知道遗赠后两个月内，作出接受或放弃受遗赠的表示，到期没有表示的，视为放弃受遗赠。为了免得今后麻烦，这也不是为你本人之事，想请你写一封信给渭江叔叔，信寄到我这里，由我去和渭江兄联系，请他在信后签个名，表示知道，此信暂时放在我处，有便时给你。你看好吗？信要用钢笔写，最好签名盖章。我起个草稿给你参考，你不必客气，修改修改。

渭江叔叔：

您于一九九一年十月二十六日立据欲将坐落青浦城中南路80弄11号房屋所有权中属您名下的一份遗赠给我，我表示愿意接受。特此禀告并敬谢之。

侄子　徐家良敬上
1991年11月17日

日期写11月17日，因为当时他们还未去登记，他们大概是双日去登记的，反正是一个简单的手续问题做一下很方便。我非常理解你可能有些想法，好像你并不要这个房子。为了我父亲你祖父（引者注：指徐熙春）在临终前几天曾对我说过要尽可能保留之事，所以我一定尽力而为，这就是我这几年的想法，也是我的责任。日期写17日或不写17日写别的日期均无多大问题，写17日更放心一点。

话多了，请原谅祝好！

毓英

1991年11月25日

你写好信若在12月7日拿来也可以，看能寄来我早些请叔叔签名。

徐毓英充分考虑到徐家良夫妇不愿意占便宜的心态，故而以遵照父亲徐熙春尽量保护住老房子的遗嘱为名，以打消侄子的顾虑。

在第二任妻子吴雯1990年11月去世后，徐渭江在次年又一次结婚，这次的婚姻在徐氏家族中掀起了一点波澜。女方姓李，比徐渭江差不多小20岁，是徐渭江1940年代末在百乐门跳舞时认识的舞女，当年有过"五陵年少争缠头，一曲红绡不知数"的风光。多年后历经劫波，两位当年舞池中的旧相识又联系上了。吴雯去世后不久，两人开始谈婚论嫁。这让家族的人特别是关系亲近的几位妹妹和侄子、侄女感觉心里不舒服，其中一个原因是吴雯生前留给大家的印象很好，尸骨未寒，老头就急着找新老伴儿；另一个不便明说的原因是徐渭江已经81岁了，对方有贪图其在上海市区房子的嫌疑。但不管怎样，老先生自己做主要再婚，亲人们也不好阻挡，而且女方不但要求领结婚证，还要求热热闹闹地操办一场婚礼，以表示是明媒正娶。小妹徐家敏在1991年7月给徐家良夫妇的信中讨论了叔叔徐渭江这桩婚事：

> 迪颐（引者注：指徐家敏的丈夫周迪颐）自上海回来后，又去了北京，那时五姑（引者注：指徐传珍）正巧回上海。他去看望了章妈妈（引者注：徐传贤的第二任妻子章一涵），老人身体尚好，她也说起叔叔要结婚的事，真有点不可思议。依我看对方肯定有深谋远虑，不知现在怎样了，如果他执意要娶，别人尤其是小辈们也无理由阻挡。只是时间这么短，有点对不起吴雯婶娘。据说建新正要了单身宿舍，大概也不常回去住吧？

徐建新参加工作后前几年住在叔祖父徐渭江家中，现在老人要娶新太太，他再住下去有诸多不方便，因此另找住处。徐渭江和李老太太是1991年12月结婚的，而在此前的11月他立下字据将青浦县城厢老宅自己的份额遗赠给侄子徐家良，这是徐渭江的精明和徐毓英的缜密体现。这三间老宅，不管是否值钱，都是徐熙春后人共同的财产。徐渭江晚年和别人结婚，对方又有子女，若不将自己的份额遗赠给侄子，那将来会给老宅的处置带来很大的变数和纠纷，也就违背了父亲徐熙春的遗愿。至于徐渭江自己所住的房子属于个人财产，将来留给第三任太太，别人无可置喙。徐毓英在一封信中谈到对二哥徐渭江第三次结婚如何送礼的建议：

> 启元，瑞英：
> 　　收到你们来信及给叔叔（引者注：指徐渭江）的信，我将找机会上叔叔家去一次。来信征求我送礼的意见，我告诉你们我们四人（一

涵姊、珠英姊、传珍及我）合送了一条纯羊毛毯及被套一只，共200元左右，我们只表示了一个意思，不算什么大礼。我看你们送礼也象征性地表示就可以了。上次瑞英和我通话中说起送一蒸蛋糕也好，只是蛋糕上不可裱"寿"字，裱上"快乐""囍"或其他祝健康等都可以的，或买其他食品。总之，表一个意思即可。

建新还是小孩子，看到这种形势心里有些不痛快，特别是星期日女方全家出动而到，对建新学习工作安排干扰很大，我只好劝劝他。现在他又担心着一旦他走出去了，公公（引者注：指徐渭江）怕要受他们欺侮。我想到时候实在不像样，我们也不会沉默吧！目前主要是我和大孃孃（引者注：指徐珠英）年龄大了，自顾不暇，你家被老人病人拖累，元鑫（引者注：指徐家善）又是里外忙着，大因也还在工作，谁去照顾叔叔呢？现在（请）佣人谈何容易，我们是心里明白的，真是无可奈何。信上随便谈谈，反正我和你们是一样认识的。你们为房屋事又费了大力，目前进展快吗？

祝好！7日在沪见面。

毓英

1991年12月2日

从徐毓英这封信中提到12月7日"在沪见面"来看，应该是家族成员一起参加徐渭江的婚礼。小妹徐家敏在该月给徐家良夫妇的信中又评论一番此事，表示无奈之下只能祝福叔叔徐渭江的意思：

叔叔结婚我们小辈是管不着的，何况80多岁的老人也不能没人照顾，若果真是老伴，那算是叔叔有福。因事先四姑母（引者注：指徐毓英）已告诉我日期，我们只寄了一张贺卡，以表贺喜，四姑母也说我们这一辈不要有其他表示，所以就从命了。你们近便，吃喜酒是必然的，尴尬也就难免，不过我想兴师动众实属女方的要求。

徐渭江与第三任妻子李老太太结婚后一起生活了十年，后于2001年逝世，享年91岁。徐渭江所居住的房子，自然归了老伴儿李老太太。数年之后，李老太太也去世了。

徐熙春的后人颇多，以老宅为中心重新将家族聚集起来难免会产生一些矛盾，特别是在上海居住空间很逼仄的1980年代末、1990年代初。大姑妈徐珠英的先生蔡祖恭的归来也曾激起一些涟漪，不过很快就平息了。

1960年代，由于父亲的连累和其本人在旧军队中当过军医，蔡祖恭被判处徒刑发配青海劳改了二十余年。1980年代中期，蔡祖恭回到了故乡青浦，令人感佩的是发妻徐珠英对他不离不弃，一直等着他。蔡祖恭的户口先落在他出生的朱家角镇，并由当地政府批准给了一间他家族原来的房子栖身。1989年，蔡祖恭将户口迁到了青浦城厢的徐家老宅，在老宅的一间房里住了数年，和徐家良一家相处得还不错。徐建新回忆他回青浦老宅时，总会陪着姑祖父蔡祖恭对弈几局，偶尔听这位饱经风霜的老人谈及往事。再后来，徐家良在医院分到了单元房，一家人搬走了。随着时间的流逝，徐家家族内部这个小插曲带来的风波，也就烟消云散了。根本的原因应该是改革开放深入，特别是上海的浦东开发，这座中国第一都市释放了压抑多年的能量，经济和社会各项事业发展迅速，随着房改推进大量商品房被开发，上海人居住异常逼仄的局面得到了极大的改观。

徐熙春的不少后人在那个年代受到冲击，但蔡祖恭的遭遇最为坎坷，经历的苦难最多。要知道，万里投荒二十余年，能够在青藏高原活下来很不容易。蔡祖恭幸运地熬过了那些岁月回到故乡，晚年在岳父徐熙春筑起的"旧巢"里栖身数年，身心得到抚慰。后来，蔡祖恭年近90岁辞世。

三弟徐家达的归来

比起二哥徐家良在贵阳、凯里行医二十五年的岁月，远遣新疆生产建设兵团而在农一师一个连队落户的徐家达一家，其日子更为艰苦。可能与久在大西北受当地文化的影响有关，徐家达比起两位兄长脾气显得急躁一些，也较为刚烈。徐家达对儿子很是严厉，其次子徐成军回忆说小时候因为调皮捣蛋曾被父亲吊到树上用柳条抽打。但是，徐家达比起二哥徐家良，他更爱结交朋友，没有知识分子的"清高范儿"。

1969年12月，徐家达和吴秀菊有了长子徐成城，由于婴儿出生时脐带绕颈难产，自理能力受到了一些影响，就一直生活在父母身边。其次子徐成军生于1971年12月，他从小是家里最勤快的孩子，五六岁起就开始帮助父母一起做家务，拔草、养鸡、养猪、养兔等很多家务农活样样都干，不到17岁就跟着邻居孙红梅阿姨的弟弟外出参加施工队。徐成军在建筑工地干了差不多三年，后在常熟琴湖附近的凤凰袜子联营厂工作，在那里结识了妻子游文华，于1997年3月生下一女游倩，2024年4月晋级为外公。

徐家达的三子徐成岗于1974年5月20日出生在新疆生产建设兵团农一师十团三连，他是全家第一个回上海的。1989年8月，依照原援疆家庭子女可以一人迁回上海的政策，徐成岗独身一人前往金山县（1997年撤县，今为金山区)的上海石化(又称金山石化)读书,周末借住在原兵团连队的邻居孙红梅阿姨家,每月去浦东周家渡雪野二村探望外公外婆。

徐家达尽管因为患病耽误了上大学,但重点高中毕业的他有很强的学习能力,何况年轻时在中国农业科学院土壤肥料研究所工作过,因此到新疆建设兵团后很快就显露出他的技术水平和工作能力。徐家达曾获得新疆维吾尔自治区科技进步一等奖1次、二等奖2次,也曾在《农业科技通讯》(1980年12期)发表论文《冬麦春种》。徐家达1981年晋升为农艺师,1991年晋升为高级农艺师,1990年加入中国共产党。据徐成岗回忆:

> 父亲技术精湛又没有老学究的派头,他对人和蔼可亲,因此受到农场职工的尊敬,有什么农业种植上的问题就来找父亲。父亲除了为全家准备早饭外,大多数时间在试验田里和圆形种子研究办公楼(小时候我们叫它炮楼),旁边有个千年梧桐树,小时候放假了,我就在那树下和小伙伴们下象棋。父亲那时候培育出的玉米、棉花和小麦等品种具有抗病能力强、产量高等特点,有些品种(当时有编号什么小麦几号,棉铃几号)在全师和全疆推广,好像是在1986年父亲田间玉米育种的照片上了农一师机关报《阿克苏报》的头版,配有报道。很可惜,由于回沪原因,当时留下的报纸丢失。
>
> 随着农场也施行包产到户后,新疆农场职工平常只发30%的工资作为生活费,另外70%要到年底收成上来后才发,年底还有一些奖金,那时团场主要的收入来源是种植长绒棉和小麦。父亲在1986年前后被很多连队聘为编外技术员,每年年底能额外发一些奖金,记得1987年

> 一连给父亲分了2400元奖金，正努力冲刺万元户。结果1988年为了报我的户口去上海二舅家，二舅对我母亲说如果让我报进户口的话要给他一些钱支持他结婚，最终这2400元就给了我二舅用于结婚。

从上面这段文字可以看出，那时候上海支边和支援三线人员的子女回上海是何等的艰难。与此同时，作为留守在上海的人，如果将外迁的兄弟姐妹的子女户口落到的家中，会引发诸多的矛盾。——徐家达的小舅子能让姐姐、姐夫资助结婚的费用以换取外甥徐成岗落户到自己家，这已算较为开通的亲戚了。

徐家达经过戈壁风沙多年锤炼，虽然外表变得粗粝，但骨子里仍是个顾家、会生活的上海男人。徐成岗说："父亲除专研农业育种和种植技术外，作为来自上海的男人，也承担起做饭的重任，在烹饪方面甚至北方的馒头、包子、手擀面条、油条油饼、饺子、韭菜盒子等都样样精通，上海菜、河南菜、江浙菜也样样会做。当时我们住的房子是平房排屋，一排五户人家，好像我们家是在最东头，父亲就在后院搭了一个很大的棚屋用于养鸡，鸡圈大概占地有五六十平方米，后院有一棵几百年的梧桐树，鸡圈就围着这棵大树一直到我们房子卧室的后窗，在鸡圈的远端左边挖有半高式地窖，右边搭的是一人多高的鸡棚。夏天天热时鸡就在鸡棚里过夜，冬天天冷时会自行走到半高式地窖里过夜，由于冬天白天特别短，父亲还在鸡窖里挂一个白炽灯，早上天还没亮就打开电灯，这样母鸡产蛋量高，平均一只鸡大概每年可产50~60枚鸡蛋。在平房的前面隔着宽度大概8米左右，建有一个用木框架的木板、芦苇秆等建的前院。前院用处可大了，一进门就是厨房，中间左边是一个地窖（菜窖），后边左侧是养兔子的一块长条形地方,右侧是一个养猪圈,每年养两头土猪。这些都是父亲的拿手好戏,动手能力特别强。"

与当时在贵州的徐家良相比,远在新疆的三弟徐家达和青浦老家的亲人联系得更少。徐家达1969年结婚时回上海探望双方亲人,当时祖父母已经去世,母亲盛希珍住在上海市区,青浦已没有至亲。因此,从1950年代末徐家达去北京投靠父亲徐传贤后,他三十多年从未回过青浦。到了1980年代末,徐家达开始盘算退休后回老家的事。徐家达在1990年初给二哥徐家良写了一封信,大概有一些事要请哥嫂帮忙,但当时徐家良夫妇因为工作繁忙以及家中有个常年病人徐锋,没有及时回信。因此,徐家达又写了一封信过来,流露出一些怨气:

二哥、二嫂:
你们好!
去信想必已收到,为何不见回音,肯定是有原因的或者我去信在什么地方、言语上得罪了你们,从侄子(引者注:指徐家达的儿子徐成岗)的来信中说你们工作忙抽不出时间写信,这仅是推托,不愿给我回信是事实,由于我处于这样的境况,心情是很不好的。因此,在言语上有什么冒犯你们的话,请你们能理解,能原谅。我在这里,由于在进疆时的车祸,使身体致残,随着年龄的增长,身体素质越来越差,已经有碍正常工作的进行,为此要求提前退休。但由于当前农业技术人才处于后继无人的局面,尤其像我这样从事农业科技科研工作的已寥寥无几,刚从学校出来的由于缺乏实际经验而无法很好开展工作,而且大部分人都不安心从事农业第一线的工作,为此对我提出要提前退休的事迟迟不表态，只是答应只要有合适的人选能接替我的工作时再考虑，就是现在连要求探亲的机会也成问题，不管在什么地方落户也总得回去一次进行安排，现在正在争取。前接到大哥（引者注：指大哥徐家善）的二次来信，也说到将来的住房问题，以及关于大嫂和小红（引者注：指徐家善的女儿徐红雨）现已出国工作和学习，红岗（引者注：指徐家善的儿子徐红岗）也在争取办理出国的手续，从大哥的口气讲，他本人也想外出，因此说到现在的住房如无人住就有可能被收回，看来这些也是我有机会争取的地方。

另外，有件事给你们通个气，据我团本单位党支部通知，最近团组织部门已给青浦县委组织部门发出调查函，可能他们会派人来家调查我的情况，请你们如实讲明，或者你们有时间可去组织部门交代一下，此事拜托你们了。

只要有可能，在今秋冬季时间，争取探亲回家，详细情况以后再面谈。

从我的三个孩子的来信中知道他们现在都表现较好，老大仍在建筑工地劳动，现在比过去强多了，能听话吃苦；老二在常熟袜厂已转为正式临时工，每月工资定为150元，加上加班费和奖金，每月可发200多元；老三在学校学习尚能刻苦钻研，从成绩上讲排列名次从班里最后一名现已上升到15名，由于身体素质较差，还是不十分适应当地的气候条件，经常患感冒和喉炎，在生活上据他本人讲是班里最艰苦的一人，在今年暑假学校照顾新疆的同学，允许回新疆，而且可以报销一部分，只限今年一年，因此我们已同意他们的要求。

其他情况以后再谈。

祝身体健康！

三弟家达

1990年4月2日

三弟徐家达对二哥二嫂的这番埋怨，回到那样的环境和时代完全可以理解。对于徐家达而言，在戈壁滩上生活三十年，家乡的亲人不仅是提供现实帮助的主要依靠，也是精神上重要的支柱。"最近团组织部门已给青浦县委组织部门发出调查函，可能他们会派人来家调查我的情况"，应该说的是徐家达那一年入党前，所在单位的党委组织部门的外调。

1991年初，徐家达休假回到上海，在青浦老宅住了一段时间，此行是为退休回乡探路。在家乡的这些天里，受到徐家良夫妇和其他亲人的热情接待，感受到了游子回家的温暖，上一年郁结于心的不快也一扫而尽。返回新疆后，徐家达给徐家良、卢瑞英夫妇写了一封信：

二哥、二嫂：

你们好！

我于三月一日离沪返疆，七日安全到家，至今已有一月半了，由于工作关系没有及时给你们写信，请原谅。

我此次回去，受到你们的热情款待，感到很是高兴，虽然相处时间不长，你们的为人使我很开心。二嫂为了二叔（引者注：指徐渭江）的生活，徐锋的身体，每天又比较忙，东奔西走的真是难为她了。二哥，为你有一个这样好的贤妻而高兴，为我们有这样一个好嫂子感到高兴，我们兄弟间分别将近三十余年，而且联系尚少，这次回去这样热情，而且对小刚（引者注：指徐家达三子徐成岗）胜过自己的孩子给予关爱，在此向你们表示感谢。

二哥、二嫂，你们自己的身体也不太好，也不要太劳累了。不知二叔请到保姆没有，要是徐锋能回到你们身边也可减少些精神压力，同时对他的坚持治疗和休息都有好处。

小刚从这学期开始住到他外婆家去了，因为我的同事（引者注：指徐家达原在兵团连队的邻居孙红梅）由于工作关系要搬家，住房较小，都有困难，也只好这样了。

关于二哥医院分配房子还需常去提醒，太老实了，要受人欺的，青浦的房子是否拆迁，大概什么时候，务必提前告诉我，也可以设法占住。

我这次回去一方面看看孩子，安排自己退休后回家之事，另一方面看看自己能否适应离别三十五年之久的家乡，再作今后的打算。看来从自己的身体的感受还是回去好，在上海等了四十多天，很少患病，而我从上了火车，越往西北方向走，越感不舒服，尤其从西安开始老毛病就开始患了，说明我的根还是在上海青浦。因此还望你们常给街道委员会打个招呼，备个案。

今天就此搁笔了，再见！望能常联系，请代向陆家桥妈妈（引者注：指徐家良的嗣母）问好！

祝健康愉快

三弟　家达　上
1991年4月14日

这封信流露出兄弟久别重逢后的怡怡之情。"小刚"即徐家达的小儿子徐成岗,在金山石化读书,原来寄住在徐家达兵团的原同事家。回到阔别三十五载的青浦老家小住一段时日后,徐家达下定了决心,退休后无论如何要回到生养自己的故里。

受三弟徐家达之托,徐家良积极为其一家回沪留心各种信息。1991年5月,因为嗣母"陆家桥妈妈"病重,徐家良想着能否运作一下,让徐家达家中某一人户口迁到嗣母家,便写信到新疆告知。徐家达收阅后,立刻回信叮嘱推进此事:

二哥、二嫂:

你们好!

五月二十七日来信今天才收到,得知陆家桥妈妈病危,感到很突然,但愿有好转,因年龄已高,随时可能出现不测。

关于你来信中提及尽速争取有一人户口落在陆家桥妈妈那里,将来也可在青浦有个落脚之处,不知你们指谁的户口?我和秀菊(引者注:指徐家达的妻子吴秀菊)现在尚未退休,户口是无法迁出的,除非对方有接收的单位,我临近退休无人要,秀菊如能调进青浦,她的户口就可以迁出,这是十分难办的事。在我的想象中,是否能以你作为伯伯的名义或陆家桥妈妈的孙子的名义,向青浦公安局提出能出具准迁证,同意在青浦落户,将现在常州做临时工的老二(徐成军,户口在新疆是学生,可迁出)的户口迁进去,不需安排工作,这就要有你们出面开开后门,如要出钱一千以上我们也认了,这当然又要让你们费心了。这也是我们难以解决的事,因为我们退休回去时可能只允许帮（引者注：这里指随迁的意思）一个孩子的户口，现在先能迁一人户口回去，这是再好也没有了。要顺顺当当是不可能的，就要由你们人托人，能搞一张准迁证就行，当然搞不上也不会怪你们的，这次能来信提醒我们，也是你们对我的关心，感谢你们。

至于你们现在的住处，就是你们分配不到房屋也没有关系，不会与你们争的，当然能得到新房是最好不过的，为我们创造了一个条件。至于有纠葛是难免的，最坏的想法，我们给他们出房租好了，要不讲理，大家都有办法的，当然尽可能避免争吵，如果现在能争取落一人户口是上策，不管谁入，都要首先搞到准迁证。

最近小刚来信说今年暑假要回新疆来，我们已同意了，他现在住在外婆家。

徐锋现在是否还住在二叔（引者注：指徐渭江）那里，这样就忙坏了二嫂了，你们年龄也大了，都要注意安全，注意身体，不要过于劳累。我尽可能争取明年退休，已给团领导谈过几次，是否能顺当批准，因为年龄尚未到，又加我的工作尚未有接班的人，这是最有可能卡住我的理由，就是退休了要回去还是要当地出准迁证，才能将户口迁去。

其他不多说了。祝好！

弟：家达
1991年6月8日

徐家良也知道他的那个建议要付诸实现难度不小，故很快回信对三弟徐家达和弟媳吴秀菊说清楚此事：

第四章 浦江晚霞尚满天

家达、秀菊：

你们好！

上月来信早已收到，因工作繁忙，加上高温酷暑，每日上班回来甚感疲劳，有时还要做些家务与翻阅书籍，时间也很紧张，要回信的地方很多，如青岛家敏（引者注：指徐家良小妹徐家敏）与上海四孃孃（引者注：指四姑妈徐毓英）那里。趁今下午休息在家，提笔写信，恐你也等久了吧，请谅解！

上次给你的信谈起陆家桥妈妈身体情况，主要考虑你们想来青浦落户有难处。现在老人起居都正常，自上次跌跤后3个月来已没有上街，恐怕今后再也不能出门了，只能在家里走走，需要有人给她买米买菜，在生活上予以照顾。我们已有个病人在家，工作也忙，肩上挑二副担子，实在是无能为力。

因此，写这封信告知你们这个情况，老人在世时间恐怕不会长了，为了不失去这个机会，为了你的家庭中有一人户口迁到她那里，那么今后就解决了居住问题。至于迁谁户口来青浦，能否批准，这还是未知数，因为是求人的事情，有时不是金钱就能办到的，还是花费精力与时间，我们平日均上班，星期天休息，因此办这种事很困难。如你第二个孩子（引者注：指徐家达次子徐成军）想作为她的孙子，是否双方同意公证处公证，今后要负担照顾老人的生活。如你们考虑成熟，这事能否被有关部门批准还无把握，另外一定是自己亲自来试一试，别人是无法代替的，因为这些是要立结的。

上月收到小刚（引者注：指徐家达三子徐成岗）来信，得知他星期日返疆。

兄：家良

1991年8月11日

徐氏兄弟想运作三弟徐家达的次子徐成军作为"陆家桥妈妈"的嗣孙而迁户口入沪，最终未能成功。原因应当是，当时徐成军已20岁，成年了，存在着政策上的巨大障碍。最终，徐成军落户在苏州常熟，在那里成家立业，也算是靠近上海。1993年，徐家达为了自己退休寻觅落脚之处又回到青浦，用徐成岗的话说，"找亲戚长辈寻求帮助落户的事情，记得当时找过四婆婆（徐毓英）、大婆婆（徐珠英），万航渡路的二叔公（徐渭江）以及父亲的大哥（徐家善）、二哥（徐家良）等，在他们的帮助下也确定了落户在上海青浦老宅"。1994年，徐家达退休回到家乡青浦；1995年，其妻吴秀菊退休，带着长子徐成城回到青浦。1994年"陆家桥妈妈"去世后，其居住的两间公房之租赁权由徐家达承继，然后通过调换换到了青浦老宅的两间。这样，这一家人终于在祖父祖母建造的老宅中团聚了。

徐家达的小儿子徐成岗1992年在金山石化参加工作，1997年辞职到上海市区发展，后来一直从事保险工作。徐家达退休回青浦后闲不住，又加之新疆的退休金较低，曾经人介绍在江苏昆山一家水泥预制厂做过会计，在青浦区武装部干过门卫，到2002年才完全辞去外面的工作，后于2010年12月病逝；其妻吴秀菊一直居住在青浦老宅中。

在上海出生的同胞四兄妹中，小妹徐家敏小时候没有得到过父爱，但其人生道路比三位兄长顺遂，这大概是上天的补偿吧。1940年1月（农历

第四章　浦江晚霞尚满天 〉〉〉

▶1940年代的徐传贤，以及徐家敏周岁时与母亲盛希珍合影

十二月十六日），徐家敏出生于上海，其时父亲徐传贤已远赴越南海防工作。等到1946年9月父亲徐传贤从美国归来，即和母亲盛希珍离婚再组家庭，她几乎没有和父亲在一起生活过，"父亲"于她而言只是一个符号。徐家敏在少女时期颇有心理创伤的记忆是母亲经常因为想到被父亲所弃而号啕大哭，她也在一旁哭。晚年时，徐家敏曾对娘家的侄子徐建新说："那时也意识到母亲的心很苦，所以对父亲有一种责怪的思想。"1950年代初，父亲徐传贤出差从北京回上海，在别人陪同下到延安中路的家里看望前妻盛希珍和孩子，当时十一二岁的徐家敏不知道哪个人是父亲，母亲让她看墙上的照片才将父亲认出来。后来，三位兄长先后因上学、工作离家，只有小妹徐家敏与母亲相依为命，成为母亲最大的安慰。这样的经历让徐家敏变得更为要强，她从小学习成绩很好，考取了沪上名校——上海中学，成绩在同学中名列前茅，并参加了学校的体操队。1959年，徐家敏高中毕业考入山东海洋学院（1988年更名为"青岛海洋大学"，2002年更名为"中国海洋大学"）。徐家敏在大学里结识了同样来自上海的青年教师周迪颐，毕业后与之结为夫妻，后生育有一儿一女，两人一直生活在青岛。

247

◀ 1960年代，徐家敏和周迪颐

周迪颐，籍贯安徽天长，1956年从南京三中考入华东化工学院有机系，1960年所在专业并入复旦大学化学系，1961年毕业后分配至山东海洋学院。周迪颐先后担任过山东海洋学院海洋化学系助教、讲师、副教授、副系主任，青岛海洋大学教务处副处长、高教研究室主任。后"学而优则仕"，曾任农工民主党青岛市委主委、青岛市副市长、青岛市政协副主席。徐家敏长期在中国海洋大学工作，是海洋药物与食品研究所教授、博士生导师，出版有《食品检验与分析实验技术》（合著，青岛海洋大学出版社，2006年版）等专著。2001年，徐家敏退休。一直以来，徐家敏对二嫂卢瑞英的能干、勤劳，很是敬佩。1991年春节过节前，徐家敏在给徐家良夫妇的一封信中说：

> 春节是中国的传统节日，家家户户都要为之忙年。我们在外地既不随当地风俗，也不循老家一套，倒可从简，只是凑放假比较彻底地清理一下卫生，而在老家肯定是另一番景象了，亲朋这么多，二嫂也只得随乡入俗了，肯定里里外外忙个不停。我经常和迪颐说，由于二嫂的能干，二哥是很有福的，不像迪颐，也得为家务事操不少心，我

实在无能力全包干。听大哥（引者注：指徐家善）说，在婶娘（引者注：指徐渭江的第二任妻子吴雯）病危期间，亏得二嫂日夜服侍，虽最终还是去了，可病人当时少受了很多罪，我们一点忙也未帮上，深表遗憾。

这年年底，徐家敏收到卢瑞英寄过去的礼物——一件为外甥女织的毛衣和一包老家的炙豆。徐家敏回信感谢道：

本该取到包裹即复信，因不是上课就是开会（最近学校搞职称），晚上照常有人登门"拜访"，所以拖延了几天。你们工作这么紧张，特别是二嫂，里里外外要靠她一人忙，还特地给子湘（引者注：指徐家敏的女儿周子湘）结了这么漂亮的毛衣，子湘说要好好谢谢舅妈。我除感谢之外，还十分钦佩二嫂的手艺，款式和编结技巧真是无可挑剔的，而我现在很少自己结毛线，今年春天我拆洗了自己的毛裤结到现在还剩下半条腿，亏得天还不算冷，主要是不会利用时间见缝插针，一件毛衣往往要结一年，说出来实在让你们见笑。炙豆是迪颐最喜欢吃的，当我们在慢慢品尝时，我总是回忆起孩提时代因嘴馋吃正在熏着的豆，可惜我太笨，没学会这一本领。

除了徐家良、徐家达兄弟历经波折阖家回到上海外，他们在北京长大的同父异母弟弟章卫平也有一个"归来"的故事。

徐传贤调到北京后，和第二任妻子章一涵生育了两个儿子——1952年出生的章卫平和1954年出生的章永平。在这两兄弟读初中时，正好碰上史无前例的大时代，先是"停课闹革命"，后来"复课闹革命"，他们没能接受正规的教育，初中毕业后无法升学。根据当时的政策，父母身边只能留一位子女，其他子女须悉数离城插队。因此，章卫平远赴吉林白山插队，其弟章永平则留京招工进了一家工厂。后来，章卫平在吉林娶妻生女。为此，母亲章一涵一直为儿子章卫平一家回京在活动，到了1991年终于等来了机会。章一涵在这年8月23日给徐家良夫妇的一封信中说：

> 今年南方发大水，家中进了水吗？我接常熟家中叔母来信说家中进了水，可能因发了大水，今年南方没有往年热吧！北京今年可热得够呛，八月份一直高热不止，晚上不好睡觉，今天已是阴历七月十四交了处暑了，仍然大热，幸而西瓜不断，很甜，也比较便宜，稍解酷暑。不知青浦怎样？西瓜也又多且甜吗？
>
> 兹因北京新近对知青政策，家中兄弟姐妹多的，除有一个在父母身边外，还可以调回一个，因此卫平想能设法调回，已向区市申请。按照政策，区办事处同意给他办，但需其他兄弟姐妹户口复印件及单位证明，证明确系单位职工。我已出告元鑫（引者注：指徐家善）让他转告你们，现因卫平急需回去上班，他想行前办好申请手续。所以特此来函催办，请抓紧办理。希望除家达的太远外，其他的都能在月底下月初收到，使他能办完手续才走。

这封信写得颇为委婉，文学味道较浓，章一涵从南方的大水和西瓜甜不甜拐到托丈夫徐传贤与前妻盛希珍所生的儿子办事。当然，政策的刚性无法覆盖婚姻的复杂。徐传贤有两段婚姻，有两个家庭，六位子女分别出生在上海和北京。章一涵和徐传贤与前妻在上海生育的子女本无甚关系，但政策要求除章永平在章一涵身边外，还可以调回一位子女回京——前提是，此外再无子女在其身边，包括丈夫和前妻所生的子女。故而徐家善、徐家良、徐家达、徐家敏都得出具证明——"他们不居住在北京！"徐家良兄妹当然予以配合，上一代的恩怨不应影响下一代的感情。2017年，徐家敏在给侄子徐建新的信中曾评价已去世多年的继母章一涵："1980年以后，几乎每个星期去北京出差，曾和章一涵接触2~3次，感觉比较通情达理。"1992年6月7日，章一涵给徐家良夫妇的信中说："卫平回京已接到调令，大概下月他同他女儿先回来，全家都回来还得一些时候。"

至此，徐家良、徐家达、章卫平兄弟先后完成了回到上海、北京的艰难旅程。

暮年享受"改开"的红利

1992年，年满60岁的徐家良办理了退休手续，虽然作为专家返聘，但不需要每个工作日去上门诊，工作量大为减少，有更多空闲做其他的事。

长子徐建新的事业在这个时期开始起步，尔后蒸蒸日上。徐建新1989年大学毕业入职上海某三甲医院后不久，他在给父母的一封信中说："上班三个星期以来，工作很紧张，一天早出晚归，平时又没有休息，只有星期天可以休息，所以很难有机会回家看望，请原谅。……今天是我的生日，8月22日，再次感谢父母对我二十三年来的辛勤培养，我有今日，功归父母。望身体多保重！代问小弟好。"之后，徐建新很快就在工作中崭露头角，受到单位领导的重视，参与医院的科研，成为首届上海市卫生局青年医师基金支持课题的参与人员，经常代表医院参加上海及全国各地的学术会议。徐建新在1991年夏天到北京开会，在颐和园买了一张纪念明信片寄

⟪⟪⟪ 归来徐家良：贵州到上海有多远

给父母说：

> 到北京五天了，会议已开好，今天抽空去了一趟颐和园，五婆婆（引者注：指徐传珍）和北京亲妈（引者注："亲妈"在青浦方言里是"奶奶"的意思，指章一涵）那里都已去过。

为此，父母及其他长辈很为徐建新的上进心和取得的成就高兴和骄傲。这年12月，徐家敏在信中对徐家良夫妇说："在接到包裹单的上一天，给建新挂了个长途，得知一些情况，他干得很出色，正在准备材料，开鉴定会，现已过了几天，不知结论如何？"此处所指应该是徐建新申请的上海市卫生局青年医师基金资助的课题。徐家敏是生物医药研究的专家，和侄子徐建新算是大同行，她的评价算得上业内评价。

比起父辈来，徐建新赶上了一个好时代。徐建新毕业后的第二年，1990年4月18日，中共中央、国务院正式宣布开发开放上海浦东，这一重大决策旨在推动中国改革开放向纵深发展。随后，上海市委、市政府按照中央的战略部署，制定了"开发浦东、振兴上海、服务全国、面向世界"的开发方针，浦东开始成为享誉国际的中国"改革样本"。自此，浦江两岸热潮涌动，上海这座在计划经济时代已筋疲力尽的中国第一大都市重新焕发了勃勃生机，生活、工作在上海的年轻人成为20世纪最为幸运的一代。徐建新于1997年从原单位辞职下海，在浦东的张江高科技园区创办了一家生物医药科技公司，至今经营稳健、良好。

徐家良和卢瑞英的晚年生活可用几个关键词形容：炒股、买房、带孙女、旅游和养生。

1990年11月26日，上海证券交易所在浦江饭店创立，12月19日正式营业。"买卖股票"这一词汇，在阔别四十年后又回到了上海市民生活之中。对于炒股，徐家良并不陌生：早在他少年时，徐家良就常听祖父徐熙春和叔叔徐渭江谈及如何买卖股票，也听说过有人炒股一夜暴富和有人一夜血亏跳黄浦江的故事；1949年后，因为时局的巨变，祖父徐熙春有一批股票无法兑现而成为废纸。

上海股市重新开张之初，带有浓浓的计划经济色彩。在此后一年多的时间，首批上市的只有上海申华电工、上海豫园、上海飞乐等8只股票，俗称"老八股"，因此造成严重的供不应求，僧多粥少，有价无市，多少股民翘首以盼也买不到1股。后来，"兴业房产"发行新股时，发售地江湾体育场出现提前两天排队的状况，而在正式发售时还引起了秩序混乱，差点闹出人命。1992年，主管股票市场的是中国人民银行上海分行和上海市体改办（全称上海市体制改革办公室），对用票证控制供需关系十分熟悉的管理者想出了"凭证入场、抽签买股"的法子，即在发行股票前先发股票认购证，凭认购证参加摇号，中签的才可以认购股票。——这和后来的摇号买房、摇号买车一样的思路。当年，股票认购证确定为30元一张，并事先告知公众——"1992年将新发10多只股票，认购证在这一年内分4次摇号"。因此，大多数跃跃欲试的市民无法预测发售认购证的池子将会有多大，如果买上一本认购证有多大的概率中签？许多人犹豫不决，而一些胆大的人斥资购买多本认购证就赚翻了，因为1992年沪市实际发行了50多只股票，远远超过原来宣称的10多只，中签率很高，股票认购证被炒到几十倍甚至上百倍的价格。

对此，1994年公映的电影《股疯》很生动形象地演示了1990年代初上海股市的火爆与疯狂。潘虹饰演的女售票员"范莉"的家住在证券交易市场对面，她受刘青云饰演的港商"阿伦"委托，以35元一位的价格（港商给的价格是50元一位）雇请里弄20名邻居熬夜排队抢购了20本股票认购证，而港商凭此一下子就赚了几十万元。"范莉"看到了发大财的机会，便和港商合伙炒股，引发了一连串人生的悲喜剧。

1992年第一批认购证发售时，徐家良由于性格原因没能接住这一波"泼天的富贵"。卢瑞英有一回下班回家，对徐家良说他们单位贴出了通知，告知职工可以买股票认购证，30元一张。徐家良也早知道这回事，但对妻子卢瑞英说："不能买，不能买，买了认购证将来也中不了签的。"

在第一批认购证带来的股市财富故事广为流传时，徐家良终于按捺不住地冲进了股市，参与"打新股"。此时发行新股亦需要股票认购证，不过再也没有1992年时的稀缺性。徐家良记得他买卖新股业绩最好的一次赚了2万多元钱，而这在1990年代中期相当于他差不多两年的工资。后来，股票发行改用电脑上网定价发行的方式，实现了无纸化，持股票认购证买新股也成为历史。在这时候，徐家良差不多也淡出了股市。

1999年9月，青浦县被撤销成立上海市青浦区。青浦的交通条件尽管逐年有较大的改观，但住在青浦去上海中心区和浦东仍然不方便。当时，儿子徐建新一家居住在上海浦东，儿子、儿媳工作繁忙，但两个退休老人和他们住在一起总是不太方便，因此徐家良夫妇萌发了在浦东新区买房的念头。对此，儿子、儿媳很赞成，并愿意提供资助。徐家良谢绝了儿子、儿媳的好意，于2005年在浦东东方路内环线兰高小区花了近50万元全款购置了一套一室一厅的二手房，位于2层，共45平方米。住了几年后，徐家良夫妇觉得房子太小，且上下楼梯不方便。2012年，徐家良夫妇将兰高小区这套房子卖了121万元，再添加了50多万元，在浦东金杨地区买了一

第四章 浦江晚霞尚满天

套84平方米的两室一厅带有电梯的新房，而且此地距离儿子徐建新一家的住处很近。

在电影《股疯》中，女主人公"范莉"用炒股赚取的钱在浦东买了一套房子，最后的几幕场景是她雇货车装着家什搬离浦西的老城区前往浦东新居。经过南浦大桥时，"范莉"偶遇最早带着港商熟悉上海证券市场的掮客"三宝"，而"三宝"正在南浦大桥上手持望远镜远眺浦东那片正在开发的热土，跟做房地产生意的老板说："表叔啊，在我们上海，做房地产买卖，那可是大有作为，到处都是黄金宝地啊！"徐家良退休后的选择，与《股疯》中的售票员"范莉"暗合。对普通的上海市民来说，1990年代"打新股"，2000—2012年买房，便是人生赢家，吃到了改革开放的红利。

1997年12月，徐家良的孙女徐子蕙出生，为晚年的徐家良夫妇带来无限的欢乐。次年3月，儿媳休完产假回单位上班，孙女就交由奶奶卢瑞英看管。当时，卢瑞英还没有退休，且在青浦中医医院是业务骨干，于是她只好先把攒下的公休假和调休全部用光。用光以后呢？还不够。单位领导问卢瑞英怎么办？问她能否请病假？卢瑞英觉得请病假是不诚实，不好意思这么做。最终，单位领导给卢瑞英提前办理了内退，直到1999年她55岁到了年龄才办理了正式退休手续。孙女徐子蕙也一直跟着祖父母徐家良夫妇生活，直到上大学。

退休后的徐家良夫妇有大把时间出去旅游，参加老同学聚会。至今，徐家良认为最值得回味的是1996年大学毕业四十周年聚会，同学们相聚在南京医科大学。当时，徐家良的大多数同学还健在，能来的都赶来了。那一次，许多人还是毕业后第一次见面，大伙儿共同回忆在镇江北固山下那段美好的青葱时光，彼此述说别后的经历，值得骄傲的是他们大多数在医

《《《 归来徐家良：贵州到上海有多远

▲徐家良、卢瑞英夫妇的退休生活（摄于1990—2010年代）

第四章　浦江晚霞尚满天 〉〉〉

▲徐家良、卢瑞英夫妇的晚年生活
（摄于2025年）

疗一线退休，且都是所在医院的业务骨干，而遥想当初道别时还都是风华正茂，一转眼再聚首却已两鬓斑斑。唐人杜甫《赠卫八处士》云："人生不相见，动如参与商。今夕复何夕，共此灯烛光。少壮能几时，鬓发各已苍。"这正是徐家良心绪的写照。此后，徐家良和同学们每两年聚会一次，山东、江苏、浙江等地的同学轮流做东，只是随着时光的流逝，能参加同学会的不断减少，有的人去世了，有的人因病不能出席。到了2014年时，全班已有四分之一的同学不在人世。卢瑞英跟随徐家良参加过多次同学会，她一个人也回贵州故地重游多次。在退休后的多次旅游中，卢瑞英印象很深的是和徐家良一起去山东旅行，在青岛和小妹徐家敏一家相聚，目睹徐家敏在这座美丽的海滨城市过着充实而幸福的生活。徐家良、卢瑞英夫妇两人还一起去泰山，当时徐家良已至古稀之年，又腿脚不便，但来到东岳他不顾劝阻而"老夫聊发少年狂"，硬是舍缆车不坐，一步一步慢慢地登上泰山。

徐家良、卢瑞英两位老人也多次出境旅游。徐家良印象最深的是，2008年他和卢瑞英以及儿子徐建新的岳父岳母四人同游法兰西。当时，徐家良虽然是第一次来法国，却感觉特别亲切，因为父亲徐传贤曾在法国巴黎、尼斯等地迎来了人生的高光时刻。

1947年5月，徐传贤奉中国政府之命赴巴黎参加第十二届万国邮联大会，并在会议期间发挥了重大的作用。中华邮政总局联邮处处长刘承汉后来回忆：

> 代表中除首席代表钱大使（引者注：指当时驻法大使钱泰）外，其余代表三人均不谙法语，唯随员吴之远与徐传贤两君均为法文邮

第四章 浦江晚霞尚满天 〉〉〉

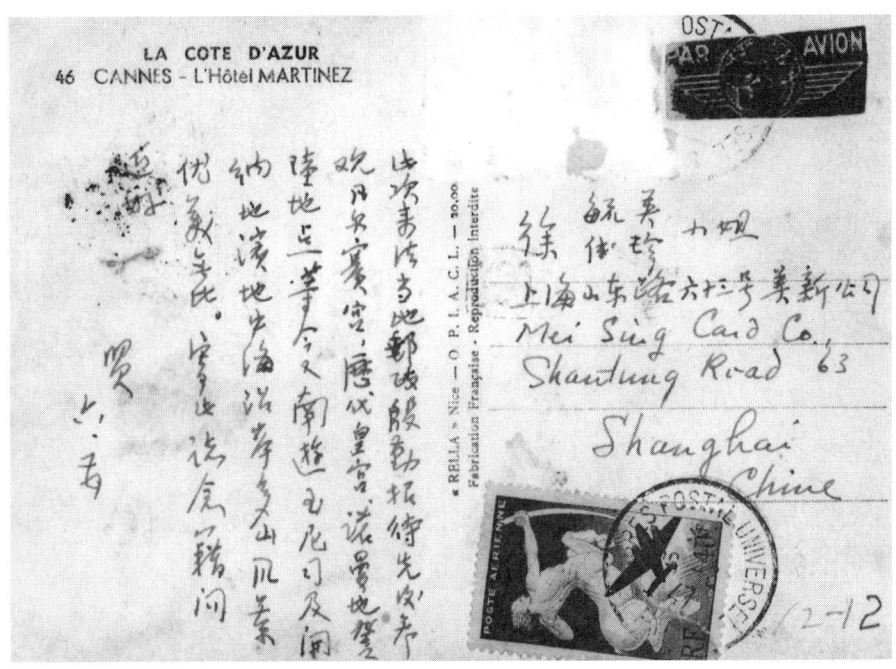

▲1947年6月25日，父亲徐传贤自法国巴黎给四姑妈徐毓英、五姑妈徐传珍寄来的明信片

员，一长于文字，一长于语言，吴君法文文书之典雅，屡为钱大使所赞许，而徐君发言之流利畅达，应付会场亦游刃有余。尤其徐君擅长于交际，能于跳舞、游泳场合中，结识不少国际友人，后来我国修正案之能提出，得力于其交际，亦复不少。[1]

1947年6月25日，徐传贤从法国邮寄了一张明信片给在上海读大学的胞妹徐毓英和徐传珍，上书：

---

[1] 刘承汉：《中国邮政的缓慢发展》，载彤新春编《民国经济：亲历者口述实录》，中国大百科全书出版社，2016年，第526页。

259

> 此次来法，当地邮政殷勤招待，先后参观凡尔赛宫、历代皇宫、诺曼底登陆地点。今又南游至尼司（引者注：今译为"尼斯"）及开纳（引者注：今译为"戛纳"），地滨地中海，沿岸多山，风景优美无比。寄此志念，藉问近好。

明信片的收件地址是"上海山东路六十三号美新公司"，那是祖父徐熙春的企业。当时，徐家良看到这张明信片后，对遥远的法国巴黎满怀憧憬和向往。而今（2008年）六十一年过去了，父亲徐传贤（死于1972年）已故去三十六年，徐家良才得以游览法国。在卢浮宫里、凯旋门前、埃菲尔铁塔下徜徉时，徐家良不由得会想到父亲徐传贤当年来过这里的情景，那时的父亲是多么春风得意呀。一念及此，徐家良心中无比酸楚。

年过八旬后，由于身患高血压、糖尿病及IgA肾病等老年病以及精力衰退，徐家良就不再远游，只在上海市内和周边城市活动。徐家良的暮年生活起居和饮食很有规律：早晨6点左右起床，收听广播；7点左右吃早餐，若天气晴朗，上午在家附近散步逛街，行走3000步左右；11点半左右午餐，午睡片刻，下午阅报1~2小时；18点左右晚餐，19点后看电视，22时左右就寝，一般晚上睡眠7~8小时。

回顾与赓续

最近十几年来，徐家良尤其体会到祖父徐熙春在那样动乱纷纭的年代里，仍然坚持做慈善和公益事业是多么的不易。作为一个退休医生，徐家良没有当年祖父从事公益事业那么雄厚的资源，但他和整个家族的成员也

第四章 浦江晚霞尚满天 〉〉〉

▲2018年，徐家良（左三）携夫人卢瑞英参加中国红十字会青浦分会医院（今复旦大学附属中山医院青浦分院）"徐熙春医学奖"颁奖仪式暨建院七十周年纪念大会

力所能及地做一些公益事业，以求不坠家声。

  叔叔徐渭江还健在的时候，家族成员商量决定捐资100万元，青浦区中心医院（今复旦大学附属中山医院青浦分院）再配资100万元，共同设立"徐熙春医学基金"，旨在支持和奖励该院职工在医疗、教学、科研、学科建设、志愿公益等方面做出突出贡献的个人。其中，家族成员捐资构成情况是：2008年，徐渭江出资10万元，徐珠英、徐毓英、徐传珍出资5万元，徐建新出资20万元；2009年，徐建新出资50万元；2024年，徐家良、卢瑞英出资15万元。至今，这项基金的奖项——"徐熙春医学奖"已评选、颁发了四届。2023年，徐家良和卢瑞英夫妇向上海慈善基金会捐款两笔共计6万元。徐家良说，这些钱不多，他只是想以此来赓续祖父徐熙春毕生倡导和践行的"人道、博爱、奉献"的红十字会精神。

一转眼，徐家良从贵州回到上海已经四十三年。在此期间，徐家良的数位对他关照有加的长辈以及两位同胞兄弟先后辞世。

1993年，北京的继母章一涵去世；2001年，叔叔徐渭江去世，享年91岁；2006年，长兄徐家善去世；2010年，三弟徐家达去世；2019年，大姑妈徐珠英去世，享年100岁；2022年，四姑妈徐毓英去世，享年96岁。而今在世的上一辈亲人和兄弟姐妹，还有北京的五姑妈徐传珍和两位弟弟章卫平、章永平，以及青岛的小妹徐家敏。在家族活动中，徐家良理所当然地成为最重要的代表。

2018年清明节，徐家良代表家族在祭奠祖父徐熙春和祖母董月娥时作祭文曰：

> 先大父熙春公，性刚直，秉"宁人负我，我不负人"，尝诲吾侪曰："为人当助人为乐，亦当知足常乐，是谓安步当车也。"又谓古人云"施人仁不念，受人仁不忘"，时勉励吾辈躬行。大父掌"衍禧堂"，沉浮商海数十载，轻财重义，乐善好施，筹建青浦红十字会及医院，造福黎民，百姓至今蒙其恩泽。先大母董月娥，德淑贤良，虽早年清贫未能就学，然行止与大家闺秀无异，事翁姑至孝，待友朋至诚，亲族邻里无不深敬之。大父大母相濡以沫六十余载，举案齐眉，互敬互爱，从无龃龉，纵鸳鸯比翼鸟亦羡之。

2024年9月21日，正是秋高气爽，江南草木未凋，上海汇金路边的青浦区档案馆来宾如云，徐熙春先生生平文献式全景画暨"一个家族的百年回望"档案专题展览在此揭幕。徐家良夫妇在亲友的簇拥下来到现场揭幕，这一刻他已经等了很久了。上一辈亲人仅存北京的五姑妈徐传珍，但时年已96岁高龄，终日只能待在室内由保姆或子女照顾，不能回家乡青浦参加此盛典。此次来到揭幕现场的徐熙春家族成员共有20余人，其中与徐家良同辈的兄弟姐妹有弟弟章永平和表弟蔡武扬、方针，子侄辈有徐红岗、徐建新，等等不一而足。

当日，上海青浦区档案馆官方公众号"青浦档案"以《徐熙春先生生平文献式全景画在青浦区档案馆》为题作如下报道：

> 值此青浦红十字会成立100周年之际，青浦红十字会创始人之一徐熙春先生生平文献式全景画于9月21日在青浦区档案馆揭幕。
>
> 100年前，徐熙春等一批胸怀大义的人士用爱奏响了青浦红十字会的序曲，他们以弘扬"人道、博爱、奉献"为宗旨，在青浦这片土地上演绎着救死扶伤和赈济救灾的乐章。徐熙春先生生平文献式全景画作为"一个家族的百年回望"档案专题展览的第一篇章，由著名画家李斌先生倾情创作，以独特的视觉语言，展现徐熙春先生经商有成、回乡赈济乡梓、成立青浦红会、筹办家乡医院的人生历程，构成了一部脉络连贯、涵盖广泛、生动鲜活的个人经历史、家国情怀史和城市发展史。"一个家族的百年回望"档案专题展览是以徐熙春及其家族的珍贵历史档案为核心，以时光为经纬、以色块为卷轴、以情感为底色，串联起徐熙春先生为首的徐氏家族几代人的执着与坚守，呈现出徐氏家族百年历史轨迹和时代变迁，也见证了青浦的沧桑巨变。
>
> 本次展览是青浦档案馆着眼于微观叙事、创新办展形式的一次有

⟪⟪⟪ 归来徐家良：贵州到上海有多远

▲ 2024年9月21日，徐家良在祖父徐熙春先生生平文献式全景画暨"一个家族的百年回望"档案专题展览上

益探索，后续篇章预计在2025年底布设完成，届时李斌、李天纲等创作团队将为我们奉上一场独具特色的档案历史文化盛宴。[①]

这次展览展出了徐氏家族的家谱、老照片以及中国红十字会青浦分会活动的照片、征信录等文物和资料，其中最打眼的是开创"文献式全景画"范式的著名画家李斌绘制的巨幅油画，将真实的历史元素通过画笔进行艺术的呈现，精准地浓缩了徐氏家族第一代掌门人物徐熙春的一生。在巨幅油画画面的正中间，身材高大、正值中年的徐熙春挑着一担箩筐带领同仁们走在救护赈济难民的路上……揭幕后，徐家良看到这幅画作心情激动，他记忆中的祖父徐熙春就是这个样子，似乎老人家又重回到人间走到了自己的面前。开幕式上，徐家良作为到场辈分最高、年纪最大的家族代表作了发言，他深情地回忆起祖父徐熙春创办中国红十字会青浦分会以及青浦红十字会医院筚路蓝缕的历程：

一、先祖父熙春公（1885—1965）是青浦县城厢镇人

1924年秋，江浙两省军阀齐燮元、卢永祥在淞沪一带混战，战区百姓涌向青浦县城避难，许多贫苦者流离失所，呼号求救，城区居民横遭浩劫，怨声载道，急需热心人士施济。此时在沪经商的青浦人士徐熙春公与一些同乡回青浦筹建红十字会。当时徐公为什么要冒着风险参与红十字会工作，这要从1904年中国红十字会在上海成立说起。自1911年辛亥革命后，中国红十字会以社会自然团体活动在各界人士

[①]《徐熙春先生生平文献式全景画在青浦区档案馆》，公众号"青浦档案"2024年9月21日，https://mp.weixin.qq.com/s/UHNBNvZSnW5HMP8ljZYOhg。

<<< 归来徐家良：贵州到上海有多远

▲2024年9月21日，徐熙春先生生平文献式全景画暨"一个家族的百年回望"档案专题展览现场掠影

中为社会做了不少好事，特别是在战争期间，对伤病员进行救护，对受灾难同胞进行救济。这些红十字会精神深深影响了徐公，而先祖父徐公本身是个急公好义的人，所以当家乡遭到战争，百姓呼唤求救之际，他就毫不犹豫地联络一些同仁，担当起这一人道主义义务。

在徐公等热心人士的积极筹备下，于1924年9月3日召开中国红十字会青浦分会成立大会。当时推举徐公熙春为副会长，1925年10月又改选他为会长，直至新中国诞生，伴随着灾难深重的中国人民度过了坎坷的二十五年。

徐公领导的青浦分会以他倡导的"少说话，多做事"的精神，以为民众办善事为宗旨，他的一生的确实践了这个宗旨。他认定要办的事无论多么困难也要去办成，一位同邑人士称道——徐公熙春先生"谋事之忠，任事之勇，在其字典上无一难字。且无一私字"。1924年的军阀内战、1927年的北伐战争、1932年的"一·二八"战争以及1937年的抗日战争中，收容遣送难胞，抢救军民伤员任务，掩埋人畜尸体等方面，付出了大量的精力、财力，受到了社会高度赞扬。

二、创建医院服务民众

抗日战争八年间日寇横行，日本血吸虫病和疫情在青浦流行遍及广大农村，危害人民健康，得了血吸虫病轻则丧失劳动能力，重则诸如侏儒鼓腹病，孩子发育不全，病妇不能生育，一些村庄田园荒废，死亡累累。青浦广大百姓受到严重的威胁，但青浦县城只有一所11位医护人员的卫生院，无法担当防治和消灭血吸虫病的任务。

徐公与青浦红十字会理事们商议，在中国红十字总会的支持下，积极筹建青浦红十字会医院。首先力争总会拨给医疗设备，并承接地方善士赞助资金，他本人出资购买的西红桥公卫房屋一所上下共20余间捐赠作为医院院址。青浦红十字医院于1948年4月4日成立，聘请上海医学院顾学箕教授为首任院长，并在社会上招聘了18名医技师与工作人员，有的从上海聘请来的。医院初建时共设内、外、妇、检验4个科室18张床位，开始收治住院病人，以晚期血吸虫病为多。

青浦红十字会医院成立后，徐公与顾院长在总会支持下，组织医务人员到城市附近农村调查血吸虫病流行情况，医务人员在几条河边找到了血吸虫病唯一的中间宿主——钉螺；又动员部分农民到医院检查，对于查出的血吸虫病人，（青浦）红十字会医院给予积极治疗，社会各界对这一举动十分赞扬。

青浦红十字会医院成立一年多，青浦解放了，新成立的人民政府十分重视防治血吸虫病工作，在当时万事待兴的情况下，人民政府就把此项工作列入了议程，作为关心群众生活的一件大事来抓。徐公看到了红十字会的宗旨与共产党的人民政府关心群众的思想是一致的，于是他主动与人民政府联系，协商改组中国红十字会青浦分会。1951年2月18日，改组后的（青浦）红十字会仍推选徐熙春公为会长，红十字会医院工作仍把防治血吸虫病放在首要位置。

中国红十字会青浦分会医院于1954年4月由青浦县人民政府接管，列为国家编制的全民医疗单位，改名青浦县红十字会医院。回顾历史，徐熙春公在青浦县消灭血吸虫病的斗争中与为广大民众防治疾病上发挥了很大的作用。

日复一日，年复一年，青浦红十字会医院经过近八十年的扩建与更名，现已成为上海西部地区一座具有防治、医疗、教学与科研的现代三级乙等综合性医院。现冠为上海复旦大学附属中山医院青浦分院名称,承担着青浦与长三角人民的预防医疗卫生保健任务。

参加展览开幕式的有来自上海、北京、南京等地的各界朋友和徐氏家族四代成员。其时,笔者亦应邀与会,睹此盛况,想起前一天下午和朋友去青浦老城厢福泉路(现标注为福泉街)徐家老宅探访的场景,两相对比,反差甚大。

徐家老宅所在的那一片已经规划为动迁并改造的地区,大多数居民已经搬走,多数宅院的大门紧闭。我们从城中南路往西顺着县前街来到老宅的后门,四周阒寂,巷子里的杂树和电线上爬满丝瓜藤,开着小黄花,地面的杂草也无人清除,看起来比笔者三年前来此处时更为荒芜,而遥想百年前这栋宅子刚刚修建好时则是多么的热闹兴旺。那几天正值台风季,大雨说下就下,如瓢泼一样劈头盖脸砸下来,一把小雨伞根本遮不住。我们走到老宅的前门,伫立在窄窄的屋檐下避雨,屋内的一位爷叔热情地招呼我们进室内休憩片刻。我问他知道这个宅子原来的主人是谁吗?他说不知道,自己十几年前才住进来。

等到雨停了,我们继续往西行,在五库浜路往北走了几步,趑进一家新开的咖啡馆里。坐下后,叫了两杯热咖啡暖身,闲谈中得知料理咖啡馆的帅小伙并不是青浦人,而是从外省来沪打拼的新上海人,他则更不知道这个老城的过去了。喝完咖啡,向店家道别,顺着城中西路西行,漫步到护城河的桥上,望铅云低垂,河面上波光粼粼,岸边长满了水草。笔者想,下回再来,徐家老宅大概是不存在了。这样一座宅子为什么要拆掉呢?或许有人会反问,它为什么要留下来呢?真有一番"人事有代谢,往来成古

《《《 归来徐家良：贵州到上海有多远

▲青浦老城福泉路上的徐家老宅后门（摄于2020年）

▲青浦老城福泉街（摄于2024年）

▲徐家老宅后门（摄于2024年）

▲青浦老城城西中路旁的护城河（摄于2024年）

今"的感慨！当徐家老宅不存在了，将来还会有多少人记得徐熙春、徐传贤，记得一个家族在江南、在上海繁衍和拼搏的历史呢？这大概是徐家良、徐建新父子及徐氏家族成员将大量家族史料捐献给档案馆，并与画家李斌、历史学家李天纲以及青浦档案馆一起策划"一个家族的百年回望"档案专题展览的原因吧。

建筑物会消亡，但一代代人生息繁衍的历史不应被忘却，也不应被割断。在档案馆里留住的不仅仅是一个家族的历史，也留住了一座城、一群人在跨越百余年的巨变中求生存、求安稳、求文明的命运轨迹。

附录一

徐家良先生简明年表

民国二十一年农历八月初五（1932年9月5日），出生于江苏省青浦县（1960年划归上海市）县城老宅一个四世同堂的大家庭，乳名启元，族名即学名家良。父亲徐传贤，母亲盛希珍，祖父徐熙春，祖母董月娥，上有年长3岁的长兄徐家善。

1934年，2岁
弟弟徐家达出生。

1938年，6岁
父亲徐传贤奉中华邮政总局之命远赴越南海防，负责沟通大后方和沦陷区的邮路。

1939年，7岁
入青浦县立小学（今青浦实验小学）开蒙读书，时日本侵略者占领青浦县城，目睹日本骑兵在学校操场纵马狂奔。

1940年，8岁

是年，妹妹徐家敏出生。

因日本侵略者占领青浦推行奴化教育，祖父徐熙春将徐家良转学至北四川路的类思小学（由天主教教会兴办，今为四川北路小学）。

1945年，13岁

是年8月15日，抗战胜利，山河重光。

9月，徐家良回到老家青浦，升入青浦县立初级中学（今上海市青浦高级中学）。

1946年，14岁

父亲徐传贤从美国学习归国后与母亲盛希珍离婚，再娶章一涵。

在青浦县立初级中学读初中。

1947年，15岁

上半年左腿受伤，在青浦耽误治疗，后转入上海仁济医院医治。

在青浦县立初级中学读初中。

1948年，16岁

父亲徐传贤供职于国民政府中华邮政总局。

升入南京金陵大学附属中学读高中。

1949年，17岁

转入上海光华大学附属中学读高中。

上半年由著名骨科大夫叶衍庆主刀，为其伤腿动手术，颇为成功，因此下半年休学较长时间。

是年9月下旬只身作东北沈阳、哈尔滨之游，失窃。归程中，在北京停留，恰逢"开国大典"，进广场参加群众游行。

1950年，18岁

因前一年父亲徐传贤调入国家邮电部，随父亲入京求学，先就读于弘达中学，后转入崇实中学。

1951年，19岁

从北京崇实中学毕业，考入位于镇江的江苏医学院（今南京医科大学）。

1953年，21岁

升入大学三年级，分专业学习儿科医学。

1955年，23岁

升入大学五年级，在常州市人民医院实习。

1956年，24岁

大学毕业。9月，分配至贵阳市人民医院，担任儿科医生。

1957年，25岁

在国家邮电部工作的父亲徐传贤被错误地划为"右派"。

1958年，26岁

年初回沪过春节，想运作调回上海，未成功。

2月，论文《小儿流行性感冒杆菌脑膜炎三例报告》发表于《贵州卫生》1958年第2期。

3月，调入新组建的贵阳市妇幼保健院，参与筹建儿科。

秋天，被选拔为贵州省卫生系统代表赴北京协和医院参观学习国庆十周年医疗卫生成就。

1959年，27岁

在贵阳市妇幼保健院，负责儿科的日常工作（因儿科主任是民主党派人士、省人大代表，外出参加政治性会议多，到院时间少）。

1960年，28岁

经历1958—1960年三年，营养匮乏。因是专业人士，比起大多数当地市民和农民尚属优待。

1961年，29岁

职称为"代理主治医师"，负责全科查房、带教、外院会诊以及排班等日常工作。

1962年,30岁

论文《锡类散治疗小儿溃疡性口腔炎有效》,发表于《中医杂志》1962年第3期(1962年4月1日)。

1965年,33岁

3月18日,祖父徐熙春因胃出血病逝于上海广慈医院(今瑞金医院),终年80岁,请假回沪奔丧。

与同一医院护士卢瑞英女士结婚。

论文《间日疟并发血小板减少性紫癜一例》,发表于《中级医刊》1965年第3期(1965年4月1日)。

论文《新生儿肺炎的早期诊断与治疗》,发表于国家卫生部机关报《健康报》(1965年1月16日)。

论文《几种引起小儿惊厥的常见病》,发表于《中级医刊》1965年第10期(1965年10月28日)。

1966年,34岁

长子徐建新(初名"徐闯",后于中学时期改名)出生。

1967年,35岁

祖母董月娥在沪去世,终年79岁。

1969年,37岁

次子徐锋出生,徐锋从小即患有严重肾病。

父亲徐传贤被遣送下放至北京邮电学院在河南省确山县的"五七干校"。

1970年，38岁

响应建设"三线"的号召，调入位于贵州凯里的"083"基地818职工医院，全家随迁。

1971年，39岁

明确职称为"主治医师"。

1972年，40岁

父亲徐传贤饱受摧残，病逝于北京邮电医院。特殊时期，未能赴京奔丧。

1976年，44岁。

暑期携儿子徐建新、徐锋回沪探亲。

1978年，46岁

论文《硬脑膜下注射链霉素治疗流感杆菌脑膜炎合并硬脑膜下积液一例报道》，发表于《医药资料》1978年第2期（1978年5月1日）。

论文《中医药治疗婴幼儿腹泻三十五例临床观察》，发表于《医药资料》1978年第2期（1978年5月1日）。

北京邮电学院对父亲徐传贤予以平反，并作出历史问题的审查结论。

1979年，47岁

5月，母亲盛希珍在上海逝世，终年70岁，回沪料理丧事。当月28日，北京邮电学院在北京八宝山革命公墓为徐传贤召开追悼大会和骨灰安放仪式。

1981年，49岁

6月，调回上海市青浦县人民医院（医院前身为其祖父徐熙春创立的青浦红十字会医院，后更名为青浦中心医院，今为复旦大学附属中山医院青浦分院）儿科。

论文《新生儿特发性呼吸窘迫综合征》，发表于《中级医刊》1981年第11期（1981年11月27日）。

1982年，50岁

担任青浦人民医院儿科主任。

论文《金黄色葡萄球菌感染并发猩红热样综合征1例报告》，发表于《中级医刊》1982年第2期（1982年3月2日）。

长子徐建新户口迁入上海，转学至复旦大学附中读高二。

1983年，51岁

《腹泻、发热、便血、进行性腹胀》，发表于《基层医刊》1983年第3期（1983年6月30日）。

1984年，52岁

夫人卢瑞英与次子徐锋回沪，全家团聚。同时，卢瑞英调入青浦中医医院工作。

长子徐建新考入上海第二医科大学检验医学系（今上海交大医学院）。

加入中国共产党。

1985年，53岁

论文《针挑"马牙"引起沙雷氏菌败血症1例报告》，发表于《中国农村医学》1985年第1期（1985年1月31日）。

论文《外用甲胺磷灭虱引起中毒2例》，发表于《中国农村医学》1985年第6期（1985年6月30日）。

论文《急性肾炎并发性心力衰竭心源性休克误诊为休克型肺炎1例报告》，发表于《临床儿科杂志》1985年第4期（1985年8月29日）。

1986年，54岁

论文《误服农药402乳油中毒2例报告》，发表于《临床儿科杂志》1986年第2期（1986年5月1日）。

论文《新生儿乙型副伤寒杆菌脑膜炎一例报告》，发表于《上海医学》1986年第11期（1986年11月27日）。

1987年，55岁

参加上海市卫生局组织的高级职称评审，被评定为"副主任医师"。

论文《流行性腮腺炎并发脑膜炎特殊表现2例报告》，发表于《中国传染病杂志》1987年第2期（1987年5月）。

1988年,56岁

论文《婴儿急性肠套叠6例误诊分析》,发表于《中国农村医学》1988年第6期(1988年8月15日)。

论文《婴儿化脓性脑膜炎1例误诊教训》,发表于《中级医刊》1988年第11期(1988年11月26日)。

1989年,57岁

长子徐建新从上海第二医学院毕业,分配至上海某三甲医院。

1990年,58岁

被评定为"主任医师"职称。

论文《儿童再发性伤寒1例报告》,发表于《上海医学》1990年第11期(1990年11月27日)。

1991年,59岁

论文《酮替芬及其临床应用》,发表于《中级医刊》1991年第1期(1991年1月31日)。

论文《支原体肺炎——关于"发热、咳嗽4天"的病例讨论》,发表于《中级医刊》1991年第5期(1991年5月31日)。

1992年,60岁

11月,办理退休手续,作为专家返聘。

1994年，62岁

次子徐锋病情恶化，经多方抢救无效，于11月去世，年仅25岁。

1996年，64岁

携夫人卢瑞英赴南京参加大学毕业40周年同学聚会（江苏医学院已于1957年迁宁，现为南京医科大学）。

1997年，65岁

孙女徐子蕙出生。

1998年，66岁

结束返聘，离开所供职的医院。

退休后，还受邀在青浦中医医院与赵巷卫生院、蒸院卫生院开设专家门诊。在上海证券市场设立后的前几年，参与购买新股。

2005年，73岁

在浦东新区东方路购置一套一室一厅楼房。

2012年，80岁

在浦东新区金杨地区置换一套80余平方米的电梯房安度晚年。

2024年，92岁

出席上海青浦区档案馆举办的徐熙春生平文献档案展暨"一个家族的百年回望"文献式画展揭幕式并致辞。

附录二

徐家良自述：庶民人生回忆

人们生活在这个社会里也不只是为了活着，活着就要幸福、平安、健康。

人生短暂，每个人都可写成一个故事或一部历史小说，有的一生辉煌，对国家与民族有巨大贡献；有的则碌碌无为，平庸。在生命最后阶段，如有精力回顾整理一下人生历程，还是很有意义的，甚至回味无穷。以下就是我的人生回忆。

我于1932年农历八月初五出生在江苏省青浦县（1960年划为上海市青浦县，1999年后又改为青浦区）。生后不久母亲患奶疖（乳腺炎）停止母乳，后在祖父母家雇请阿奶（奶妈）继续喂哺，直至2岁余。母亲后又生育三个弟妹，四弟出生不久因病夭折。我自请阿奶后长期留在祖父母家生活成长，直至上学至初中毕业（时年16岁）。因此，对祖父母特别亲近，祖父母非常关心照顾我。特别要提起的一事，我1956年工作后他们还从上海寄来一件新做的丝棉袄与一件罩衫，使我十分感激；这两件衣服伴我度过二十多个寒冬，我1981年刚调入青浦时还在穿着，至今仍保存着，让我不能忘怀。

我读小学、初中年代（1939—1945），正值日本帝国主义于1937年发动"七七"卢沟桥事变大举入侵中国时期。随后上海、青浦（注：当时青浦隶属江苏省）处于沦陷时期，时有日敌机飞临轰炸，城内居民惶惶不可终日，过着饥寒交迫的悲惨生活。我就是在这样兵荒马乱时期在上海、青浦两地轮转上学，回想起来那个时期要上学学点知识也很艰难。

1945年8月15日日本侵略者投降，抗战胜利结束，举国欢腾。但和平生活没有过上多久，1946年后蒋介石又发动内战，广大民众又处于战争苦难之中，物价飞涨，社会动荡，社会各界人士"反饥饿、反内战"，呼声、示威斗志高涨。在这个生活不安定时期，我于1947年上半年不幸左腿受伤，左膝部红肿，持续高热不退，出现败血症症状。当时青浦医疗条件极差又无医院，仅几家私人诊所，在老宅周围拜神驱鬼，服用中药煎剂后左膝部出现脓肿，请老中医来家中开刀排脓。当时青浦无青霉素西药，历经半月余病情无好转，后转入上海仁济医院医治。由于在青浦延误治疗，又急性转为慢性骨髓炎，因股骨下端死骨面广，恢复漫长。当时医院为病床周转治疗便捷，建议截肢手术，祖父得知后拒绝截肢。后遇骨科专家叶衍庆医师，叶医师与我父亲在1947年英国伦敦相识有友情，他建议保守疗法。1949年上半年，叶医师亲自主刀给我第二次剔除死骨治疗，第一次住院半年，第二次住院一月余出院，但手术伤口延续至七年余直至1956年医学院毕业后过二个月才愈合。在这七年中我一边上学，又须每隔一至二日自行换药，要做到学习与治伤两不误。两次住院医病耽误学业二学期（初中、高中各1学期），但我在家养病期间自学，以同等学力跳级考上高中，因而未延误中学年限。我读初、高中只用了五年，读高中时浪迹于沪、宁、京三地，于1951年在北京一所教会学校崇实中学高中部毕业。

1951年，新中国成立不久，私立与国立高校竞争激烈，前者学杂费昂贵，后者则免费，那时全国尚未实行统考，而由各大行政区实行分区同日期考试，每年举行一次。我对北京的饮食与气候不习惯，因此报考华东地区高校；自己身患脚疾又二次住院，对医务人员崇高的救死扶伤精神怀有敬意，在高中阶段就决心将来也要做一名医务工作者。因此，中学毕业后报考了医学院，但比一般高校多读一年。解放初期全国在校大学生只有11万人，高校录取生较少，当时国家财经困难，要做好两种思想准备，如未能录取，只能就业自食其力了，1950年代出去工作好找。1951年8月下旬，在上海《文汇报》登载高校录取名单，不久又收到江苏医学院（简称苏医）热情洋溢的录取通知书，心情无比兴奋。当时，元鑫哥（引者注：指大哥徐家善）也在北京参加抗美援朝医疗队来北京协和医院短期学习。我于当年9月初赴镇江苏医报到，后来很多同学在学校办公室翻阅录取资料，才知道我被圣约翰大学医学院与江苏医学院两校同时入选，最后被苏医录取。因前者是教会学校，私立的，于1952年全国取消私立高校，圣约翰、同德与震旦三校医学院合并成立上海第二医学院。在学医五年生涯中，觉得学医较枯燥，很多知识须死背死记，同时医务人员辛劳昼夜不分，责任重大，也曾经犹豫，但最终还是挺过这一生中的最后学生时期。

1956年9月3日学校宣布毕业生分配名单，我分在安徽省卫生厅，学校要求第二天即离校去工作单位报到。当日很多学生都打听各自的分配地区与单位，我希望分在江苏或上海，不愿去皖省，但上海仅有一人，是党员。巧遇有一同学陈某分在贵州，他也不愿去黔省，就这样通过学校分配办公室我们就简单地对调了。当时思想单纯，贵州没有去过，认为如不习惯再调回，后与我对调的陈同学被分在合肥的安徽省人民医院。我到贵州再想调回非常困难，就这一对调在贵州度过近二十五年，调动了三个单位。后得知一些精明的同学分配宣布后不服从，留在学校不走，后又获重新分配，回想这些同学头脑真活络。

1956年9月4日我们分在四川、贵州20余人，从镇江乘船到武汉，休息两天，有二同学逗留武汉折返，其余再换船至重庆，有的到成都。到贵州的同学又休息两天，乘汽车经遵义至贵阳，路程约半个月。当时外省尚无铁路直通贵阳，贵州交通闭塞，各方面比较落后。贵阳是海拔1000多米的一座山城，马路与单位到处都是山坡路，我行走较困难，当时学生档案是随身携带的，曾不想去贵州卫生厅报到，但返回学校路途遥远，疲惫不堪，且路费100余元，相当于当时工作后二个月工资。那时通信也不发达，未与家长们商议，都是当机立断，自行做主，最后无奈去省卫生厅报到，被分在贵阳市人民医院儿科。该院病人多，工作繁忙。1950年代初，预防免疫接种尚未广泛开展，各种传染病多，贵州儿科病人特多。1958年初，贵阳市卫生局决定将市妇产医院改名市妇幼保健院，增设儿科，并于与1958年3月将我调去开展筹建儿科工作。那时医生、护士与设备都缺，白手起家，最初从产科新生儿室调来一位医生，又从外单位调入一位中专医生，护士由妇产科抽调，就这样几个人凑合开设了儿科门诊。随后几个月门诊量逐渐增多，又设立病房，后于1958年底又从贵阳市人民医院调入一位儿科主任，是民主党派人士、省人大代表，外出会议多，身体又不好，住在医院外，出勤率低，日常工作要我处理，不分昼夜有问题都要找我。1961年后职务是"代理主治医生"，负责查房、带教、外院会诊、排班等日常工作。表面上看我是技术骨干，但由于我一直要求调离贵州，医院领导对我印象是不安心工作，认为最终是要调离的。那个时期在职人员是国家单位所有制，个人是不能跳槽辞职的，除非自己自动离职，但以后找工作就十分困难。

随着年龄增长，一时又不能调离贵州，个人问题就摆在面前，于1965年与同单位一位护士卢瑞英喜结良缘。婚后五年，贵阳妇幼医院（引者注：贵阳市妇幼保健院）将我们调至贵州黔东南凯里地区四机部所属818综合职工医院。那时我们已有两个小孩，小的孩子体质较弱，经常发热，后经多方面检查确诊为泥沙样肾结石，右肾萎缩无功能，于1978年在上海瑞金医院小儿外科进行右肾切除手术。当时一些同事曾劝说此小孩已无望，建议我们再生育一个，医院计生部门也同意，但我们因忙于工作无精力照料，同时经济也不宽裕（我爱人1978年底曾流产一次，现回顾有些遗憾）。由于我青浦老家还有一位嗣母（引者注：指陆家桥妈妈），她老伴早逝，年迈体弱，已古稀之年，无子女，身边无人照顾，加上我小的孩子对当地水质不服，我自己对山坡路行走又不便，因此我要求调回故乡。在元鑫哥（引者注：指大哥徐家善）的帮助下通过熟人老任同志（时任市气象局党委书记、市革委委员）的协调，正好1980年青浦县人民医院儿科主任离青（浦）调入上海市华东医院，青浦医院缺少高年资医生，经上海市人事局批准一名额，我于1981年6月调入青浦。那时上海尚未开发开放，进入上海地区有名额控制，每年数量很少，至1984年人才开放流动后，全国大量人才涌入。我大的孩子1982年户籍迁入青浦，进入复旦附中，1984年考入二医（引者注：指上海第二医学院），1989年毕业，1997年下海创业。爱人与次子1984年调来青浦，在青浦中医医院工作，1998年退休。小的孩子来青浦后病情继续发展恶化，经中西医各方治疗未能挽救，于1994年11

月走完二十五年岁月历程。我嗣母也于1994年春节期间病逝,享年86岁。

回顾在贵州二十多年,虽然一直在医院工作,但不是教学医院,无上级医师直接指导,主要靠自己边工作边向病人与书本学习地独立工作,因无思想压力与等级约束,一些操作都自己决定实施,因此进步较快,临床实践经验积累较多,但理论水平相比教学医院要差些。在贵州工作期间诊治数以万计的病人,抢救了不少危重病孩,但限于医疗条件与业务水平等因素,未抢救成功的也不少。贵州当时可能受"文革"影响,有些单位有拉帮结团,不尊重知识,不尊重人才,排挤外省市人才倾向,所以留不住人才,科技与医学发展都较落后。

我于1981年6月底调入青浦县人民医院(后改为青浦区中心医院),当时正值酷暑,晚间蚊虫特别多,儿科医生又少,只有7人,仅我一名男性,病员多,工作较忙,日夜轮班,而我又住在医院外面,每天起早上班,摸黑回来。开始工作有些不适应,曾想回原单位工作(因为清闲),后经反复思考,调入故乡上海地区是梦寐以求之事,要珍惜来之不易的名额,经过近半年的磨炼,终于坚定地扎根下来。上海地区是个海纳百川之地,对有用之才很重视,我调青浦不久就委以重任,加上自己刻苦钻研,工作积极,善于总结临床实践,工作以来写了三十余篇文章刊载于全国与省市级医学杂志,得到医院领导好评,于1987年、1990年两次参加市卫生局高级职称评审考试,于1987年底与1990年底先后通过儿科副、正主任医师职称晋升,并于1984年加入中国共产党。

1992年11月退休,后又返聘至1998年底,才正式离开青浦区中心医院(青浦县人民医院)。1992年刚退休下来因清闲无事,还不太习惯,先后在青浦中医医院与赵巷、蒸院等卫生院开设专家门诊,六年后因体力不支正式脱离医疗工作岗位。当时证券市场热闹非凡，正处于人丁兴旺时，经同事介绍我参与选择购买新股活动，因本金少几年下来略有盈余，加上多年积蓄，于2005年在浦东东方路内环线兰高小区花了近50万元购置一套一室一厅二手房。随着年龄增长，上下楼梯不便，于2012年又在浦东金杨地区置换一套二室一厅80余平方米的电梯房。

近年来，我身患高血压、糖尿病及IgA肾病等多种疾病，但精神与食欲均还可，每日生活起居与饮食较有规律：早晨6时左右起床，收听广播；7时左右早餐，如天气晴朗，上午附近散步逛街；11时半左右午餐，午休片刻，下午阅报1~2小时；18时前后晚餐，19时后看电视，22时左右入寝，一般晚上睡眠7~8小时。

回顾人生，曲折坎坷，岁月流逝，仿佛还在年轻时，一瞬间已垂垂老矣；进入耄耋之年，大学同窗已近四分之一离世。"金无足金，人无完人"，人生总有一些不完美或遗憾之事。时不我待，年轻时要珍惜光阴，要多做些有益于社会，有益于人民的善事，到暮年时才不会后悔莫及。

我是一个平凡的人，过着平凡的生活，人们生活在这个社会里也不只是为了活着，活着就要幸福、平安、健康。

我的人生准则：坦诚、宽容、知足。

2014年6月

（原载徐家良《医学人生四十载》）

【徐建新点评】

我的父亲前几年写了自己的一生回顾《庶民人生回忆》，把他老人家

<<< 归来徐家良：贵州到上海有多远

从出生到求学，再到踏上社会，及至最后退休的几十年，进行了一次完整的回忆。读了以后，我觉得很有历史价值，有必要将父亲的一生，尤其是他救死扶伤四十余载的医学人生作一个总结，因此我又收集了父亲多年发表的医学论文及生活照片，从工作到生活，形成了一本完整的合集。

父亲从事的是儿科临床医学，我曾问他从医四十余年，每年要抢救多少危重患儿生命？他回答："以前卫生条件极差，每年都收治成千例小儿，常见重症肺炎、急性肠胃炎、脑膜炎等，一年抢救危重患儿至少50例以上！"

这样累计起来，父亲的一生也拯救了上千例危重病患儿的生命，治疗过的患儿就数以万计，真是不算不知道，一算吓一跳！父亲平素低调寡言，他一生的成就，就算按照今天的"标准"，也还是非常光辉灿烂的，为社会做出了极大的贡献，值得我们后辈尊敬学习！

父亲学医，主要受了他祖父的影响；我学医，也是受了父母的影响。从我的曾祖父创办青浦红十字会，到他老人家捐出家产开办青浦红十字会医院，再到我父亲学医，及至我子承父业，从事检验医学行业至今整30年。现在看来，这也是一种家族的善缘轮回。今后，希望我的女儿也能为医学健康事业做出一点贡献（引者注：2020年9月，徐建新的女儿已考入伦敦国王学院，攻读干细胞医学博士）。

父亲的人生准则是：坦诚、宽容、知足。对我来讲，这是一个极高的标准，希望以这个高标准要求自己，勠力为社会立功，为医学立言，为健康立德！

2019年3月12日

（此文为徐家良《医学人生四十载》序言）

后记　理解一代人和一个家族的命运

这本《归来徐家良：贵州到上海有多远》的书稿终于付梓，我从搜集资料、访问传主到动笔写完，前后历时一年，时间略显仓促，写得也较为辛苦。但我很庆幸有这么一个机会，通过寻访、了解、记录徐家良先生的一生，从而思考他们这一代人的命运，特别是在时局巨变中他们的角色和价值，也更加理解父辈的生存哲学和人生态度是如何形成的。

徐家良先生比先父大5岁，皆为1930年代出生，算是同一辈人。他们的职业也相同，都做了一辈子的医生，只是徐家良先生是他那一代人中能接受高等教育的凤毛麟角者。当徐家良先生从江苏医学院毕业时，先父通过招考进了县政府卫生部门组织的医生培训班，经过两年的学习加跟师父实习后就开始行医，后来断断续续外出参加过各类进修。20世纪五六十年代，在乡镇乃至县城，先父那种本土速成、在工作中成长的医生占医疗机构的大多数。先父天资颇高，学习刻苦，工作认真，以那样低微的起点尚能取得不错的业绩，担任过多年的乡镇卫生院院长。医生和教师，无论在哪个社会都是受人尊重的职业。在乡镇的熟人社会里，我感触尤深，作为医生的儿女，总能得到别人的善待——这是一种"无形资产"，说是父辈的荫庇也不为过。

先父退休后，常喜欢边喝酒边说往事。但我已离家数千里，和父母虽多聚少，加之那时候职场、家庭的琐事太多，没能够抽出整段的时间听他完整地讲述一生并记录下来。我曾经劝先父动笔将自己的经历写下来，他说考虑考虑，但由于体弱多病，这事耽搁了下来，直到他2015年4月病逝。先父辞世后，我曾想为他撰写一部完整的年谱，但动笔之后发现他的许多时期对我而言是空白，母亲也不甚了解，此设想亦成了空中楼阁。——这是我心中长久的遗憾。

在写作本书期间，除几次从北京去上海面对面采访徐家良先生之外，更多的是先拟好一些话题，通过微信询问他，他在夫人卢瑞英阿姨的帮助下语音回答。来来往往，徐家良先生和卢瑞英阿姨不厌其烦，我心中略有不安，总觉得打扰两位老人的休息。每当徐家良先生讲述某个时间段的经历时，我便不由得联想到当时先父在做什么？例如，1956年9月，徐家良先生和一群意气风发的同校毕业生坐船从镇江溯长江西行，奔赴大西南，而先父在那一年稍晚的时日，挑公粮走十几里山路送往区公所的粮库，看到街上张贴招收乡村医生的培训班告示便报名应考，就此改变了自己的命运。可见，那时候无论江苏还是贵州，抑或是湘中，处处呈现出一番新政权建立后的新气象。再如，在那场延续十载的大运动中，徐家良先生在贵阳市妇幼保健院被"革命群众"批判为"反动学术权威"，而先父时任一家县城小医院的负责人，被造反派贴上"走资本主义的当权派"标签。

徐家良先生的性格以及处世风格和先父也很有相似之处，他们一生谨小慎微，服从组织，态度上对上级十分恭顺，尽管内心往往不以为然。任何一代人都有各种各样的性格，再肃杀的时期也有直率刚硬、敢顶撞上级的人，但从比例上来说——也无法进行精确的量化，只说我个人观察的印象——父辈这一代人普遍胆小、低调。不过，徐家良先生在1949年9月还在读高二时，却敢瞒着长辈独身一人乘坐火车去东北的沈阳、哈尔滨浪游，可见他并非生性胆小怕事，只能说与这代人成长的环境不无关系。

1930年代生人和"生在新中国、长在红旗下"的1950年代生人不一样，他们的童年和少年时光在1949年前的中国度过，价值观受到传统文化影响不小，儒家讲究"孝悌忠信礼义廉耻""温良恭俭让"的那一套在他们身上或多或少留下痕迹。但从少年步入成年之际时局大变，他们接受了另一套完全不一样的教育，原来的宗族、社群等小共同体被拆散重新整合，正值朝气蓬勃的他们被有程式、有规划地改造成一代新人，加上目睹接二连三的"运动"对单个人和单个家庭的巨大冲击，于是他们不断校正自己的言说和行为方式，以适应新的社会环境。那么，谨言慎行、态度恭顺是一种理性的生存法则，久而久之，这种生存法则内化为对外界无意识的反应。徐家良先生的哲嗣徐建新说其父做事从来就不事张扬，哪怕和人合影也自觉站在边上，不往C位（中间）靠，至老仍是如此。与之相应，先父总是教导我们兄弟少说多看，不要当出头鸟。

等到1930年代生人老了后，中国因改革开放成为世界第二大经济体，富足达到历史上从未有过的程度，他们大部分人晚景不错。徐建新说他的父亲徐家良先生有老来福，而先父退休后也多次说过他老来行好运。所谓"老来福"无非两点：一是退休金不低且有保障；二是儿女还算成器，免其忧虑。——这二者皆拜改革开放所赐。

正因为徐家良先生和先父的人生历程处于相同的历史大环境，且两人的性格和处世原则多有相似，我在与他交流的过程中没有隔膜之感，并许多次暗叹："我爸当年也是这样的呀。"徐家良先生说："在生命最后阶段，如有精力回顾整理一下人生历程，还是很有意义的，甚至回味无穷。"任

⫷⫷⫷ 归来徐家良：贵州到上海有多远

何一个人哪怕寻常过一辈子，名不著功不就，但只要将其人生的故事写下来就都会很精彩，能成为其所处时代的大历史的一部分。近年来，普通人写回忆录较为流行，若由徐家良先生本人动笔撰写回忆录，会有更多精彩的细节，也更有温度，这自然是最理想的。但徐家良先生已是92岁高龄的老人，精力已不足以写作20万字的文本，退而求其次，便由我这位"他者"来撰写其人生经历。我自认为此次写作虽是为徐家良先生个人立传，但何尝不是为父辈这一代人的人生作记录？一念于斯，对先父生前未能写回忆录的遗憾，算是得到了些许的弥补。

《归来徐家良：贵州到上海有多远》的出版，也使一个家族的百余年历史得以完整地呈现。此前，上海师范大学博士生陆轶隽所著的《遇见徐熙春：在江南与上海之间》和我本人撰写的《寻找徐传贤：从上海到北京》已经出版。徐熙春生于1885年，徐家良至今健在，祖孙三代的人生跨越了近一个半世纪。回望这百余年的历史，中国和世界在政治、经济、文化、科技等诸方面发生了翻天覆地的变化，陵谷变迁中有多少豪杰志士赍志而没，为世人所遗忘，又有多少曾经显赫的大家族风云流散，家族后人形同陌路。徐熙春的家族源于江南的一个小城青浦，兴旺于大上海，在政局变幻中经受磨难，至今仍兴旺发达，以上海为中心开枝散叶，家族代有隽才，更为重要的是他们仍顽强地维系着家族共同体的意识。这或许从一个侧面可窥见中华民族屡踬屡起、坚韧不拔的精神，中华文化尤其是江南文化以柔胜刚、旧命维新的特质。

作为呈现徐氏家族百余年历史的其中两本书的作者，我也是在撰写过程中不断提升自己对个人史和家族史的认知，继而提升到公共史学的认识。写一个人的传记、记录一个家族的往昔，并不是要为某人歌功颂德，或者彰显某个家族的荣耀，徐熙春祖孙三代是沉潜谦逊之人，未必希望借别人之笔来吹嘘自己。个人史、家族史的意义在于其超越一人、一家之囿限而具有公共价值，使个人史、家族史成为宏大叙事不可或缺的补充，在庙堂史学之外呈现民间史学的独特面相，让读者感知到家族命运总是与国族命运同频共振。以徐氏家族为例：清末徐熙春走出乡绅之家进入上海滩学做生意，从而开始转型成为现代商人；徐传贤抗战时为国事颠沛流离，1949年后又努力地进行思想改造和身份转变；徐家良从大学毕业开始其人生的道路即由组织安排而无个人选择权，到改革开放终于得以回到上海……可以说，这个家族的百余年历史是观察中国社会变迁难得的微观样本。

然而，我深知"取法乎上，仅得其中"，由于本人才识之不逮以及材料的不充足，要达到前述所期许的目标，殊为不易。至于最终成色如何，我只能交由读者去评价了。

十年砍柴

2025年2月